U1011845

文化创意产业营销策略

卢菲　王晨　著

中国纺织出版社有限公司

内 容 提 要

本书主要包括文化创意产业概述、客户群体分析、竞争对手分析、市场环境分析、营销目标的制定、营销战略的制定、营销组合的优化以及营销效果的评估等。通过对文化创意产业的市场营销策略进行深入研究，旨在为该领域的企业提供更有效的营销策略，帮助它们在激烈的市场竞争中占据优势。

本书可为相关从业者、研究者以及对该领域感兴趣的读者提供有价值的参考和指导。

图书在版编目（CIP）数据

文化创意产业营销策略 / 卢菲，王晨著 . -- 北京：中国纺织出版社有限公司，2023.9

ISBN 978-7-5229-1095-6

Ⅰ. ①文… Ⅱ. ①卢… ②王… Ⅲ. ①文化产业－市场营销学－研究－中国 Ⅳ. ① G124

中国国家版本馆 CIP 数据核字（2023）第 190945 号

责任编辑：亢莹莹　　责任校对：寇晨晨　　责任印制：王艳丽

中国纺织出版社有限公司出版发行
地址：北京市朝阳区百子湾东里 A407 号楼　邮政编码：100124
销售电话：010—67004422　传真：010—87155801
http://www.c-textilep.com
中国纺织出版社天猫旗舰店
官方微博 http://weibo.com/2119887771
三河市宏盛印务有限公司印刷　各地新华书店经销
2023 年 9 月第 1 版第 1 次印刷
开本：787 × 1092　1/16　印张：13
字数：234 千字　定价：78.00 元

凡购本书，如有缺页、倒页、脱页，由本社图书营销中心调换

PREFACE 前言

随着社会经济的发展和人们生活水平的提高，文化创意产业在全球范围内得到了广泛的关注和重视。文化创意产业不仅是一种经济活动，更是一种集创造力、创新性和文化价值于一体的产业形态。它融合了艺术、设计、娱乐、传媒等多个领域，推动了文化的繁荣和经济的增长。

在这个充满机遇和挑战的时代，如何有效地进行文化创意产业的营销成了一个关键问题。本书以系统的理论分析和实证研究为基础，从多个角度探讨了文化创意产业营销的核心内容，力求为读者提供全面、实用的策略指导。

第一章为导论。首先，介绍了选题背景与意义，明确了研究的动机和目标。其次，回顾了国内外研究现状，以便读者对该领域的发展趋势和前沿问题有一个全面的认识。最后，明确了研究内容与意义，为后续章节的展开奠定了基础。

第二章为文化创意产业概述。首先，介绍了文化创意产业的定义，并探讨了其特征和重要性。其次，回顾了文化创意产业的发展历程与现状，以便读者对其演变和现实情况有一个清晰的了解。最后，对文化创意产业的产业链进行了分析，揭示了其内在的价值链和商业模式。

第三章为文化创意产业的客户。首先，对客户群体进行了划分和分析，以便读者了解不同类型客户的特点和需求。其次，对客户需求进行了深入分析，探讨了如何满足客户的期望和提升其满意度。

第四章为文化创意产业的竞争对手。介绍了竞争对手的分析方法，包括对竞争对手的定性和定量分析。通过这些分析方法，读者可以全面了解竞争对手的优势和劣势，并从中获得启示和借鉴。

第五章为文化创意产业的市场环境。首先，进行了宏观环境分析，包括政治、经济、社会、技术等方面的因素对文化创意产业的影响。其次，进行了微观环境分析，探讨了市场结构、竞争力和消费者行为等因素。这些分析有助于读者了解市场环境的变化和趋势，从而做出相应的营销决策。

第六章为文化创意产业营销目标的制定。首先，确定目标市场，明确要服务的客户群体和市场细分。其次，制定营销目标，包括市场份额、销售增长、品牌认知等方面的目标。这些目标有助于指导企业在市场中的定位和发展方向。

第七章为文化创意产业营销战略的制定。分别从产品策略、价格策略、促销策略和渠道策略四个方面进行了深入探讨。通过制定合适的策略，企业可以在竞争激烈的市场中获得优势，提升市场份额和品牌价值。

第八章为文化创意产业营销组合的优化。首先，介绍了营销组合的概念，包括产品、价格、促销和渠道等要素的组合方式。其次，提供了优化方法，帮助读者根据市场需求和竞争环境调整营销组合，提高市场反应和销售效果。

第九章为文化创意产业营销效果的评估。首先，介绍了评估指标，包括市场份额、销售额、品牌知名度等。其次，提供了评估方法，包括定量和定性方法，帮助读者全面了解营销活动的效果，并做出相应的调整和改进。

第十章为结论与建议。通过对文化创意产业营销策略的研究，得出了一些重要的结论，并对未来的研究方向提出建议。本书强调文化创意产业营销策略的重要性和实践价值，并呼吁相关从业者和决策者在实际操作中充分应用研究成果，不断创新和改进营销策略。

本书在撰写过程中，借鉴了大量的理论框架和实证研究，同时结合了实际案例和行业经验，力求提供全面且实用的内容。希望读者能够通过本书深入了解文化创意产业营销策略的核心要素和实施方法，从而在竞争激烈的市场中取得成功。

本书是 2022 年甘肃省高等学校创新创业教育改革项目“基于专创融合的视觉传达设计课程教学改革研究”；2021 年兰州交通大学校级教改项目“基于‘课程思政’教育模式的《广告创意》课程教学设计与实践”；2022 年兰州交通大学校级一流本科课程“广告创意与表达”的总结；2023 年兰州交通大学校级课程思政建设项目，思政示范课程《广告创意与表达》的总结；2023 年兰州交通大学校级教改项目“社会实践类一流课程思政教学实施路径研究”，项目编号：JGZ202339。

最后，要感谢所有参与和支持本书撰写的人员和机构。他们的贡献和支持对于本书的完成至关重要。衷心希望本书能够为读者提供有价值的信息和启发，促进文化创意产业的可持续发展和繁荣。

编者

2023 年 6 月

CONTENTS 目录

第一章　导论

第一节　选题背景与意义

一、研究背景

随着全球经济的快速发展和社会变革的加速，文化创意产业作为一种新兴的经济形态和文化表达方式，逐渐成为各国关注的焦点。文化创意产业以其融合了艺术、设计、娱乐、传媒等多个领域的特点，创造了大量的经济价值和文化价值。

首先，文化创意产业对经济增长起到积极的推动作用。它不仅为国家和地区带来了就业机会和税收收入，还提供了丰富的产品和服务，推动了相关产业链的发展。文化创意产业的发展带动了相关产业的融合和创新，促进了经济结构的升级和转型。

其次，文化创意产业对文化传承和创新具有重要意义。通过挖掘和保护传统文化，文化创意产业为文化遗产的保护和传承提供了新的途径和方法。同时，文化创意产业为当代文化的创新和表达提供了平台，促进了文化多样性和跨文化交流。

最后，文化创意产业对社会发展和城市形象的提升产生了积极影响。它不仅丰富了人们的精神文化生活，还改善了城市环境和社区氛围。文化创意产业的兴起带动了城市的文化旅游和创意设计产业发展，使城市成为吸引人才、投资和创新的热点地区。

尽管文化创意产业在发展中取得了一定的成就，但也面临着一些问题和挑战。其中，营销策略的制定和实施是一个关键因素。由于文化创意产业的特殊性和复杂性，传统的营销模式和方法往往无法满足其需求。因此，研究文化创意产业营销策略的制定和实施，对于推动产业的可持续发展，提高企业的竞争力和增加市场份额具有重要意义。

二、研究意义

本书旨在深入探讨文化创意产业营销策略的制定和实施，通过系统性研究和分析，揭示营销策略对于文化创意产业的影响和作用。研究的目的是为相关从业者、研究者和决策者提供有益的理论指导和实践参考，以解决文化创意产业营销中的问题和挑战，促进产业健康发展。具体而言，本研究的意义体现在以下几个方面。

（一）拓展理论研究

本书对文化创意产业营销策略的深入探讨和分析有助于拓展相关理论研究的广度和深度。通过系统性研究和整理，可以揭示文化创意产业营销的规律、机制和影响因素，为该领域的理论研究提供新的思路和方法。同时，通过借鉴其他行业的营销理论和实践经验，有助于将现有营销理论与文化创意产业相结合，为该产业的营销工作提供更有效的理论指导。

（二）提高企业竞争力

研究文化创意产业营销策略的制定和实施，对于提高企业的竞争力具有重要意义。深入了解市场需求、把握市场趋势，能够帮助企业制定符合市场需求和竞争环境的营销策略。同时，通过分析和评估营销策略的有效性和效果，可以帮助企业在市场中不断优化和调整策略，提高产品的市场占有率和品牌知名度，增强企业的市场竞争力。

（三）促进行业发展

文化创意产业作为一种新兴的经济形态，对经济增长和社会发展起到重要的推动作用。研究文化创意产业营销策略的制定和实施，有助于推动该产业的可持续发展。通过深入了解市场环境、客户需求和竞争对手情况，企业能够更好地定位自身，提供符合市场需求的产品和服务。同时，通过合理制定营销策略，可以推动文化创意产业创新发展，使相关产业链协同融合，进一步促进整个产业发展壮大。

（四）促进文化传承和创新

文化创意产业的发展对于文化传承和创新具有重要意义。通过研究文化创意产业营销策略，可以帮助企业在坚持商业化发展的同时，保持对文化价值的尊重和传承。营销策略的制定和实施应该注重文化元素的融入和体现，推动传统文化的保护和传承，促进文化多样性和创意产业的发展。同时，营销策略的创新也可以促进文化创意产业的创新表达，推动文化产业与创意产业融合。通过营销策略的有效实施，可以激发创作者的创造力，推动文化产品和服务的创新，为消费者提供多样化且具有文化价值的体验。

（五）促进人才培养和人力资源发展

文化创意产业的发展对于人才培养和人力资源发展具有重要意义。研究文化创意产业营销策略，可以为人才培养提供参考和指导。深入了解市场需求和营销策略的制定过程，有助于培养具备市场敏锐性和创新能力的专业人才。同时，对于企业的人力资源发展来说，合理制定营销策略能够更好地吸引、留住和激励人才，推动人力资源的结构优化和行业的人才队伍建设。

总之，本书的意义在于深入研究文化创意产业营销策略的制定和实施，为相关从业者、研究者和决策者提供有益的理论指导和实践参考。通过有效的营销策略，可以提高企业的竞争力，促进文化创意产业的健康发展，推动经济增长和社会进步。同时，研究结果也可为政府部门的政策制定提供科学依据，使文化创意产业发展拥有良好的政策环境和发展规划。

第二节　国内外研究现状

一、国内研究综述

近年来，国内对于文化创意产业营销策略的研究逐渐兴起，并涌现出一批有价值的研究成果。这些研究主要集中在以下三个方面。

（一）营销策略的理论研究

国内研究者在文化创意产业营销策略的理论研究方面取得了一定的进展。他们关注文化创意产业的特点和市场环境，探讨如何在这个特殊行业中制定有效的营销策略。一些研究聚焦于文化创意产业的市场定位和目标市场的选择，提出了定位策略和市场分割的方法。同时，一些学者探索了品牌建设、市场传播和消费者参与等方面的营销策略理论。例如，通过文化创意产业中的品牌案例分析，提出了品牌建设的原则和路径，强调品牌与文化的融合。

（二）营销策略的实证研究

国内研究者通过实证研究，深入探讨了文化创意产业营销策略的实际运用和效果。

他们通过案例研究、问卷调查和数据分析等方法，对文化创意产业企业的营销实践进行了深入分析。研究者关注不同营销策略对企业绩效和市场反应的影响，包括产品策略、价格策略、促销策略和渠道策略等。研究结果表明，合理制定和实施营销策略能够提升企业的市场份额、品牌知名度和盈利能力。

（三）行业营销策略研究

国内研究者对不同的文化创意产业领域进行了行业营销策略的研究。他们从行业特点、市场需求和竞争环境出发，针对性地制定营销策略。例如，对于影视产业，研究者关注了影视作品的宣传和推广策略，以及影片的上映时间和票房收入的关系。对于艺术品市场，研究者探索了艺术品销售的渠道策略和营销活动的策划与实施。对于设计服务行业，研究者关注了设计企业的品牌定位和市场定位策略，以及设计师个人品牌的建设等。

综上所述，国内研究者在文化创意产业营销策略的研究中取得了显著进展。他们的研究聚焦于理论探讨、实证分析和行业应用，为文化创意产业的营销工作提供了重要的理论指导和实践参考。

二、国外研究综述

国外学者对文化创意产业营销策略也进行了广泛关注和深入探讨。以下是国外研究中的四个重要方向。

（一）国际市场营销策略

国外学者注重研究文化创意产业在国际市场中的营销策略。他们关注市场多样性、文化差异和跨国营销等问题，提出了针对国际市场的特殊策略和方法。这些研究对于拓展文化创意产业的国际化发展具有重要启示。

（二）数字营销和社交媒体营销

随着数字技术和社交媒体的兴起，国外学者对数字营销和社交媒体营销在文化创意产业中的应用进行了广泛研究。他们关注如何利用互联网和社交媒体平台来推广和销售文化创意产品，建立品牌形象，与消费者进行互动和沟通。这些研究为企业开展在线营销提供了宝贵的经验和策略建议。

（三）消费者行为和市场定位

国外研究者对文化创意产业中的消费者行为和市场定位进行了深入研究。他们关注消费者的文化参与度、购买决策过程、品牌偏好等方面，以及如何根据消费者特点和需求进行市场定位和目标客户群体的划分。这些研究为企业了解消费者心理和行为提供了重要参考。

（四）文化创意产业生态系统和价值链研究

国外研究者对文化创意产业的生态系统和价值链进行了探索和分析。他们研究了不同环节的参与者、资源流动和价值创造过程，从而提出了优化产业链和提升价值的策略和模型。这些研究对于促进文化创意产业的协同发展和创新具有重要意义。

总体而言，国内外对于文化创意产业营销策略的研究主要关注营销理论、实证研究、行业研究、国际市场营销、数字营销和社交媒体营销、消费者行为和市场定位、生态系统和价值链等方面。这些研究为文化创意产业的营销工作提供了重要的理论指导、实践经验和战略思路，对于企业提升竞争力、开拓市场、实现可持续发展具有重要的参考价值。

第三节　研究内容与意义

一、研究内容

本研究旨在探讨文化创意产业的营销策略，重点关注如何制定和实施有效的营销策略来提升企业的市场竞争力。具体而言，研究内容包括以下八个方面。

（一）文化创意产业的特征与市场分析

对文化创意产业的特征进行深入剖析，包括文化资产的创造、开发和商业化特点，以及行业内部的市场结构和发展趋势。通过市场分析，探讨文化创意产业面临的机遇和挑战。

（二）客户需求分析

研究文化创意产业的客户群体，并进行细致的需求分析。探讨不同客户群体对文化创意产品和服务的需求特点、偏好和行为习惯，为企业精准定位目标客户提供依据。

（三）竞争对手分析

通过对竞争对手的研究和分析，了解行业内其他企业的市场地位、竞争优势和营销策略。探讨竞争对手的特点和行为，帮助企业制定差异化的营销策略，以在竞争中脱颖而出。

（四）市场环境分析

对文化创意产业的宏观环境和微观环境进行分析，包括政策环境、经济环境、社会文化环境、市场竞争环境等。通过市场环境分析，把握市场趋势和市场机会，为企业的营销决策提供参考。

（五）营销目标的制定

根据对市场和客户的分析，制定明确的营销目标，包括市场份额、销售增长、品牌认知度等方面的目标。确立清晰的目标有助于指导营销策略的制定和实施。

（六）营销策略的制定

根据市场分析和客户需求，制定具体的营销策略，包括产品策略、价格策略、促销策略和渠道策略。研究不同策略对企业市场表现和绩效的影响，为企业提供营销决策的依据。

（七）营销组合的优化

研究如何优化文化创意产业的营销组合，确保各个营销要素协调和一致。本书将关注如何在产品、价格、促销和渠道等方面进行整合，以实现最佳的市场传播和销售效果。

（八）营销效果的评估

对已实施的营销策略进行评估和分析，了解其对企业业绩和市场反应的影响。通过制定合适的评估指标和方法，评估营销效果的有效性和可持续性，并提出改进建议。

二、研究意义

本书的研究意义主要体现在以下五个方面。

（一）理论贡献

通过对文化创意产业营销策略的研究，可以深化对该领域的理论认识。通过整合和拓展现有的理论框架，提出适用于文化创意产业的营销策略，为该领域的理论研究提供新的思路和方法。

（二）实践指导

本书可为文化创意产业的从业者提供实践指导。通过深入分析市场环境、客户需求和竞争对手情况，研究如何制定和实施有效的营销策略，帮助企业提升竞争力，拓展市场份额，实现可持续发展。

（三）政策建议

本书的研究结果可为相关政府部门的政策制定提供科学依据。通过研究文化创意产业的营销策略，了解行业的发展状况和市场需求，为政府部门提供制定相关政策和支持措施的建议，促进文化创意产业的繁荣和发展。

（四）文化传承与创新

研究文化创意产业的营销策略，有助于推动文化多样化发展，保护和传承传统文化，并促进文化创新和创意产业的融合。通过营销策略的有效实施，可以在坚持商业化发展的同时，保持对文化价值的尊重和传承。

（五）人才培养和就业促进

文化创意产业的发展对于人才培养和就业具有积极影响。研究文化创意产业的营销策略可以为人才培养提供参考和指导。通过深入研究营销策略，可以培养具备市场敏锐性、创新能力和营销思维的专业人才，为文化创意产业的人才队伍建设做出贡献。同时，文化创意产业的蓬勃发展也为就业提供了更多机会，吸引了大量的人才投身于该领域。

本书研究内容涵盖了文化创意产业营销策略的各个方面，旨在深入探讨如何制定和实施有效的营销策略，提升企业竞争力，推动文化创意产业的发展。研究意义体现在对理论的贡献、实践的指导、政策的建议、文化传承与创新以及人才培养和就业促进等方面。期望为利益相关方提供有益的理论指导和实践参考，助力文化创意产业的繁荣和可持续发展。

第二章 文化创意产业概述

第一节 定义及特征

文化创意产业是在经济全球化背景下产生的以创造力为核心的新兴产业，它更强调一种主体文化或者文化因素依靠个人或者团队的力量，通过技术、创意和产业化的形式进行开发、营销知识产权。随着科技的不断发展，文化创意产业涉及的群体和行业越来越多，包括广播影视、动漫、音像传媒、视觉艺术，甚至服装设计、计算机服务等行业。

一、文化创意产业的定义

文化创意产业是在经济全球化背景下产生的一种以创造力和文化内涵为核心的新兴产业形态。它将创意、文化和经济有机地结合起来，通过创造、生产、推广文化产品和服务，为社会创造经济价值和提升社会影响力。

文化创意产业涉及范围较广，涵盖了多个领域和行业，包括但不限于广播影视、音乐、舞蹈、戏剧、文学、艺术品、设计、时尚、游戏、动漫、数字媒体、文化遗产等。它以创造性的思维和创新的方式，通过整合和转化文化资源，创作、生产和推广具有独特文化内涵的产品和服务。

（一）背景介绍

文化创意产业是在经济全球化和信息技术发展的背景下产生的一种新兴产业形态。它融合了创造力、文化内涵和经济价值，强调将创意和文化转化为具有市场竞争力和商业价值的产品和服务。文化创意产业通过整合和创新文化资源，推动了经济结构的转型和社会文化的发展，成为当今世界经济发展中的重要力量。

（二）核心要素

文化创意产业的核心特征在于创造力和文化内涵。创造力是文化创意产业的动力和核心竞争力，它涵盖了创意的生成、创意的实现和创造的输出过程。文化内涵体现了产品和服务中所蕴含的文化意义、价值和符号。

文化创意产业的要素包括以下四个方面。

1. 创意和创新

文化创意产业强调创意和创新，鼓励个体和团队通过独特的思维方式和创新的观点，创造出具有艺术、文化或商业价值的作品和产品。

2. 文化资源

文化创意产业依赖于丰富的文化资源，包括传统文化、历史文化、地方文化等。它通过整合和转化这些文化资源，赋予产品和服务独特的文化内涵和表达形式。

3. 技术和数字化

随着信息技术的快速发展，文化创意产业越来越依赖于技术和数字化手段。它利用数字技术和互联网平台，创造、生产和传播文化产品和服务，拓展了创意的边界和市场的范围。

4. 市场导向和商业化

文化创意产业注重市场需求和商业价值，将创意和文化转化为具有市场竞争力的产品和服务。它与市场相互作用，通过商业运作实现经济效益和提升社会影响力。

（三）产业范围和领域

文化创意产业的范围非常广泛，涵盖了多个领域和行业。它包括但不限于以下五个方面。

1. 广播影视和数字媒体

包括电影、电视剧、广播剧、网络视频等领域。广播影视和数字媒体作为文化创意产业的重要组成部分，通过创作、制作和传播影视作品，满足人们对娱乐信息和文化产品的需求。

2. 音乐和表演艺术

包括音乐制作、音乐演出、音乐录音和发行、舞台剧、音乐剧等表演艺术形式。音乐和表演艺术作为文化创意产业的重要领域，通过创作、演出和表演艺术活动，为观众提供艺术享受和文化体验。

3. 设计和时尚

包括产品设计、工业设计、平面设计、室内设计、时尚设计等领域。设计和时尚作为文化创意产业的重要组成部分，通过创作和设计具有创意和文化内涵的产品和时尚元素，满足人们对美学和时尚的需求。

4. 游戏和动漫

包括电子游戏开发、游戏设计、动画制作等领域。游戏和动漫作为文化创意产业的重要领域，通过创作和制作具有创意和故事性的游戏和动漫作品，吸引玩家和观众，创造经济效益和提升文化影响力。

5. 文化遗产和旅游

包括文化遗产保护、文化遗产旅游、文化节庆等领域。文化遗产和旅游作为文化创意产业的重要组成部分，通过保护、利用和推广文化遗产，促进文化传承和旅游发展，实现经济增长和社会发展的双重目标。

此外，文化创意产业还涉及艺术品市场、出版业、广告和营销业等领域。这些领域通过创意和文化的融合，推动了艺术市场的发展、图书出版的创新和广告创意的推广。

总体而言，文化创意产业是一种将创意、文化和经济有机结合的新兴产业形态。它涵盖了广播影视、音乐、表演艺术、设计、时尚、游戏、动漫、文化遗产等多个领域和行业。

二、文化创意产业的特点

（一）创造性和创新性

文化创意产业以创造性和创新性为核心，依靠个人或团队的才华、创造力和创新能力，通过创意的生成、创新的实现和创造的输出，创作出具有艺术、文化或商业价值的作品和产品。

1. 创造性生成

文化创意产业依赖于创造力的生成，即独特的思维方式和创意的发掘。个体或团队通过观察、思考、想象和思维跳跃等方法，结合个人的知识和经验，产生新颖、独特且具有艺术、文化或商业价值的创意。创造性的生成不仅需要个体的才华和创造力，还需要良好的创作环境和文化氛围的培养。

2. 创新性实现

文化创意产业强调将创意转化为具体的产品、服务或解决方案。创新是在创意的基础上进行的，它涉及技术、设计、营销等多个方面的创新。通过创新，文化创意产业能够满足不断变化的市场需求，提供具有竞争力和差异化的产品和服务。创新的实现需要跨学科的融合和多方面的合作，促进了文化创意产业的发展和进步。

3. 多元化的创作领域

文化创意产业的创造性和创新性涵盖了多个领域和行业。无论是广播影视、音乐、表演艺术、设计、时尚、游戏、动漫还是文化遗产，每个领域都需要创造性思维和创新性实践。文化创意产业通过跨领域的创作和合作，推动了不同领域之间的交流与创新。

4. 融合和跨界合作

文化创意产业的创造性和创新性在很大程度上受益于融合和跨界合作。通过不同领域、不同产业之间的融合，文化创意产业能够吸纳不同行业的专业知识和经验，促进创意和创新的碰撞。例如，音乐和科技的结合、设计和科学的交叉等，创造了新的商业模式和市场机会。

5. 探索和突破传统边界

文化创意产业具有挑战传统边界和规则的特点。它鼓励创意者和从业者跳出传统思维模式，勇于探索新的艺术表达形式和商业模式。通过突破传统边界，文化创意产业能够引领潮流和引发社会变革。例如，电影和虚拟现实的融合、时尚设计与可持续发展的结合等，展现了创意和创新的力量。

6. 强调个性化和独特性

文化创意产业强调个性化和独特性的重要性。它鼓励个体和团队发掘和展现自己的特点和风格，通过个性化的创意和产品吸引消费者。个性化和独特性不仅体现在艺术作品和设计中，也体现在商业模式、营销策略和品牌形象等方面。文化创意产业通过个性化的创意和创新，满足消费者对个性化和独特性的追求。

7. 激发想象力和表达力

文化创意产业为个体和社会提供了发挥想象力和表达力的平台。创意者和从业者可以通过艺术、设计、音乐、表演等形式，表达自己的观点、情感和想法。文化创意产业激发人们的想象力，促使他们突破现实的束缚，创造出独特的作品和体验。

8. 推动社会变革和文化发展

文化创意产业具有推动社会变革和文化发展的作用。创意和创新在文化创意产业中不仅仅是商业成功的标志，更是社会和文化进步的推动力。通过文化创意产业的发展，可以传递社会价值观、推动文化多元化和促进社会和谐。

总体而言，文化创意产业的创造性和创新性是其核心特点，它通过创意的生成和创新的实现，创作出具有独特文化内涵和商业价值的作品和产品。文化创意产业强调融合、跨界合作和突破传统边界，鼓励个性化和独特性的展现，同时激发想象力和表达力。通过文化创意产业的发展，可以推动社会变革和文化发展，并为个体和社会提供艺术享受、文化体验和经济增长的机会。

（二）文化内涵

文化创意产业强调文化内涵的创造和传播，它不仅关注经济效益，更注重在产品和服务中融入独特的文化元素，传承和发展传统文化，促进文化的多样性和创新性发展。

首先，文化创意产业注重在产品和服务中融入独特的文化元素。它不仅追求经济效益，更注重文化的独特性和个性化。通过在设计、艺术表达、音乐创作等方面融入特定文化的符号、象征和主题，文化创意产业的作品和产品能够传递特定文化的情感、价值观和认同感。这种文化的融入使作品和产品具有独特的魅力，吸引了特定受众的关注和喜爱。

其次，文化创意产业致力于传承和发展传统文化。传统文化是一个国家或地区的文化根基，具有深厚的历史和丰富的内涵。文化创意产业通过创意和创新的方式，将传统文化中的元素、技艺、知识等进行转化和再创造，使之与现代社会相结合，进而传承和发展传统文化。这不仅有助于传统文化的保护和传承，也为当代社会注入了文化的活力和创造力。

最后，文化创意产业促进了文化的多样性和创新性发展。文化创意产业涵盖广泛的领域和行业，包括不同艺术形式、媒体和娱乐领域。它鼓励个体和团队以独立、创新的方式表达自己的观点和创意，为文化领域带来了更多元化的声音和表达形式。文化创意产业的多样性促进了文化的交流和对话，激发了创造力的碰撞和创新的冒险。

总的来说，文化内涵是文化创意产业的重要特点，它体现在产品和服务中融入独特的文化元素、传承和发展传统文化，以及促进文化的多样性和创新性发展。文化创意产业通过融合和创新，将文化与经济有机地结合起来，创造出具有独特文化内涵和商业价值的作品和产品，丰富了社会文化的内涵。它不仅是商业活动，更是一种通过创意和创新来传递文化价值观、推动文化发展的方式。通过在产品和服务中融入独特的文化元素，文化创意产业能够传递特定文化的情感、思想和价值观。例如，在设计和艺术领域，通过融入特定文化的符号、图案和传统元素，作品能够传达特定文化的美学观念和精神内涵。

（三）知识产权保护

由于文化创意产业的核心资产是知识产权，包括版权、专利、商标等，保护知识产权是文化创意产业发展的重要保障。知识产权的保护能够鼓励创意和创新，促进产业健康发展。

1. 保护创意和创新

知识产权的保护鼓励创意和创新的产生。创意者和创新者能够享有对其作品和发明的独家权利，包括授权他人使用、制造和销售等。这种保护措施激励了创意者和创新者投入更多的时间、精力和资源进行创作和研发，从而推动文化创意产业的发展和进步。

2. 提高产业竞争力

知识产权的保护有助于维护企业的核心竞争力。企业可以通过创造和拥有独特的知识产权来区分自己与竞争对手的产品和服务，从而在市场中获得竞争优势。这种竞争优势能够推动企业创新和发展，提高其在文化创意产业中的地位和影响力。

3. 鼓励投资和合作

知识产权的保护为投资者提供了保障，使其更愿意投资于文化创意产业。投资者在看到知识产权得到有效保护的环境时，更有信心将资金投入文化创意项目。此外，知识产权的保护也为企业合作提供了基础，因为各方在合作过程中可以明确和保护各自的合法权益。

4. 促进技术转移和创新交流

知识产权的保护促进了技术转移和创新交流。创意和创新往往需要团队合作和跨领域合作，而知识产权的保护能够确保参与合作的各方的知识产权得到保护。这样，创意者和创新者可以更放心地分享和交流他们的知识和创意，促进跨领域创新和技术转移，进一步推动文化创意产业的发展。

5. 增加经济价值和社会贡献

知识产权的保护使具有经济价值、商业潜力的创意、创新作品和产品能够获得合法的利益回报，进而促进文化创意产业的繁荣和发展。创意和创新成果在得到知识产权保护后，可以通过授权、销售和许可等方式进行商业化运作，带来经济收益。这不仅有利于创意者和创新者获得回报，还为文化创意产业吸引更多的资金和资源，进一步推动行业的发展。

此外，知识产权的保护还有助于维护消费者权益和文化产业的良性竞争环境。通过保护创意和创新成果的知识产权，可以防止盗版和侵权行为，维护消费者的合法权益。同时，知识产权的保护也鼓励创意者和创新者在公平竞争的环境下进行创作和创新，从而推动行业良性竞争，提高产品和服务的质量及水平。

需要指出的是，知识产权保护在文化创意产业中面临一些挑战和问题。例如，随着数字化技术的发展，知识产权的侵权和盗版问题日益突出。这要求政府、企业和利益相关方共同努力，制定和执行更加有效的知识产权保护措施和法律法规，加大执法力度，提升公众对知识产权的认识和尊重。

总的来说，知识产权保护是文化创意产业发展的重要保障，它能够鼓励创意和创新，促进产业健康发展。知识产权的保护不仅有助于保护创意者和创新者的权益，还能够促进投资和合作、技术转移和创新交流，增加经济价值和社会价值。同时，它也维护消费者的合法权益和行业的良性竞争环境，推动文化创意产业可持续发展。

（四）产业链条的整合

文化创意产业涉及多个环节和参与主体，包括创意生成、创作生产、传播推广、营销销售等。它需要各个环节的协同合作和资源整合，形成完整的产业链条。

首先，创意生成是文化创意产业的起点。创意生成环节涉及创意者、艺术家、设计师等创意主体，他们通过个人才华、经验、观察和思考等方式，产生新颖、独特且具有艺术、文化或商业价值的创意。创意生成既需要创意主体的灵感和创造力，也需要创意主体与其他环节的密切合作和交流，以保证创意的有效转化和实现。

其次，创作生产环节将创意转化为实际的产品、作品或服务。这个环节涉及艺术家、演员、编剧、设计师、制片人、工匠等多种角色，他们通过创作、制作和生产的过程，将创意转化为具体的艺术作品、设计产品、影视作品、音乐作品、游戏等。在创作生产过程中，需要协同合作、团队协作和技术支持，以保证作品的质量和创意的实现。

再次，传播推广环节是将创作生产的作品或产品向广大受众传播和推广的过程。这个环节涉及媒体、发行商、平台运营商、市场营销人员等角色，他们通过各种渠道和媒介，将作品或产品推向市场，并吸引受众关注和购买。传播推广环节需要有效的市场营销策略、媒体宣传、社交媒体推广等手段，以确保作品或产品的曝光度和市场影响力。

最后，营销销售环节是将作品或产品引入市场，进行销售和商业化运作的过程。这个环节涉及销售渠道、经销商、在线平台、授权代理等角色，他们通过销售、授权、合作等方式，将作品或产品推向消费者，并实现商业价值。营销销售环节需要与供应链、零售商和消费者建立良好的合作关系，以满足消费者需求并实现经济回报。

产业链条的整合需要各个环节和参与主体之间的紧密配合和协作，共同推动文化创意产业的发展。在创意生成和创作生产环节，创意主体与艺术家、设计师、制片人等合作，共同探讨和开发创意，确保创意能够得到有效的表达和实现。在传播推广和营销销售环节，媒体、发行商、平台运营商、市场营销人员等角色相互协作，通过合作推广、品牌推广、广告营销等手段，将作品或产品推向市场，并扩大受众群体。

此外，产业链条的整合还需要各个环节的信息共享和技术支持。创意主体、艺术家、设计师等需要及时了解市场需求和潮流动态，以便调整创意和创作方向。同时，媒体、发行商、平台运营商等需要提供适当的技术支持和资源支持，以保证作品或产品的高质量制作和传播。

产业链条的整合还需要政府和相关机构的支持和引导。政府可以通过政策支持、资金扶持、创意人才培养等方式，为文化创意产业的各个环节提供支持和帮助。同时，相关机构可以建立良好的交流平台和合作机制，促进各个环节的合作与共赢。

综上所述，文化创意产业的特点之一是产业链条的整合。它涉及创意生成、创作生产、传播推广和营销销售等多个环节和参与主体的协同合作。这种整合需要各个环节紧密协作，共同推动文化创意产业的发展。政府和相关机构的支持与引导也是产业链条整合的重要保障。通过产业链条的整合，文化创意产业能够更好地实现创意的表达、产品的推广和商业价值的提升。

（五）文化创意消费

文化创意产业的发展离不开文化创意消费者的支持和参与。文化创意消费是指人们通过购买、使用和欣赏文化创意产品和服务，满足精神文化需求，享受艺术、文化和创意带来的美感和愉悦。文化创意产业的发展离不开广大消费者的认可和参与。文化创意产品和服务的消费不仅是单纯的物质消费，更是对文化价值、创意精神和艺术审美的追求。消费者通过购买和使用文化创意产品，参与文化创意活动，表达个性和身份认同，体验文化的魅力和创意的乐趣。

1. 满足精神文化需求

文化创意消费不仅满足物质需求，更注重满足人们的精神文化需求。人们购买、使用和欣赏文化创意产品和服务，通过艺术、文化和创意带来的美感和愉悦，获得情感上的满足和精神上的享受。文化创意消费能够丰富人们的生活和娱乐方式，提升个人的艺术欣赏能力和审美素养。

2. 表达个性和身份认同

文化创意消费为消费者提供了展示个性和身份认同的平台。人们通过选择独特的文化创意产品和参与创意活动，表达自己的审美偏好、兴趣爱好和价值观念。文化创意消费成为人们展示个性和彰显自我风格的一种方式，从而形成了多样化的消费群体和市场需求。

3. 体验文化魅力和创意乐趣

文化创意消费提供了与文化互动和体验文化的机会。消费者可以通过参观艺术展览、观赏演出、参与文化节庆等活动，感受文化的魅力和创意的乐趣。购买文化创意产品也是一种体验文化的过程，消费者可以通过与产品互动、使用和欣赏，感受其中蕴含的艺术价值和创造力。

4. 推动产业发展和创意创新

文化创意消费是文化创意产业发展的重要驱动力。消费者的需求和反馈直接影响着创意产品的设计和生产，推动产业的创新和改进。消费者的支持和参与为创意者提供了市场反馈和创作动力，激发创意和创新的活力，推动产业不断向前发展。

总的来说，文化创意消费是文化创意产业的重要组成部分，它通过满足精神文化需求、表达个性和身份认同、体验文化魅力和创意乐趣，推动了产业的发展和创意创新。文化创意消费不仅是经济行为，更是文化价值的体现和文化推广的重要手段。

三、文化创意产品分析

（一）文化创意产品的内涵

归根结底，文化创意产品事实上就是一种精神产品，因此其核心要素应当是精神内容本身。对于消费者来说，针对精神内容产生的消费欲望是源于心理和情感上的需求，因此更加青睐于品牌所具备的文化内涵与社会象征。举个简单的例子，很多消费者在购买手机时，会将其基本功能放到次要考虑地位，而是将手机品牌作为首要选择要素，这就表现出了品牌形象所具备的情感归属与社会地位。在当前的时代背景中，精神内容早已成为文化创意产品消费者的核心关注对象，其不仅能够同产品本身所具备的基础功能实现层层叠加，同时可以作为卖点独立存在。

事实上，如果从产品的有形性角度进行分析，我们可以将文化创意产品分成精神内容与物质载体这两个方面。其中，精神内容是文化创意产品的核心所在，其需要通过产品的整体风格、款式定位及品位内涵来加以展示。文化创意产品的售前服务、售中指导及售后维护均是对精神内容的有效传递，以保证消费者能够充分地感受到产品的价值。例如，小说的精神内容相较于音乐、电影而言存在较大的差异性，从而衍生出了不同类型的文化产品精神内容，它们主要表现在面向消费者的体验方式与服务模式上，而胶卷作为承载电影内容的物质载体，其本身的价值要远低于电影本身。更加直白的解释是，文化创意产品的精神内容才是消费者的主要购买对象，而不同类型的物质载体仅仅是传播精神内容的辅助手段而已。

（二）文化创意产品与公共产品

文化创意产品应当被归属于知识产品的范畴，通俗解释是，文化创意产品是人类在漫长的发展历程中，运用自己的智慧、天赋、知识发明出来的文化产品与文化服务，它是想象力、创造力的物化表现。从我国目前的产业分类情况来看，文化创意产业主要包括新闻出版、广播电视、文化艺术、计算机软件、广告传媒、艺术品交易、旅游休闲等多个分支产业。

从知识产品的角度来分析，文化创意产品具有明显的公共产品特征，曾经也有很多学者将某些种类的文化创意产品定义为公共产品。例如，美国著名学者 W.C.Prist 曾指出公共产品属性是信息产品的一个重要外在特征，传媒经济学者罗伯特·皮卡德（Robert G.Picard）也表示“广播电视是公共产品”。这些针对文化创意产品做出的类型解读虽然有着一定的道理基础，但如果就此得出绝对化的结论会显得太过于片面。由于产品的经济性质一方面是由其自身的基础属性决定的，另一方面源于产品在生产与营销过程中所遇到的诸多约束条件。一些产品虽然已经达到了成为公共产品的天然条件，但这并不意味着产品就完全被赋予了公共属性。一旦来自外部的约束条件出现了一些突发性的变化，那么将彻底改变文化创意产品的经济性质，“某种产品属于公共产品是预设了约束条件的，也就是说，通过改变约束条件，公共产品也可以成为或接近于私人产品。”由此可见，在对文化创意产品的概念进行定义时，我们必须充分考虑来自外部环境的约束条件与诸多变化因素。

四、文化创意产业的重要性和作用

文化创意产业在经济、文化和社会发展中具有重要的意义和作用。

（一）从经济角度来看

文化创意产业是一种具有高附加值、高创造性和高增长性的产业形态。它不仅能够创造就业机会，带动经济增长，还能够促进相关产业链的发展，推动城市和地区的经济繁荣。

1. 经济增长与就业机会创造

文化创意产业的发展对于经济增长具有显著的贡献。它能够创造大量的就业机会，吸纳劳动力，降低失业率，提高居民的收入水平和生活质量。文化创意产业不仅涵盖创作者、艺术家和设计师等创意人才，还包括与之相关的制作、发行、营销、售后等环节，形成了庞大的产业链，带动了相关产业的发展，如印刷业、制作业、数字媒体技术、物流等。通过与其他产业的协同发展，文化创意产业能够促进经济的多元化和综合发展。

2. 增强城市和地区的竞争力

文化创意产业的发展对于城市和地区的竞争力提升起到重要作用。具有独特文化资源和创意能力的城市和地区能够吸引更多的人才和投资，推动城市和地区的经济繁荣和社会发展。文化创意产业作为城市和地区的新兴产业，能够打造独具特色的品牌，改善城市的形象和增强吸引力。例如，发展动漫产业的日本东京以及发展电影产业的美国好莱坞和印度宝莱坞等，都成为全球文化创意产业的重要中心。

3. 促进文化传承和多样性

文化创意产业是文化传承和创新的重要载体。通过对传统文化的创意演绎与现代创新结合，文化创意产业能够传承和保护传统文化，使其在当代社会焕发新的生命力。同时，文化创意产业能够促进文化多样性发展，鼓励不同文化之间交流和对话，推动文化的全球化和多元化。它为各种文化表达形式提供了展示和交流的平台，丰富了人们的精神生活，促进了创新和科技进步。在文化创意产业中，创意人才通过创新的思维和创造力，不断推动艺术、设计和文化领域的创新发展。同时，科技的进步也为文化创意产业提供了新的机遇和可能性。例如，数字技术的应用为影视制作、游戏开发和虚拟现实等领域带来了全新的创意和体验方式。文化创意产业与科技产业的融合及创新，不仅丰富了创意产品和服务，还推动了整个产业的升级和发展。

4. 促进城市和社会的可持续发展

文化创意产业的可持续发展对于城市和社会的发展至关重要。在城市化进程中，文化创意产业能够带来城市空间的更新和改造，提升城市的文化氛围和品质。通过文化创意产业的发展，可以改善城市环境，提升居民生活品质，促进社会和谐与文化自信。此外，文化创意产业还能够促进文化旅游和文化消费，推动相关产业绿色发展，促进资源的合理利用和环境的保护，实现城市和社会的可持续发展。

（二）从文化角度来看

文化创意产业是文化创新和传承的重要载体。通过创意和创新，文化创意产业能够赋予传统文化新的内涵和表达方式，推动文化的多样性和创新性发展。同时，它还能够促进文化的传播和交流，增进不同文化间的交流，推动文化的全球化和多元化。

1. 传承与创新文化遗产

文化创意产业通过创新的方式传承和发展传统文化遗产。传统文化是一个国家和民族的独特宝藏，具有丰富的内涵和价值。文化创意产业能够通过创意和创新的手段，将传统文化融入现代社会，赋予其新的生命力和表达形式。例如，通过将传统音乐融入现代音乐创作，将传统手工艺品与现代设计相结合，将传统节日与现代活动相融合等，实现传统文化的传承与创新。

2. 推动文化多样性与创新性发展

文化创意产业的发展能够促进文化的多样性和创新性发展。在全球化背景下，文化创意产业能够为各种文化表达形式提供展示和交流的平台，推动各种文化的传播和发展。通过文化创意产业的创意和创新，不同地区和国家的文化得以相互借鉴和交流，促进了文化的多元化和创新性发展。这对于保护和传承地域特色文化、少数民族文化等都具有重要意义。

3. 促进文化交流与对话

文化创意产业能够促进不同文化相互了解、交流与对话。通过文化创意产品和服务的传播及推广，不同国家和地区的文化能够跨越语言、地域和文化的界限，实现交流与对话。例如，通过电影、音乐、艺术展览等形式的文化输出，人们了解和欣赏了不同的文化，加深了对其他文化的认知和理解，推动了文化交流与互鉴。

4. 增进社会凝聚力与身份认同

文化创意产业对于社会凝聚力和身份认同具有积极影响。通过文化创意产业的发展，人们能够更好地了解和认同自己所属的文化背景和身份。文化创意产品和服务能够唤起人们对自己的文化传统和价值观念的认同，加深彼此之间的情感纽带，增进社会凝聚力。同时，文化创意产业能够为人们提供身份认同的来源和表达方式，帮助个体和群体建立自己的文化身份，提高社会的多元性和包容性。

5. 促进文化教育和意识形态发展

文化创意产业在教育和意识形态方面具有重要作用。通过文化创意产业的产品和服务，人们能够接触和了解各种文化的知识和价值观念，培养对文化的兴趣和理解。文化创意产业还能够为教育提供丰富的教材和资源，促进学生全面发展，增强其创造能力。此外，文化创意产业也在一定程度上参与和影响社会意识形态的发展，通过文化产品和创意内容的传播，对社会价值观念、道德观念等产生影响和引导。

6. 塑造城市文化形象与城市营销

文化创意产业对于城市文化形象的塑造和城市营销具有重要意义。通过发展文化创意产业，城市能够塑造自身独特的文化形象和城市品牌。例如，将本地的文化资源与创意产业相结合，打造独特的文化主题街区、文化创意园区等，吸引游客和投资者的关注和兴趣。通过文化创意产业的发展，城市能够提升自身的文化软实力，增强城市的吸引力和竞争力。

（三）从社会角度来看

1. 提供丰富多样的文化产品和服务

文化创意产业通过创意和创新，提供了丰富多样的文化产品和服务，满足了人们的文化需求。这些文化产品包括艺术品、文学作品、音乐作品、电影作品、设计作品等，能够给人们带来审美体验、情感共鸣和心灵满足。文化创意产业丰富了人们的文化生活，提升了社会的文化品质。

2. 促进社会参与和文化参与

文化创意产业为人们提供了广泛的参与机会。它鼓励人们参与艺术创作和文化交流活动，激发人们的创造力和参与热情。文化创意产业通过举办展览、演出、文化节等活动，吸引了大量的观众和参与者，提升了社会文化的活跃度和参与度。人们通过参与文化创意产业，不仅可以享受文化的魅力，还能够积极参与其中，发表自己的声音和表达自己的观点。

3. 促进社会创新和社会进步

文化创意产业的发展能够促进社会创新和社会进步。文化创意产业以创造力为核心，鼓励人们思考和尝试新的观念、方法和方式。它为社会创新提供了新的思路和实践平台，推动了文化、艺术、科技和商业的交叉融合。文化创意产业的创新促进了技术的进步、商业模式的创新、城市发展的创意设计等，对社会的发展起到了积极的推动作用。

4. 促进社会多元性和包容性

文化创意产业的发展促进了社会的多元性和包容性。它为各种文化表达形式提供了展示和交流的平台，推动了不同文化之间的对话和互鉴。文化创意产业促进了文化的多样性和跨区域交流，使不同文化能够相互了解、尊重和包容。它帮助人们认识和欣赏其他文化的独特之处，拓宽了人们的视野，促进了社会的多元发展和文化的共融。

5. 促进社会认同和身份认同

文化创意产业对于社会认同感和身份认同具有重要影响。它能够激发人们对自己所属文化的认同感，加强对文化传统和价值观念的理解。文化创意产业通过提供丰富多样的文化产品和服务，使人们能够更好地了解和认同自己所属文化的背景和身份，增强社会凝聚力和身份认同感。

6. 促进社会互助和社区发展

文化创意产业能够促进社会互助和社区发展。文化创意产业的发展通常与艺术家、创作者和从业人员形成紧密的社群网络。这些社群网络鼓励人们相互交流、学习和合作，形成了良好的社会互助机制。同时，文化创意产业能够促进社区的发展，通过举办文化活动、艺术展览和社区参与项目等方式，营造社区文化氛围，提升文化参与活力，加强社区居民的凝聚力和参与感。

7. 促进社会心理健康和幸福感

文化创意产业对于社会心理健康和幸福感的提升具有积极影响。文化创意产业能够通过艺术、音乐、电影等形式给人们带来愉悦、舒适和启发，帮助人们释放压力、调节情绪和提升生活质量。文化创意产品和服务能够触动人们的情感和思想，使人们产生共鸣和愉悦感，提升社会的整体幸福指数。

文化创意产业从社会角度来看具有重要作用。它提供丰富多样的文化产品和服务，满足人们的精神文化需求，丰富人们的生活和娱乐方式。同时，文化创意产业为人才培养和人力资源发展提供了新的机遇，为年轻人提供了更多就业和创业的机会，展示才华和实现自我价值的平台。此外，文化创意产业促进了社会的多元性和包容性，推动了文化的多样性和创新性发展。它促进了社会参与和文化参与，推动了社会创新和社会进步。文化创意产业还增进了社会认同和身份认同，促进了社会互助和社区发展。同时，它对于社会心理健康和幸福感的提升也具有积极影响。

第二节　发展历程与现状

一、文化创意产业的发展历程

文化创意产业的发展历程可以追溯到20世纪后期及21世纪初，其发展经历了以下四个阶段。

（一）起步阶段

20世纪后期，随着全球经济的快速发展和信息技术的进步，文化创意产业开始崭露头角。这一阶段，文化创意产业的发展以传统的文化艺术领域为主，如电影、音乐、艺术品市场等。此时，文化创意产业的规模相对较小，对经济的贡献和社会影响有限。以下是起步阶段文化创意产业发展的一些重要特点和事件。

1. 兴起的传统文化艺术市场

传统文化艺术领域成为文化创意产业的主要发展方向。电影、音乐、艺术品市场等成为文化创意产业的重要组成部分。电影行业迎来了新的发展机遇，电影作品开始以商业化的方式制作和推广。音乐产业开始探索新的商业模式，音乐录音和发行业务得到了发展。艺术品市场开始兴起，艺术品的交易和收藏逐渐成为一个具有潜力的产业。

2. 新的艺术形式的探索

文化创意产业开始探索新的艺术形式和表达方式。一些新兴的艺术形式如当代舞蹈、现代戏剧、实验音乐等开始吸引更多的关注和认可。这些艺术形式的出现推动了艺术创作和表演的多样化，为文化创意产业的发展带来了新的机遇和挑战。

3. 知识产权保护意识逐渐增强

随着文化创意产业的发展，知识产权保护意识逐渐增强。知识产权的保护对于文化创意产业的繁荣发展至关重要。相关法律、法规和政策文件开始颁布，以保护创作者和创意企业的创造成果和经济利益。版权保护、商标注册等成为重要的法律手段，保护创意产业的权益。

4. 技术进步与信息化推动

技术进步和信息化发展为文化创意产业提供了新的机遇。数字化技术的兴起使音乐、影视等媒体内容更便于存储、传播和消费，为文化创意产业的发展提供了便利条件。互联网的普及也使文化创意产品的推广和销售更加容易，创意企业可以借助网络平台与更广泛的受众进行互动和交流。

5. 跨国合作与文化交流

文化创意产业开始涉足跨国合作和文化交流。国际合作和交流为文化创意产业提供了更广阔的市场和发展机会。一方面，国外的文化作品和艺术形式进入国内市场，扩大了消费者的选择范围。另一方面，国内的文化创意产品开始走向国际市场，扩大了影响力和市场份额。

6. 创意人才培养与专业化发展

对创意人才的培养和专业化发展的重要性开始受到重视。学校和培训机构开始开设与文化创意产业相关的专业课程和培训项目，为从业者提供专业化的知识和技能。创意人才的培养和引进为文化创意产业的创新和发展提供了重要的人力资源支持。

7. 社会认可与消费需求增长

文化创意产业逐渐受到社会的认可和赞赏。人们对于文化艺术的关注和需求逐渐增加，对创意产品和服务的消费意愿逐渐提升。消费者开始认识到文化创意产品的独特价值和意义，愿意为其支付相应的价格。

总的来说，起步阶段是文化创意产业发展的初期阶段。在这一阶段，文化创意产业的规模相对较小，但随着技术进步、政府支持和社会认可，文化创意产业的发展潜力会逐渐显现。文化创意产业的起步阶段为后续的崛起、蓬勃发展和深入发展奠定了基础。

（二）崛起阶段

21 世纪初，文化创意产业进入崛起阶段。随着信息技术的飞速发展和互联网的普及，数字媒体、网络内容和游戏产业开始崭露头角，为文化创意产业注入了新的动力。此时，文化创意产业的范围扩大，涵盖了更多的领域和行业，如动漫、游戏、数字媒体、设计等。文化创意产业开始引起政府和社会的关注，相关政策和支持措施得以制定。

1. 数字媒体与网络内容崛起

随着互联网的普及和数字技术的发展，数字媒体和网络内容成为文化创意产业的重要组成部分。在线音乐平台、网络视频、数字出版等形式的崛起，为创意内容的传播和消费提供了新的途径。通过互联网平台，创作者可以直接面向全球观众和用户进行内容创作和发布，打破了传统媒体的地域限制，推动了文化创意产业的全球化发展。

2. 动漫和游戏产业的蓬勃发展

动漫和游戏产业迅速发展，成为文化创意产业的重要支柱。随着技术的进步和市场的扩大，动漫和游戏作品在全球范围内获得了广泛的关注和追捧。动漫和游戏产业不仅满足了年轻人对娱乐和消遣的需求，还具有跨界合作、衍生品开发和文化输出的潜力。动漫和游戏作品的影响力逐渐扩大，成为文化创意产业中重要的创意输出载体。

3. 设计行业的崛起

设计行业迎来了快速发展。产品设计、平面设计、室内设计等领域成为文化创意产业的热点，设计作品在市场上获得了广泛的认可和赞赏。设计不仅是外观的美化，更强调功能、用户体验和文化内涵的融合。设计的重要性在品牌建设、产品创新和市场竞争中得到了充分的认可，设计行业逐渐成为文化创意产业中的核心领域之一。

4. 跨界合作与文化融合

文化创意产业开始与其他行业进行跨界合作，实现文化的融合和创新。例如，文化创意产业与科技行业的合作，推动了虚拟现实、增强现实等新技术在文化领域的应用；与旅游业的合作，创造了文化旅游和体验式旅游的新模式。跨界合作不仅拓宽了文化创意产业的发展领域，还推动了不同行业的互利共赢。

5. 媒体与社交平台的兴起

随着社交媒体的普及和发展，个人与个人之间、个人与企业之间的互动和信息传播更加便捷。此时，社交媒体平台成为文化创意产业发展的重要渠道，创作者和企业可以通过社交平台与粉丝和用户进行互动，增加作品和产品的知名度和影响力。媒体的兴起也为文化创意产业提供了更多的传播机会，加速了作品和产品的推广和营销。

6. 地方文化创意产业的崛起

地方文化创意产业开始崭露头角，成为促进地方经济和文化发展的重要力量。各地政府积极引导和支持本地的文化创意产业，通过打造特色文化品牌、举办文化艺术节等方式，提升地方文化创意产业的影响力和竞争力。地方文化创意产业的崛起不仅促进了地方经济的发展，而且丰富了地方文化的内涵和魅力。

总的来说，文化创意产业在崛起阶段迎来了蓬勃发展。数字媒体与网络内容的崛起、动漫和游戏产业的蓬勃发展、设计行业的崛起、跨界合作与文化融合、媒体与社交平台的兴起以及地方文化创意产业的崛起等都是崛起阶段的显著特点。这些特点为文化创意产业发展奠定了坚实的基础，推动了产业的快速创新。

（三）蓬勃发展阶段

在崛起阶段的推动下，文化创意产业进入蓬勃发展阶段。政府和社会对文化创意产业的重视程度不断提升，相应的投资和支持力度逐渐加大。此时，文化创意产业的规模不断扩大，创意和创新活力不断涌现，创意企业和创意人才迅速增加，其经济效益和社会影响力逐渐显现。同时，文化创意产业开始与其他产业融合，形成新的商业模式和经济增长点。

1. 规模扩大和产业链完善

文化创意产业规模不断扩大，涵盖的领域和行业不断增加。原有的传统领域如电影、音乐、艺术品市场等继续发展壮大，同时新兴领域如数字媒体、游戏、设计等迅速崛起。各个领域的产业链日益完善，包括创意生成、创作生产、传播推广、营销销售等环节的协同发展。产业链的完善推动了文化创意产业的整体发展和价值链的提升。

2. 创意和创新持续涌现

文化创意产业充满了创意和创新的活力。创意者和创意团队跳出传统思维模式，勇于探索新的艺术表达方式和商业模式，不断引领潮流和引发社会变革。创新成为文化创意产业发展的重要驱动力，通过整合不同的文化元素和技术手段，创造出独特且具有市场竞争力的作品和产品。创意和创新的持续涌现为文化创意产业注入了新的活力和发展动力。

3. 国际交流与合作加强

化创意产业的国际交流与合作得到了进一步加强。创意作品和产品的国际传播和交流成为常态，各国之间的文化创意产业合作和交流活动不断增加。这种国际交流与合作不仅促进了文化的多元性和创新性，还为文化创意产业提供了更广阔的市场和发展机遇。同时，国际交流与合作带来了文化创意产业的国际影响力和竞争力的提升。

4. 社会认可度提升

随着文化创意产业的蓬勃发展，其在社会中的认可度不断提升。文化创意产业不再被视为边缘化的产业形态，而是成为经济发展和社会进步的重要组成部分。政府、企业和社会各界对文化创意产业的重视度不断提高，相关政策和支持措施也得到进一步完善。政府通过制定和实施相关政策，鼓励文化创意产业的发展，如在创业支持、知识产权保护和金融等方面提供政策支持。同时，企业和社会各界也积极参与文化创意产业，投入资金、资源和人才，推动产业的发展。

5. 创业与就业机会增加

文化创意产业的蓬勃发展为创业者和从业者提供了更多的机会。创意创新的活力吸引了越来越多的人加入文化创意产业，创办创意企业或从事创意工作。同时，文化创意产业的发展也带来了大量的就业机会，吸纳了众多的文化创意人才。这些创业和就业机会不仅促进了个体的发展，而且为整个社会的就业和经济增长做出了贡献。

总的来说，文化创意产业在蓬勃发展阶段呈现出规模扩大和产业链完善、创意和创新不断涌现、国际交流与合作加强、社会认可度提升，以及创业与就业机会增加等特点。这一阶段的发展为文化创意产业的持续繁荣奠定了基础，也为社会经济的可持续发展提供了新的动力。随着技术的不断进步和社会需求的变化，文化创意产业将进一步演进和创新，展现出更加丰富多样的发展模式和前景。

（四）深入发展阶段

目前，文化创意产业正处于深入发展阶段。随着技术的进步和市场需求的变化，文化创意产业正经历数字化、智能化和跨界融合等新的变革。新兴技术如人工智能、虚拟现实、区块链等为文化创意产业带来了新的发展机遇。同时，文化创意产业也面临一些挑战，如知识产权保护、市场竞争和人才培养等问题。为了应对这些挑战，政府、企业和社会各界开始加大对文化创意产业的支持和投资，推动创意人才的培养和产业的创新发展。

1. 数字化转型

随着信息技术的快速发展和互联网的普及，数字化转型成为文化创意产业发展的重要趋势。数字技术不仅改变了作品的创作和制作方式，而且改变了作品的传播和消费方式。数字媒体、在线平台和社交媒体等的兴起，为文化创意产业的创意创作、产品推广和消费提供了新的渠道和机会。

2. 智能化创新

人工智能、大数据和机器学习等技术的应用，为文化创意产业带来了智能化创新的机遇。智能算法可以帮助创意人才进行创意的筛选、生成和优化，提高创意的效率和质量。智能化工具和设备的应用也能够改变创作和制作的方式，提升创意产业的创新能力和竞争力。

3. 跨界融合

文化创意产业正不断实现与其他产业的跨界融合。与科技、教育、旅游、健康等领域的交叉合作，推动了新的商业模式和产业链的形成。例如，文化创意产业与科技公司合作开发虚拟现实（VR）和增强现实（AR）应用，为用户带来沉浸式的艺术和娱乐体验。跨界融合不仅为文化创意产业带来了更多的商业机会，而且为其他产业注入了创意和文化元素。

4. 知识产权保护

随着文化创意产业的发展，知识产权保护成为一个重要的议题。创意作品的盗版和侵权问题对文化创意产业的健康发展构成威胁。因此，加强知识产权保护成为政府、企业和从业者共同关注的重要任务。相关部门加强了知识产权法律法规的制定和执行，促进了知识产权保护体系的完善。

5. 人才培养和创新发展

深入发展阶段对文化创意产业的人才培养和创新发展提出了更高的要求。为了满足产业的需求，需要培养更多具备创意思维和创新能力的人才。教育机构和培训机构积极开展相关专业的教育和培训，培养具备艺术、设计、技术等多领域知识和技能的人才。同时，还需要加强与产业界的合作，建立实践基地和提供实习机会，让学生能够接触真实的工作环境和项目，培养实践能力和创业精神。

创新发展是深入发展阶段的关键，文化创意产业需要不断推动创新，开辟新的商业模式和市场空间。创新可以体现在创作内容、技术应用、商业模式、市场营销等各个方面。政府和企业应加大对创新项目的支持和投资，为创意人才和创业者提供更多的机会和资源。同时，要鼓励创新合作和跨界合作，促进文化创意产业与其他产业的交流和融合，碰撞出更多的创新火花。

此外，深入发展阶段还需要加强国际合作与交流。文化创意产业具有跨国界、跨文化的特点，国际合作和交流有助于开拓更广阔的市场，获取更多的资源和合作机会。通过国际合作，可以促进文化产品和服务的输出，提升文化创意产业在全球的竞争力和影响力。同时，还可以借鉴其他国家和地区的成功经验，推动本国文化创意产业的发展。

文化创意产业正处于深入发展阶段，数字化、智能化和跨界融合是其重要的发展趋势。加强知识产权保护、人才培养和创新发展是推动文化创意产业深入发展的关键。通过持续的努力和创新，文化创意产业将在全球范围内展现更大的潜力和影响力。

二、文化创意产业发展现状

（一）对经济发展的贡献增强

文化创意产业在中国的经济发展中发挥着越来越重要的作用。据统计数据显示，2021 年中国文化创意产业的营业收入占国内生产总值（GDP）的 10.41%，这表明文化创意产业对国家经济的贡献逐渐增强。文化创意产业不仅创造了大量的就业机会，还推动了相关产业链的发展，带动了相关领域的经济增长。

（二）年轻人成为主要消费群体

随着互联网和移动技术的普及，年轻人成为文化创意产业的主要消费群体。当代年轻人在信息时代中成长，通过使用抖音、快手、微博等应用程序，能够更快地接触到最新的信息和潮流趋势。年轻人乐于探索新事物，他们在文化创意市场中发现商机并积极参与其中，成为文化创意产业的主要推动力量。

（三）产业联动性增强

文化创意产业具有较高的产业联动性，与其他行业存在着密切的关联和互动。随着信息化的快速发展，文化创意产业渗透到社会各个领域，受到文化、科技、经济等行业的影响，产生了良性的相互促进关系。例如，抖音作为一种社交媒体平台，不仅可以帮助人们获取外界的信息，同时也为偏远地区的人们提供了展示和推广自己的机会，从而推动了当地的交通、农业等行业的发展。

（四）就业机会增多

文化创意产业的发展为人们的就业提供了更多的机会。随着信息时代的快速发展，许多传统手工艺者通过各种短视频软件和在线平台，将自己的技艺进行拍摄和传播，吸引了更多年轻人的关注和参与。这种形式的创意和创新不仅有助于传统工艺的传承和发展，而且为传统手工艺行业提供了更多的优秀人才，解决了一部分人的就业问题。同时，文化创意产业还涉及各种相关职业，如艺术家、设计师、编剧、音乐人、摄影师、视频制作人等，为广大从业者提供了丰富的就业机会。

（五）技术驱动和创新引领

在文化创意产业发展过程中，技术的不断进步和创新的推动起到了重要的作用。数字化技术、人工智能、虚拟现实、区块链等新兴技术为文化创意产业带来了更多的发展机遇和创新空间。例如，虚拟现实技术为电影、游戏等领域带来了全新的沉浸式体验，区块链技术为艺术品市场的交易和版权保护提供了新的解决方案。技术的应用和创新不断推动着文化创意产业向前发展。

（六）国际影响力不断扩大

中国的文化创意产业在国际舞台上的影响力不断扩大。越来越多的中国文化创意企业和作品走出国门，通过参加国际展览、合作项目和文化交流活动，向世界展示中国的文化创意实力和独特魅力。同时，中国也吸引了许多国际投资和合作伙伴，进一步促进了文化创意产业的国际交流与合作。

总体而言，当前中国文化创意产业正处于蓬勃发展阶段。它不仅对经济发展做出了积极贡献，还为广大年轻人提供了创业创新的机会，同时带动了相关产业链的发展和文化创新的推进。未来，随着科技的不断进步和社会需求的变化，文化创意产业将迎来更广阔的发展空间和更深远的影响力。

第三节　产业链及产业分析

文化创意产业链的构建分为三个环节：产业链上游、产业链中游和产业链下游。内容创意开发产业是文化创意产业的概念设计环节，位于产业链上游；生产设计制作产业是文化创意产业的创意产品生成环节，位于产业链中游；而位于下游的营销推广管理产业是文化创意产业的创意推广环节，三个环节环环相扣，共同构建了文化创意产业链。

一、产业链上游——内容创意开发产业

内容创意开发产业是文化创意产业中的主导产业，作为核心内容创新形式的革新，不管是生产设计制作环节，还是营销推广管理环节，强调的都是内容为王。因为文化创意产业最终是由消费者买单的，只有创意性内容能够吸引消费者，才有可能实现中、下游产业的经济效益。内容的原创性和创新性是文化创意产业链的核心部分，是文化创意产业链的高利润环节。

（一）内容创意的重要性

在文化创意产业链中，内容创意被视为核心要素。它是吸引消费者的关键，决定了产品和服务的吸引力和竞争力。优质的内容创意能够吸引受众的注意力，激发其兴趣和欲望，从而推动消费行为的产生。因此，内容创意的原创性、创新性和独特性是产业链上游的重要因素。

（二）创意内容的构建

创意内容的构建需要在充分挖掘和利用中国丰富的文化资源的基础上进行。中国拥有悠久的历史和深厚的文化传统，为创意内容的生成提供了宝贵的资源。创意者应从中国固有文化、传统文化和现代文化中提炼出具有中国特色的文化符号和标志，打造具有独特内涵或意义的创意内容。通过运用中国文化的符号和意义，创意内容能够与消费者产生共鸣，增加产品的认同感和文化价值。

（三）优质源头产品的打造

产业链的成功很大程度上取决于优质的源头产品。在文化创意产业中，内容创意是源头产品的重要组成部分。优质的源头产品应具备真材实料，具备内容和价值。它们应以创意为核心，具有创新性和艺术性，能够吸引消费者的目光。同时，为实现整个产业链的协同发展，还需要制定产业链的整体规划，确保源头产品与下游产品无缝衔接，实现全链条的高质量发展。

（四）创意内容的多样性和个性化

文化创意产业的发展需要注重创意内容的多样性和个性化。消费者需求的多样化要求创意内容应该具有丰富的选择和独特的个性。在内容创意开发过程中，应注重不同领域和受众群体的需求，打造适应多样化市场的内容创意。个性化内容创意能够满足消费者对个性化和定制化的需求，增强产品的差异化竞争优势。

（五）创意内容的原创性和创新性

原创性和创新性是内容创意的核心要素。原创性要求创意内容具有独特的创作者思维和表达方式，避免抄袭和模仿。创新性要求创意内容能够引领潮流、突破传统，具备新颖的观念、元素和形式。通过不断追求原创性和创新性，产生具有市场竞争力的创意内容，提高产品的吸引力和影响力。

（六）创意内容的市场调研与定位

在内容创意开发过程中，市场调研和定位是关键步骤。创意者需要深入了解目标受众的需求、喜好和消费习惯，以及市场的竞争状况和趋势。通过市场调研，创意者可以把握市场需求的脉搏，提出与受众紧密相关的内容创意，提高产品的市场适应性，增加市场份额。

（七）创意内容的数字化和智能化转型

随着信息技术的发展，内容创意需要进行数字化和智能化转型。数字化转型使内容创意能够更好地储存、传播和交流，满足数字时代消费者的需求。智能化技术的应用，如人工智能、大数据分析等，可以帮助创意者更好地了解受众需求、创作趋势和市场变化，提高创意内容的质量和市场竞争力。

（八）跨界合作与资源整合

为了推动内容创意的开发和产业链的发展，跨界合作和资源整合至关重要。创意者、制作团队、平台运营商、经销商等各参与主体应该建立紧密的合作关系，共同推动产业链的发展。跨界合作能够带来不同领域的创新元素和资源，推动创意内容的多样化和跨界融合。同时，资源的整合也能够提高产业链的效率和竞争力。通过整合人才、技术、资金和市场等资源，实现资源的优化配置和互补发展，推动产业链实现良性循环。

在构建文化创意产业链的模式中，产业链上游的内容创意开发起到了关键作用。它涉及创意内容的生成、原创性和创新性，以及文化资源的挖掘和利用。

二、产业链中游——生产设计制作产业

生产设计制作产业就是实现创意产品产业化的过程，是连接上、下游产业的枢纽，即依据创意概念和策划方案设计制作出具体的文化产品的产业活动。生产设计制作产业包括传统设计制作产业和现代设计制作产业。整个设计制作产业活动的灵魂就是内容产业，缺少内容就无法完成设计制作环节，内容的创意性和创新性是出色的文化创意产品得以设计生产和流通的先决条件。

（一）生产设计制作产业的重要性

生产设计制作产业是文化创意产业链中游的重要组成部分，它将创意概念转化为实际的产品和服务。在这一环节中，设计师、制作团队和工艺师将创意内容转化为具体的产品或服务，如实物产品、艺术品、广告、设计服务等。生产设计制作产业是文化创意产业链中的枢纽，负责将创意产品具象化，并为其提供实际的生产与制作支持。

（二）创意产品的多样性

创意产品可以分为实物化产品和虚拟化产品两大类。实物化产品包括实际的物质形

态的产品，如玩具、文具、时装等，以及服务形式的产品，如广告、设计服务、休闲娱乐、艺术品交易等。虚拟化产品包括传统形式的产品，如广播影视、文化艺术等，以及数字形式的产品，如网络游戏、手机增值服务等。创意内容可以通过不同载体的内容形式表达，如图书、电影、数字通用光盘（DVD）、MP4 等。这种多样性的创意产品能够满足不同消费者的需求，丰富市场的选择。

（三）产业园区的聚合效应

为促进生产设计制作产业的发展，大力发展产业园区具有重要意义。文化创意产业园和产业基地集中了大量的文化创意企业，能够形成规模效应，为生产设计制作产业提供基础支持。这些园区和基地为生产设计制作企业提供了专业的场所和设施，提升了企业的生产能力和创新能力。同时，园区还能够促进企业间的合作与交流，使其共享资源和经验，推动整个产业链的协同发展。

（四）设计创新与制作技术的结合

在生产设计制作产业中，设计创新和制作技术的结合至关重要。设计创新能够赋予产品独特的视觉效果、艺术价值和体验感受，从而增加产品的吸引力和竞争力。创意的设计需要不断追求独特性、创新性和美感，以满足消费者个性化和高品质的需求。同时，制作技术的不断提升和创新也是生产设计制作产业发展的重要驱动力。随着科技的发展，制作技术不断更新，如 3D 打印、数字化制作、虚拟现实等技术的应用，使创意产品的制作更加精细、高效和多样化。

（五）艺术与商业的结合

在生产设计制作产业中，艺术与商业的结合是一个关键的考量因素。创意产品既要具备艺术性和审美价值，又要符合市场需求和具有商业可行性。艺术性的创意设计能够赋予产品独特的艺术魅力和文化内涵，提升产品的附加值和品牌形象。同时，需要将商业考量纳入设计制作过程，包括成本控制、市场定位、销售渠道等，以确保产品在市场上取得成功。

（六）设计与制作环节的协同合作

在生产设计制作产业链中，各个环节的协同合作非常重要。设计师、制作团队、工艺师、供应商等不同参与主体需要紧密合作，以确保创意概念顺利转化为实际产品。设计师与制作团队之间的密切合作能够将创意转化为具体的设计方案和工艺流程，实现设计与制作的无缝衔接。供应商的参与能够提供所需材料和技术支持，确保产品质量和生产效率。只有各个环节协同合作，才能实现生产设计制作产业链的顺畅运转和高效发展。

生产设计制作产业作为文化创意产业链的中游环节，承担着将创意转化为实际产品的重要任务。通过多样化的创意产品、产业园区的支持、设计创新与制作技术的结合、艺术与商业的结合以及设计与制作环节的协同合作等方面的努力，能够推动生产设计制作产业的发展，为文化创意产业链的下游提供优质产品和服务，促进整个产业链的繁荣和持续发展。

三、产业链下游——营销推广管理产业

（一）渠道开发与整合

文化创意产业链的下游环节是营销推广管理产业，它负责将生产设计制作的创意产品有效地推向市场，建立品牌形象，满足消费者的需求，并实现销售和营收的增长。在这一环节中，渠道开发与整合起着重要的作用。

渠道开发是指寻找和建立适合文化创意产品销售和推广的渠道，确保产品顺利地流通到消费者手中。传统的渠道包括实体零售店、批发商和经销商等，随着电子商务和互联网的兴起，在线销售渠道变得越来越重要。因此，文化创意产业需要根据产品的特点和目标受众，选择合适的销售渠道，建立与渠道商的合作关系，确保产品的有效分销和覆盖面。

渠道整合是指有机整合不同的销售渠道和营销手段，以最大化地提升产品的曝光度和销售效果。这意味着将线上渠道与线下渠道相结合，通过多渠道传播和销售，实现市场全方位覆盖。渠道整合还包括与媒体、平台和社交网络等合作，通过广告、宣传和推广活动来提高品牌知名度和产品认知度。此外，渠道整合还可以借助市场调研和数据分析，了解消费者的购买行为和偏好，从而更好地调整和优化渠道策略。

在营销推广管理产业中，还需要关注品牌建设和市场营销管理。品牌建设是通过品牌策略、形象设计和品牌传播来塑造文化创意产品的独特形象和价值观，以吸引消费者关注，提升消费者对产品的忠诚度。市场营销管理包括市场调研、产品定价、促销策略、客户关系管理等方面，以提升产品的市场竞争力和经济增长价值。

在推广过程中，消费者需求和体验是核心考量因素。通过了解消费者的需求和行为习惯，可以进行精准定位和个性化推广，提供符合消费者期望的产品和服务。同时，建立良好的客户关系管理和售后服务体系，提升消费者的满意度和忠诚度。

总而言之，营销推广管理产业在文化创意产业链中扮演着重要的角色。通过合理的渠道开发与整合、创新的营销策略、数据驱动的市场分析以及品牌建设和维护，营销推广管理产业能够有效地推动文化创意产品的推广和销售，实现产业链的协同发展和价值创造。

（二）拓展衍生产品

在文化创意产业链的下游环节，营销推广管理产业通过拓展衍生产品的开发和推广渠道，实现文化创意产业的价值增长。衍生产品是基于主体产品或服务的核心文化元素进行提炼和创新，通过生产、流通和销售，将原始文化创意转化为具有衍生价值的新产品。

衍生产品的开发是通过深度挖掘主体产品的文化内涵和品牌形象，将其延伸和转化为各类相关产品。例如，电影衍生产品包括电影周边商品、影视衍生游戏、剧集衍生漫画等；音像制品的衍生产品包括音乐专辑的周边商品、珍藏版光盘等；游戏的衍生产品包括角色扮演玩具、游戏周边商品等。这些衍生产品不仅可以满足消费者对主体产品的追捧和收藏需求，还能够扩大产品的影响力和市场覆盖面，实现文化创意产业的增值和品牌价值的提升。

衍生产品的开发不仅局限于单一领域，还可以跨越不同行业进行多次衍生。通过与其他相关行业的合作，如服装、玩具、艺术品等，实现更多元化和多方向的发展。例如，一部电影可以衍生出周边服装系列、玩具系列、艺术展览等，通过这些衍生品的开发和销售，扩大了文化创意产业的收益来源和市场份额。

衍生产品的规模化生产是实现文化创意产业增值的关键。通过规模化生产，可以降低生产成本、提高生产效率，并在市场上实现更大规模的推广和销售。经营者和文化产业机构努力推动衍生产品的规模化生产，以追求最快捷、最经济的增值效果。同时，衍生产品的开发能够满足消费者对个性化和独特性的需求，进一步提升文化创意产业的市场竞争力和价值。

总的来说，产业链下游的营销推广管理产业通过拓展衍生产品的开发和推广渠道，实现文化创意产业的价值增长。衍生产品的多样化和规模化生产能够满足消费者的需求，促进产业链的良性循环和持续发展。同时，衍生产品的开发也需要关注市场调研、品牌塑造和知识产权保护，以确保产业链的可持续发展和创意产业的长远影响力。通过营销推广管理产业的衍生产品，文化创意产业能够实现更大范围的价值创造和创意产业的发展。

第三章　文化创意产业的客户

第一节　客户群体的划分与分析

文化创意产业的客户群体多样且广泛，涵盖了不同年龄、性别、地域、兴趣和消费能力的人群。根据消费者的特征和需求，可以将文化创意产业的客户群体划分为以下几个主要类型。

一、年轻消费者

年轻人是文化创意产业的重要客户群体。他们拥有较高的数字素养和消费能力，对新颖、个性化和创新的文化产品具有强烈的兴趣和需求。年轻消费者善于利用互联网和社交媒体平台获取信息和分享体验，他们对时尚、音乐、影视、游戏、动漫等领域的文化创意产品表现出较高的消费意愿。

（一）数字原生代消费者

年轻消费者是数字原生代的一员，他们在数字技术和互联网环境下长大，对于数字媒体和创新科技具有强烈的兴趣和熟练的应用能力。他们习惯于使用社交媒体、在线购物平台和数字娱乐内容，是文化创意产业数字化转型的主要推动力量。

（二）时尚和潮流追随者

年轻消费者对于时尚和潮流有着敏锐的感知能力。他们注重个性化的服装、饰品、配件等时尚产品，喜欢跟随时尚趋势，表达自我和身份认同。文化创意产业可以通过与时尚品牌的合作、推出设计师创意产品等方式吸引年轻消费者的注意力。

（三）音乐和影视爱好者

年轻消费者对于音乐和影视艺术有着浓厚的兴趣。他们热衷于参加音乐演唱会、音乐节、电影院观影等活动，喜欢收集音乐专辑、影视作品的衍生产品。文化创意产业可以通过推出优质音乐作品、电影、电视剧的衍生产品，满足年轻消费者对于音乐和影视的需求。

（四）游戏和动漫爱好者

年轻消费者对于游戏和动漫文化有着特别的喜爱。他们热衷于玩游戏、阅读漫画、观看动画片等，对于游戏周边产品、角色扮演服装等产品表现出较高的消费意愿。文化创意产业可以通过开发有趣的游戏、推出精美的动漫周边产品，吸引年轻消费者的关注和购买。

（五）社交和体验追求者

年轻消费者注重社交和体验，他们喜欢与朋友分享、参与社交活动和体验式消费。他们对于艺术展览、文化节日、创意体验活动等具有浓厚的兴趣。文化创意产业可以通过举办互动展览、艺术工作坊、文化节庆活动等方式吸引年轻消费者的参与和体验，提供独特而有趣的文化创意体验。

（六）自我表达和身份认同

年轻消费者渴望通过消费来展现自己的个性和价值观，以及塑造自己的身份认同。他们追求与众不同的创意产品和独特的文化体验，希望通过选择和购买具有个性化的文化创意产品来彰显自己的独特性。文化创意产业可以提供多样化的个性化产品，满足年轻消费者对自我表达和身份认同的需求。

（七）环保和社会责任意识

越来越多的年轻消费者关注环保和社会责任，注重选择具有可持续性和社会价值的文化创意产品。他们倾向于使用环保材料、公益项目和社会创新的文化创意产品。文化创意产业可以积极关注环保和社会责任，推出符合可持续发展和社会价值观的创意产品，吸引年轻消费者的支持和认同。

总的来说，年轻消费者是文化创意产业中具有重要影响力的客户群体。他们对于数字化、时尚、音乐、影视、游戏、动漫等领域的文化创意产品表现出较高的消费意愿。

了解年轻消费者的兴趣并满足其需求，提供具有创新性、个性化和社会价值的文化创意产品，有助于文化创意产业实现持续发展和保持市场竞争优势。

二、文化爱好者

这是一类对艺术、文化和历史感兴趣的消费者群体。他们追求文化内涵、审美价值和情感体验，对艺术品、博物馆、展览、文学作品等有浓厚的兴趣。文化爱好者对于传统文化的保护和传承非常重视，他们愿意购买具有艺术品位和独特文化价值的产品，支持艺术家和文化创意企业的发展。

（一）艺术品收藏家

这部分客户群体对艺术品的收藏和投资感兴趣。他们追求独特、高质量的艺术作品，包括绘画、雕塑、陶瓷等艺术品。艺术品收藏家注重艺术品的价值、艺术家的声誉和创作背景。他们愿意参加拍卖会、艺术展览和艺术品交易，以寻找具有投资潜力和艺术价值的作品。

（二）博物馆和展览参观者

这部分客户群体对博物馆和展览感兴趣，他们喜欢参观历史、文化和艺术类展览，探索文化遗产和艺术品的魅力。他们关注展览的主题和策展理念，喜欢参与相关的文化活动和讲座。博物馆和展览参观者常常在展览期间购买相关的书籍、纪念品和艺术品复制品，以延续展览的记忆和体验。

（三）文学和艺术作品的消费者

这部分客户群体对文学、艺术作品、音乐和电影有较高的欣赏和消费需求。他们喜欢阅读经典文学作品，购买艺术书籍和画册，收听音乐会和观看艺术电影。文学和艺术作品的消费者注重作品的文化内涵、艺术风格和艺术家的创作思想，他们愿意购买限量版的作品、签名版的书籍和专辑，以获取独特的艺术体验。

（四）文化旅游者

这部分客户群体对文化旅游有浓厚的兴趣。他们喜欢参观具有历史、文化和艺术价值的景点和遗址，探索不同地区的文化特色和传统。文化旅游者注重旅游目的地的文化氛围、文化活动和文化遗产的保护。他们愿意花费时间和精力去了解当地的历史文化，参与文化体验活动，并购买与旅游目的地相关的文化纪念品和手信。

（五）文化教育学习者

这部分客户群体对文化教育和学习有浓厚的兴趣。他们热衷于参加艺术培训班、文化讲座和工作坊，以提升自己的艺术修养和文化知识。文化教育学习者注重学习资源的质量和专业性，他们愿意购买艺术教材、参加专业的培训课程，并与艺术家、文化学者进行交流和互动。

（六）社交文化活动参与者

这部分客户群体喜欢参与社交文化活动，如艺术展览开幕式、文化节庆典、音乐会和舞台剧演出等。他们通过参与这些活动来扩展社交圈子、交流意见和分享文化体验。社交文化活动参与者愿意购买相关的门票、贵宾（VIP）座位和限量版活动纪念品，以支持活动的举办和获得独特的参与体验。

对于文化创意产业来说，文化爱好者客户群体具有一定的消费能力和购买意愿，他们对于艺术、文化和历史的热爱使其成为文化创意产品的忠实消费者。因此，在文化创意产业的发展中，针对文化爱好者客户群体的需求进行产品开发、市场推广和服务提供是至关重要的。通过满足文化爱好者的消费需求，文化创意产业可以获得更多的市场机会，实现可持续发展。

三、时尚追随者

时尚追随者是文化创意产业中的重要客户群体。他们对时尚文化和流行趋势保持敏感，并以此为指导，塑造自己的个人形象和风格。时尚追随者追求独特和个性化的时尚体验，通过购买时尚服饰、配饰、美妆产品等来展现自己的时尚品位。他们积极参与时尚活动、关注时尚媒体和社交平台，以获取时尚资讯和与其他时尚追随者进行交流和分享。

（一）流行趋势追随者

时尚追随者对流行趋势具有敏锐的感知能力，他们时刻关注时尚行业的最新动态和趋势预测。他们通过时尚杂志、时装秀、时尚博主等渠道，获取关于时尚设计、潮流风格和品牌推荐的信息。流行趋势追随者倾向于购买具有时尚前沿设计和流行元素的文化创意产品，以展现自己的时尚态度和品位。

（二）品牌忠实粉丝

时尚追随者对于时尚品牌具有较高的忠诚度，他们偏好购买知名时尚品牌的产品。品牌忠实粉丝追捧时尚品牌的独特风格和设计理念，他们追求品牌的身份认同和社会地位的象征。他们会购买品牌合作的限量版产品、收藏限定版时装，以及参与品牌活动和社交媒体互动，以展示对品牌的热爱和支持。

（三）社交展示追随者

时尚追随者注重个人形象和社交展示，在社交场合中展示自己的时尚品位和风格。他们愿意购买具有独特设计和时尚标志的文化创意产品，以在社交圈子中引起关注和赞赏。社交展示追随者关注时尚活动、派对和社交媒体平台，通过搭配时尚服饰、配饰和美妆产品，展现个人风格和时尚触感。

（四）创意潮人

时尚追随者中的一部分人追求创意和个性化的时尚风格，他们喜欢购买独特、非主流的时尚产品，追求与众不同的个人形象。创意潮人通过混搭、自己动手制作（DIY）、二手搭配等方式展示自己独特的时尚触感，他们对于创意设计、艺术元素和非传统材质的文化创意产品表现出浓厚的兴趣。他们关注独立设计师品牌、艺术家合作系列和限量版产品，追求独特的时尚体验和个性化的品位。

（五）数字时尚消费者

随着数字化技术的发展，时尚追随者越来越倾向于在线购物和数字化体验。数字时尚消费者通过电子商务平台、时尚手机应用和社交媒体购买时尚产品，获取时尚资讯，以及与其他时尚追随者进行互动。他们对于虚拟现实、增强现实和电子支付等新兴技术的应用也表现出较高的接受度，愿意尝试通过虚拟试衣、个性化推荐等方式进行数字化的时尚购物体验。

时尚追随者是文化创意产业中具有重要影响力的客户群体。他们对时尚的敏感性、消费能力和社交影响力使其成为品牌和文化创意企业追逐的目标。因此，了解和分析时尚追随者的消费行为、购买偏好和需求趋势对于文化创意产业的产品开发、营销策略制定和渠道选择具有重要意义。通过针对时尚追随者的个性化定制、创意设计和数字化体验，文化创意产业可以满足他们的消费需求，打造与时尚追随者紧密相关的品牌形象和产品形态，充分发挥市场竞争优势和实现可持续发展。

四、文化旅游者

文化旅游者是对文化和旅游有浓厚兴趣的消费群体，他们追求在旅行中体验独特的文化魅力和历史传承。他们愿意投入时间和金钱来探索不同地域的文化景观、艺术遗产和传统手工艺品，以丰富自己的旅行体验，并深入了解当地的历史、艺术和文化背景。

（一）文化旅游者的购买需求

文化旅游者在旅行过程中对文化创意产品有着一定的购买需求。他们喜欢购买与旅行目的地相关的纪念品、艺术品和地方特色手工艺品，以作为旅行的纪念或展示自己对文化的热爱和尊重。这些产品通常具有独特的地域特色、艺术品位和文化内涵，能够带给文化旅游者独特的情感体验和文化记忆。

（二）文化旅游者的消费行为

文化旅游者在购买文化创意产品时注重产品的品质、原创性和独特性。他们倾向于购买由当地工艺师傅、设计师或艺术家制作的产品，支持当地的文化创意产业发展。他们会花时间选择具有代表性的和高价值的产品，并通过与销售人员的交流了解产品的背后故事和制作工艺。文化旅游者通常会在旅行结束后，通过社交媒体或亲朋好友的分享，展示他们的文化创意产品，以显示自己对文化旅游的热情和品位。

（三）文化旅游者的需求趋势

随着文化旅游的兴起，文化旅游者的需求也呈现出一些趋势。首先，他们对文化创意产品的个性化和定制化需求增加。文化旅游者希望能够购买到独一无二的产品，能够展示自己的个性和品位。其次，他们对可持续发展和环境保护的关注逐渐增强。他们更倾向于购买以可持续材料制作、注重环境保护和社会责任的文化创意产品。此外，文化旅游者对数字化体验和在线购物的需求也在增加，他们希望通过虚拟展览、在线商城等方式获得文化创意产品的信息和购买渠道。

（四）文化旅游者的消费心理和价值观

文化旅游者在购买文化创意产品时常常抱有探索、收藏和传承的心态。他们希望通过购买具有独特文化价值的产品来纪念自己的旅行经历，将旅行中的文化体验带回家。他们对产品的价值追求不仅仅局限于商品本身，更在于产品所代表的文化意义和历史内涵。文化旅游者常常将购买文化创意产品视为对当地文化的支持和推动，对于具有社会责任感的品牌和企业更为青睐。

（五）满足文化旅游者的需求

为了吸引和满足文化旅游者的需求，文化创意产业可以采取一些策略。首先，注重产品的文化内涵和故事性。产品不仅要具备艺术性和美感，更要有深厚的文化内涵和独特的背后故事，能够让文化旅游者感受到当地文化的独特魅力。其次，与旅游景点和博物馆等文化场所进行合作。文化创意产业可以与相关旅游景点和博物馆合作，推出定制化的文化产品，提供给文化旅游者更丰富的选择和购买渠道。再次，通过在旅游景点设立专门的销售渠道，提升产品的曝光度和销售机会。最后，结合数字技术和线上平台，提供虚拟展览、线上购物和定制服务等，满足文化旅游者的便捷性和多样化需求。

（六）发掘地方特色和文化传统

不同地区拥有独特的文化遗产和传统手工艺品，可以根据文化旅游者的需求，挖掘具有地方特色的文化创意产品。通过发掘当地的非物质文化遗产、传统工艺和地方风情，设计制作具有代表性的产品，能够吸引文化旅游者的关注和购买意愿。同时，加强对传统工艺的保护和传承，培养更多的手工艺人才，提高产品的质量和独特性。

总之，文化旅游者作为文化创意产业的重要客户群体，对于文化创意产品的需求和购买行为具有一定的特点和趋势。他们注重文化内涵、追求个性化和独特性，愿意花费时间和金钱来获取与旅行目的地相关的文化创意产品。

五、企业和机构

企业和机构是文化创意产业的重要客户群体，他们对文化创意产品具有一定的需求和购买力。

（一）企业品牌推广

企业需要通过文化创意产品来树立品牌形象和传播企业价值观。通过购买文化创意产品作为企业礼品，赠送给客户、合作伙伴或员工，以展示企业的独特风格和关怀。这些产品可以是具有企业标识的定制礼品、艺术品或纪念品，用于加强企业与客户之间的联系和情感连接。

（二）员工福利与奖励

企业可以购买文化创意产品作为员工福利和奖励机制的一部分。这些产品可以是文化艺术品、手工艺品、创意家居用品等，用于激励和奖励员工的工作表现。通过赠送具有文化内涵和独特设计的产品，企业可以提升员工满意度、增强员工归属感，从而提高员工的工作积极性和团队凝聚力。

（三）博物馆与艺术机构

博物馆、艺术机构和文化教育机构等也是文化创意产业的重要客户，其将文化创意产品作为展览品、教育工具或销售礼品。博物馆和艺术机构可能购买具有艺术价值和文化内涵的作品，用于展示和展览。文化教育机构可能购买与教学内容相关的文化创意产品，用于辅助教学和学生的艺术培养。

（四）媒体和广告公司

媒体和广告公司是文化创意产业的潜在客户，其将文化创意产品作为广告宣传和推广活动的一部分。例如，可以购买具有创意设计和独特文化符号的产品，用于广告拍摄、平面设计、活动策划等。文化创意产品的独特性和个性化特征可以帮助媒体和广告公司实现品牌营销的差异化，提高产品的吸引力。

（五）社会组织和非营利机构

社会组织和非营利机构是文化创意产业的潜在客户。他们可能需要文化创意产品作为展示和传播自身使命和价值观的一部分。这些组织可能购买具有社会意义和影响力的文化创意产品，用于活动筹备、募捐宣传、志愿者奖励等。例如，社会组织可以购买以特定主题和社会问题为基础的艺术作品，用于展览和宣传活动，以引起公众的关注和参与。

（六）旅游和酒店业

旅游和酒店业是文化创意产业的潜在客户，需要通过文化创意产品来提升旅游和住宿体验。旅游机构和酒店可以购买与当地文化相关的艺术品、手工艺品或纪念品，用于装饰和销售。通过提供独特且富有文化韵味的产品，旅游和酒店业可以吸引更多游客和客户，增强他们的旅行记忆和忠诚度。

总之，企业和机构作为文化创意产业的客户群体，对文化创意产品的需求具有一定的特点和目标。通过了解他们的需求、提供个性化定制产品、强调文化价值、建立合作关系并提供增值服务，文化创意产业可以更好地满足企业客户的需求，同时拓展市场和增加销售。这不仅有助于满足客户的需求和期望，还为文化创意产业带来更多的发展机遇和商业合作机会。

六、文化教育群体

文化教育群体是文化创意产业的重要客户群体之一，包括学生、教育机构和家庭教育者。他们对于文化创意产品的需求主要集中在教育和学习方面，希望通过创意性和富有趣味性的产品来激发学生的兴趣和学习动力。

（一）学生

学生是文化创意产业重要的客户群体，他们在学习过程中需要丰富多样的教育资源和工具。文化创意产品可以通过创新的教学方式和内容，提供有趣的学习体验，激发学生的创造力和想象力。例如，教育游戏可以将学习内容与游戏元素融合，让学生在游戏中学习知识；互动学习工具可以通过多媒体和交互设计，使学生主动参与学习过程。此外，文化创意产品还可以提供学科相关的故事书籍、绘画工具、手工艺品等，丰富学生的学习资源，培养他们的艺术兴趣和创造力。

（二）教育机构

教育机构是文化创意产业的重要客户，他们需要创新的教育资源和工具来提升教学质量和教育体验。教育机构可以通过购买文化创意产品来丰富课堂教学和教育活动。例如，他们可以使用教育游戏和互动学习工具来增加学生的参与度和学习效果；购买教育书籍和故事书籍来拓展学生的阅读兴趣和知识面；利用艺术品、手工艺品等进行艺术教育和创意培养。教育机构还可以与文化创意企业合作，共同研发定制化的教育产品，满足特定教学需求和课程要求。

（三）家庭教育者

家庭教育者包括家长和家庭教育机构，他们希望通过文化创意产品来提供丰富的学习资源和教育工具，促进孩子全面发展。文化创意产品可以为家庭教育者提供多样化的教育支持和创意学习方式。例如，他们可以选择购买教育游戏、电子学习设备和故事书籍，与孩子一起参与有趣的学习活动；购买艺术品、手工艺品和绘画工具，培养孩子的艺术兴趣和创造力。此外，家庭教育者还可以参加文化创意企业或机构提供的家庭教育培训课程，了解如何更好地利用文化创意产品促进孩子的学习和发展。

文化教育群体对文化创意产业的需求主要集中在教育和学习方面，他们希望通过创意性、趣味性和多样化的教育资源来激发学生的兴趣和学习动力。为满足他们的需求，文化创意产业应注重产品的教育性质，提供个性化和定制化的服务，与教育机构和家庭教育者建立紧密合作关系，并不断提升产品的教育价值和实际应用效果，以满足文化教育群体的需求。通过这样的努力，文化创意产业可以为学生、教育机构和家庭教育者提供丰富多样的教育支持和创意学习方式，促进教育的创新与发展，培养出更有创造力和才华的新一代。

七、社区和地方居民

社区和地方居民作为文化创意产业的客户群体，对本地传统文化的保护与发展表现出浓厚的兴趣。他们希望通过参与社区文化活动、购买地方特色产品、参观本地艺术展览等方式来支持和体验本地的文化创意产业。

（一）地方文化认同

社区和地方居民对本地的文化和传统具有深厚的认同感。他们希望保护和传承地方文化遗产，通过购买地方手工艺品、艺术品等文化创意产品来表达对本地文化的支持和热爱。

（二）参与社区文化活动

社区居民积极参与社区举办的文化活动，如庙会、民俗表演、社区音乐会等。他们希望通过这些活动来加深对本地文化的了解和参与，同时也是对文化创意产品的需求来源。

（三）购买地方特色产品

社区和地方居民愿意购买具有地方特色的文化创意产品，如地方手工艺品、纪念品、特色食品等。他们认为这些产品具有本地文化的独特魅力，同时希望通过购买支持本地的创意产业发展。

（四）参观本地艺术展览和文化场所

社区和地方居民对本地的艺术展览和文化场所表现出浓厚的兴趣。他们愿意参观本地的艺术馆、博物馆、画廊等，欣赏艺术作品和了解本地文化的历史和发展，这也是相关文化创意产品的潜在消费者。

（五）文化创意产品的社交价值

社区和地方居民购买文化创意产品不仅满足个人兴趣和审美需求，还具有社交价值。他们愿意与他人分享自己所购买的地方特色产品，通过展示和交流来表达对本地文化的认同和自豪感。

总之，社区和地方居民作为文化创意产业的潜在客户群体，对本地文化的保护和发展表现出浓厚的兴趣。通过挖掘本地文化资源、合作与参与、地方特色营销、社区参与活动以及教育与推广等策略的文化创意产业，可以更好地满足社区和地方居民对文化创意产品的需求，促进产业的发展和社区的文化繁荣。

第二节　客户需求分析

文化创意产业的客户需求非常多样化，涵盖了创新、个性化、情感共鸣、教育、社交、质量、可持续性、便捷、个性化服务、价格与价值平衡、多元文化和跨界合作等方面。了解并满足这些需求，能够帮助文化创意产业吸引更多客户，并建立长期的合作与发展关系。

一、创新与个性化需求

现代消费者对于文化创意产品的需求越来越个性化和多样化，他们希望产品具有创新的设计理念、独特的表现形式和与众不同的体验。客户希望通过文化创意产品来表达个性和品位，体验与众不同的文化。

（一）创新设计

消费者对于创新设计的需求越来越强烈，他们渴望看到独特、前卫、富有想象力的设计理念和创意表达，其不再满足于传统的设计方式，更希望文化创意产品能够带来新鲜感和刺激感。创新设计可以通过独特的材料、形式、结构、色彩、图案等方面来实现，以打破传统界限，引领时尚潮流。

（二）个性化定制

个性化是现代消费者对文化创意产品的重要需求，他们希望能够根据个人喜好、兴趣和特点定制文化创意产品，使产品与自己的个性相契合。个性化定制可以通过提供多样的选择、灵活的配件和个性化的服务来实现，以满足消费者对独一无二的产品的渴望。

（三）多样化表现形式

消费者对于多样化的文化创意产品表现形式有着高度的关注和需求。他们希望可以选择不同形式和媒介的产品，如艺术品、手工艺品、数字作品、电影、音乐等。消费者希望从不同的表现形式中找到符合自己审美和兴趣的文化创意产品，以丰富文化体验。

（四）个人化体验

现代消费者对于个人化体验的追求也是对文化创意产品需求的一部分。他们希望产品能够带来独特的、个性化的体验。个人化体验可以通过产品的互动性、个性化定制、个人化服务等方式来实现。消费者希望通过文化创意产品与品牌建立情感连接，获得与品牌共同成长和发展的体验。

（五）社交分享与参与

现代消费者追求社交化的消费体验，他们希望能够通过文化创意产品来展示自己的品位和个性，并与他人分享这种体验。消费者希望能够通过社交媒体、线下活动或其他形式与他人一起参与文化创意产品的体验和分享。他们希望能够与同好相聚、交流观点、共同欣赏和讨论文化创意产品，从而丰富自己的文化生活。品牌和文化创意企业可以通过促进社交互动、举办活动和建立社群等方式，满足消费者对社交分享和参与的需求。

（六）教育与启发

消费者对于文化创意产品的需求不仅停留在娱乐和消遣层面，也希望通过这些产品获得教育与启发，希望产品能够帮助他们学习、拓宽视野、提高素质，并且在文化领域获得新的见解和体验。文化创意产品可以通过提供有趣而富有教育性的内容、启发性的活动和互动体验，满足消费者对于教育和启发的需求。

（七）文化多元性与包容性

现代消费者对于文化多元性和包容性的关注也反映在对文化创意产品的需求上。他们希望产品能够体现不同文化、民族、地域和群体的特点及价值观，展现文化的多样性和包容性。消费者希望通过文化创意产品了解和尊重不同文化，促进文化的交流与融合。

现代消费者对于文化创意产品的需求呈现出创新、个性化、多样化、个人化、社交化、教育与启发、文化多元性和包容性等特点。为了满足消费者需求，文化创意产业需要注重创新设计、个性化定制、多样化的表现形式、个人化体验、社交分享与参与、教育与启发、文化多元性和包容性等方面的发展。通过深入了解客户需求，灵活应对市场变化，文化创意产业可以不断推出符合消费者需求的创新产品，提供丰富多样的文化体验，从而赢得消费者的青睐和持续的支持。

二、情感共鸣与情感体验需求

在文化创意产业中，情感共鸣和情感体验是客户需求的重要方面。消费者希望通过文化创意产品与特定的情感、情绪或价值观产生共鸣，从而获得情感体验和情感满足。

（一）情感连接与认同

消费者希望通过文化创意产品与其所关注的文化、艺术、历史或社会问题产生情感连接和认同。他们希望产品能够与他们的情感、价值观或个人经历产生共鸣，从而让他们感到自己被理解和认同。文化创意产品通过表达特定的情感或情绪，打动消费者的心灵，使其感受到与产品相关的情感体验。

（二）情感表达与释放

消费者在购买和使用文化创意产品时，往往希望能够通过产品来表达自己的情感或释放内心的情感。产品可以是情感的媒介和表达工具，帮助消费者传递情感，找到情感宣泄的出口。例如，音乐、电影、艺术作品等可以唤起消费者的情感并引发其释放情感。

（三）情感愉悦与满足

文化创意产品还可以满足消费者对情感愉悦和满足的需求。产品通过提供积极、愉悦或令人满足的情感体验，能够使消费者感到快乐、满足和愉悦。例如，一部喜剧电影能够带给观众欢乐和轻松的情感体验，一幅美丽的艺术作品能够给人以赏心悦目的情感体验。

（四）情感引发思考与深入思考

文化创意产品可以激发消费者的思考和深入思考，引发情感和认知的交融。产品通过其独特的表现形式、文化符号或艺术手法，引发消费者的思考和探索，激发他们对于文化、艺术或人生的深入思考。例如，一部富有思想性的电影或一本触动灵魂的小说能够激发观众或读者对于人性、道德、社会问题的深入思考。

（五）情感共享与社交互动

文化创意产品还可以促进情感的共享和社交互动。消费者希望通过与他人分享自己的情感体验进行情感的交流和互动。例如，观看一部电影后，消费者可能与朋友讨论影片的情节和主题，分享彼此的情感体验；参观一场艺术展览后，消费者可能与其他观众交流对艺术作品的感受和思考。文化创意产品可以成为社交互动的媒介，连接消费者之间的情感共享和交流。

（六）情感情绪管理与情感疏导

有时，消费者寻求文化创意产品进行情感情绪的管理和疏导。产品可以帮助消费者调节情绪、缓解压力或舒缓情感困扰。例如，一首柔美的音乐、一幅平静的绘画作品或一个温馨的故事，可以给消费者带来情感的宁静和疏导，让其感到平衡和安慰。

（七）情感体验的新奇与刺激

消费者追求新奇与刺激的情感体验，希望通过文化创意产品获得令人兴奋、振奋或震撼的情感体验。他们渴望通过产品感受到新的感受和体验，激发内心的兴奋与探索欲望。例如，参与一场具有冒险性质的艺术表演、探索新兴艺术形式或体验创新的互动艺术项目，可以带给消费者独特而激动人心的情感体验。

消费者对于文化创意产业的客户需求主要包括创新与个性化需求、情感共鸣与情感体验需求。了解和满足消费者需求，可以帮助文化创意产业与客户建立更紧密的联系，提供与消费者情感相关的丰富、满意的产品体验。在产品设计、营销和服务中，注重情感共鸣和情感体验，可以帮助企业更好地满足客户需求，提高产品的市场竞争力和用户满意度。

三、教育与学习需求

客户对于具有教育和学习价值的文化创意产品的需求越来越高，他们希望通过文化创意产品获得知识、启发思考和促进学习。这种需求体现在对于艺术、文学、历史、科学等领域的教育性产品的需求，以及对于提供有趣、互动和创新教学方法的需求。

（一）知识获取与启发思考

消费者渴望通过文化创意产品来获取新的知识和信息，并从中得到启发和思考。他们希望产品提供有深度的内容，展现独特的观点和见解。例如，艺术作品可以展现艺术家的创作理念和艺术语言，历史书籍可以深入解析历史事件和人物，科学展览可以介绍前沿的科学研究和发现。消费者希望通过这些产品了解新领域的知识，拓宽认知和视野。

（二）创新教学方法与互动学习

消费者对于创新的教学方法和互动学习体验的需求越来越高，他们希望通过文化创意产品获得有趣、互动和参与式的学习体验。例如，教育游戏可以结合娱乐元素和知识传授，使学习过程更加轻松愉快；互动展览可以通过触摸屏、虚拟现实等技术与观众互动，提供沉浸式的学习体验。消费者希望通过这些创新的教学方法激发学习兴趣和积极性。

（三）跨学科和综合性学习

消费者对于跨学科和综合性学习的需求逐渐增加，他们希望通过文化创意产品获得不同学科领域的知识和理解，实现知识的交叉融合和综合运用。例如，一本将艺术、科学和历史融合在一起的图书，可以让读者在欣赏艺术作品的同时了解相关的科学原理和历史背景。消费者希望通过这种综合性学习的方式培养综合素养和跨学科思维能力。

（四）学习资源和工具

消费者需要有丰富的学习资源和工具来支持其学习需求。文化创意产业可以提供各种形式的学习资源，例如，电子书籍、在线课程、学习应用程序等。这些资源可以满足消费者的学习需求，并提供便捷的学习方式和工具。消费者希望随时随地访问学习资源，并根据自己的学习进度和兴趣进行个性化学习。

（五）教育价值和实践能力

消费者对于文化创意产品的教育价值和实践能力有着较高的要求，他们希望产品不仅能够传递知识，还能够培养其实践能力和应用能力。例如，教育游戏可以通过任务和挑战帮助学生运用所学知识解决问题，艺术培训课程可以提供实际绘画或音乐表演的机会。消费者希望通过这些产品能实际应用所学的知识和技能，提升实践能力和创造力。

（六）学习社交和合作

消费者希望通过文化创意产品获得学习社交和合作的机会。他们希望与其他学习者交流和合作，共同学习和成长。例如，在线学习平台可以提供学习社区和讨论论坛，学习者可以在这些平台上互相交流心得、解除困惑，共同参与项目或创作。消费者希望通过与他人的互动和合作，拓宽自己的学习视野和思维方式。

教育与学习需求是文化创意产业客户的重要需求之一。消费者希望通过文化创意产品获取知识、启发思考、体验创新教学方法和实践能力，并满足个性化学习和学习社交的需求。为满足消费者需求，文化创意产业应注重产品的教育性、创新性和个性化定制，提供丰富的学习资源和工具，并鼓励学习者互动合作与实践能力的培养。

四、社交与社区连接需求

客户希望通过文化创意产品与社交和社区连接，希望通过产品展示自己的品位和兴趣，参与相关社区活动或在社交媒体平台上进行讨论和分享。文化创意产品可以成为社交互动和交流的媒介，为客户提供与他人相连的机会。

（一）社交展示与认同

消费者希望通过文化创意产品展示自己的品位和兴趣，以获得社交认同和赞赏。他们希望通过产品表达自己独特的个性和审美观，与他人建立共鸣和互动。例如，购买艺术品、穿着独特的时尚服装、使用特色文具或配饰等，展示个人风格和品位。

（二）参与社交活动

客户希望通过文化创意产品参与各种社交活动，如艺术展览、文化节、创意工作坊等。这些活动不仅提供了展示和欣赏文化创意产品的机会，还促进了与他人的交流和互动。消费者希望在这些活动中结识志同道合的人，分享彼此的兴趣和体验。

（三）社交媒体互动

社交媒体平台成为消费者展示、分享和交流文化创意产品的重要渠道。客户希望在社交媒体上与其他用户讨论、评论和分享自己的文化创意产品体验，希望通过社交媒体平台了解其他人的推荐和评价，发现有趣的文化创意产品，并与其他用户建立联系。

（四）加入相关社区

消费者希望加入与自己兴趣和品味相关的社区，这些社区可以是线上社群、兴趣小组、艺术团体或文化组织等，通过加入相关社区，与志同道合的人共同探索、讨论和推广文化创意产品。社区连接为客户提供了更深入的交流和合作机会，丰富了其文化创意体验。

通过满足客户对社交与社区连接的需求，文化创意产业可以建立更紧密的关系，促进品牌的知名度和口碑传播，同时与消费者建立更深入的连接，了解他们的反馈和需求，不断提升产品的质量和市场竞争力。

五、质量与品质需求

客户对于文化创意产品的质量和品质要求较高，希望产品具有良好的制作工艺、材料和耐久性。高质量的产品能够给客户带来更好的使用体验和观赏价值，提升产品的认可度和信任度。

（一）制作工艺

客户希望产品具有精细的制作工艺，无论是艺术品、手工艺品还是其他文化创意产品，制作工艺的精湛程度都会直接影响产品的品质和观赏价值。客户希望产品的制作工艺精细、细节处理到位，能够展现高水准的工艺技巧和专业水平。

（二）材料选择

客户关注产品所采用的材料是否符合环保、安全和持久的要求。他们希望产品使用优质的原材料，无毒无害，对环境友好，并且能经受住时间的考验，保持良好的状态和品质。

（三）耐久性

客户希望文化创意产品具有较长的使用寿命和耐久性。无论是艺术品、家居装饰品还是其他文化创意产品，客户都希望它们能够经久耐用，不易损坏或磨损，以保持其美观和功能性。

（四）观赏价值

客户对于文化创意产品的观赏价值有一定的要求，他们希望产品具有独特的艺术美感和审美价值，能够带来视觉享受和审美满足。客户对于产品的设计、色彩搭配和整体感受都有着较高的期望，追求与众不同和独特的品质体验。

（五）功能性

除了观赏价值，客户也关注产品的功能性。例如，文化创意产品需要具备一定的实用性、便利性或互动性，以满足客户的实际需求和使用场景。客户希望产品能够为其提供实际的功能和使用体验。

对于文化创意产业的客户来说，质量和品质是其选择和购买产品的重要考虑因素。通过严格的质量控制、与专业合作伙伴的合作、注重设计与创新、品牌建设以及提供优质的售后服务，文化创意产业可以满足客户对于产品质量和品质的需求，增强客户的满意度和忠诚度。

六、可持续性与社会责任需求

现代消费者对于环境保护和社会责任的关注日益增加，其倾向于选择那些符合可持续发展原则、推崇社会责任的文化创意产品。他们希望文化创意产业能够关注环境保护、社会公益和文化传承，通过产品设计、生产和运营过程中的可持续性措施来满足需求。

（一）环境保护

现代消费者对于环境保护问题越来越关注，他们期望文化创意产业能够减少对环境的负面影响。可以通过以下几种方式满足客户的需求。

1. 使用环保材料

消费者希望产品使用环保材料，减少对自然资源的消耗和环境污染。例如，选择可再生材料、回收材料或低碳排放材料，以减少对环境的负担。

2. 降低能源消耗

客户希望文化创意产业在生产和运营过程中采取节能措施和使用清洁能源，以减少对环境的碳排放。

3. 推广循环经济

客户希望文化创意产业能够推动循环经济的发展，通过产品回收、再利用和循环利用，减少废弃物的产生，提高资源利用效率。

（二）社会公益

消费者越来越关注社会公益问题，他们希望文化创意产业能够关注社会问题、参与公益活动，并为社会做出积极贡献。以下是满足客户需求的方式。

1. 社会参与和支持

客户希望文化创意产业能够积极参与社区活动、公益项目和慈善事业，为社会发展做出贡献。例如，举办文化艺术活动、支持教育项目、参与公益捐赠等。

2. 社会责任传播

客户希望文化创意产业能够将社会责任的理念融入品牌传播和产品宣传中。通过宣传社会责任的行动和成就，增强客户对品牌的认同和信任。

（三）文化传承

文化传承是文化创意产业的核心价值之一，消费者对于文化创意产品的文化传承能够满足其需求。以下是满足客户需求的方式。

1. 文化传承

客户希望文化创意产业能够传承和弘扬本地或特定文化的传统和价值观，希望通过产品了解和体验不同文化的独特之处，促进文化交流和理解。

2. 社区支持

客户希望文化创意产业能够支持和参与社区的发展和活动，包括在社区举办艺术展览、文化节庆、工作坊等，为社区居民提供文化创意产品和服务，并与当地居民建立紧密地联系和合作关系。

3. 社会影响力

客户希望文化创意产业能够具备积极的社会影响力，通过产品和行动传递正能量和社会价值观。例如，通过艺术作品、影片、音乐等媒介表达和关切社会问题，引起公众的关注和思考，推动社会变革和进步。

4. 透明度和道德经营

消费者对于企业的道德经营和透明度要求越来越高，他们希望文化创意产业能够遵守道德准则，保护员工权益，确保供应链的合法性和可持续性，提供真实和透明的产品信息，以建立客户的信任和忠诚度。

现代消费者对于文化创意产业的可持续性和社会责任的需求日益增加，他们希望文化创意产业在产品设计、生产和运营中考虑环境保护、社会公益和文化传承，并通过产品和行动传递正能量和社会价值。满足这些需求不仅可以增强客户的认同和忠诚度，还可以推动文化创意产业的可持续发展。

七、便捷与个性化服务需求

客户对于便捷和个性化的购买和服务体验有较高的需求，他们希望能够方便地获得文化创意产品，如在线购买、定制化选项、快速交付等。同时，客户也期待个性化的客户服务，如专业的咨询和建议、定期更新和推送相关信息等。

（一）便捷的购买体验

现代消费者渴望便捷的购买方式，希望能够随时随地、轻松地购买文化创意产品。为满足这一需求，文化创意产业可以采取以下措施。

1. 在线购买平台

建立用户友好的在线购买平台，使消费者可以通过电脑、手机或平板电脑等设备方便地浏览和购买产品。应提供直观简洁的界面设计和安全的支付方式，确保用户的购买过程顺利进行。

2. 移动应用程序

开发移动应用程序，为消费者提供更加便捷的购买体验。移动应用程序可以提供个性化推荐、购物车管理、订单跟踪等功能，使消费者可以随时随地购买所需的文化创意产品。

3. 快速交付

建立高效的物流配送系统，确保产品能够快速、准确地送达消费者手中。提供多种送货方式，如快递、自提、同城配送等，以满足消费者的不同需求。

（二）个性化的客户服务

消费者希望得到个性化的客户服务，希望获得专业的咨询和建议，以及定期更新和推送相关信息。以下是满足客户需求的方式。

1. 专业咨询和建议

为消费者提供专业的咨询和建议，帮助其选择适合自己需求的文化创意产品。建立专业的客服团队，通过多种渠道（电话、在线聊天、电子邮件等）提供及时响应和解答消费者的疑问。

2. 定制化选项

提供定制化选项，满足消费者对个性化产品的需求。消费者可以根据喜好或偏好选择材料、颜色、尺寸等，定制属于自己的独特产品。通过与消费者的沟通和合作，提供定制化的设计和制作服务。

3. 定期更新和推送

定期更新产品目录、发布新品信息和促销活动，以及推送相关的文化创意资讯和趋势。通过电子邮件、社交媒体、移动应用程序等渠道，及时向消费者推送最新的产品和相关信息，保持与消费者的互动和联系。

（三）个性化推荐和体验

消费者希望获得个性化的推荐和购物体验，以提高购买的准确性和满意度。为满足这一需求，文化创意产业可以采取以下措施。

1. 数据分析和个性化推荐

通过收集和分析消费者的购买历史、喜好和兴趣，利用人工智能和大数据技术，提供个性化的产品推荐。基于消费者的偏好和行为模式，向其推荐符合其兴趣和需求的文化创意产品，以提高购买的准确性和满意度。

2. 虚拟试衣和体验

通过虚拟现实（VR）或增强现实（AR）技术，为消费者提供虚拟试衣和体验的功能。消费者可以在虚拟环境试穿服装、佩戴饰品，或在虚拟展览中参观艺术品。这样的个性化体验可以帮助消费者更好地了解产品，提前感受产品的效果。

3. 忠诚计划和特权权益

建立忠诚计划，为消费者提供特权权益和个性化服务。例如，积分累积、生日礼品、独家活动邀请等，让消费者感受到品牌对其的关注和回馈。

（四）反馈和改进机制

消费者希望参与产品的改进和发展过程，以及提供反馈和评价。为满足这一需求，文化创意产业可以采取以下措施。

1. 用户评价和评论

为消费者提供产品评价和评论的平台，让其分享购买体验和意见。同时，积极回应和回复消费者的评价，表达对其反馈的重视和感谢。

2. 反馈和建议渠道

设立反馈和建议的渠道，让消费者直接向品牌提供反馈和建议。通过电话、电子邮件或在线表单等方式，接受消费者的意见和建议，并及时回应和处理。

文化创意产业通过提供便捷的购买体验、个性化的客户服务、个性化推荐和体验、反馈和改进机制等方式，可以满足消费者对于便利和个性化的购买和服务体验的需求。

八、价格与价值平衡需求

客户对于文化创意产品的价格与价值的平衡有一定的要求，他们希望产品的价格能够与产品的质量、独特性和体验相匹配。客户愿意支付合理的价格，并期待能够获得对应的价值和满足感。

（一）价值感知

客户对于文化创意产品的价格与产品的质量、独特性和体验之间存在着价值感知的关系，他们期望产品能够提供高品质的材料和制作工艺，具有独特的设计和创意，能够引发情感共鸣和满足个人需求，希望通过购买这些产品获得与价格相匹配的价值体验。

（二）透明定价

客户希望价格的设定能够公开透明，并能清晰地展示产品的价值。透明定价可以帮助客户更好地理解产品的成本和价值，从而做出购买决策。文化创意产业可以通过明确的定价策略及详细的产品说明，向客户传递产品的独特价值和相应的价格。

（三）产品区分化

客户对于独特性和个性化的产品有着较高的需求，他们希望购买与众不同的文化创意产品。文化创意产业可以通过不断创新和产品区分化，为客户提供独特的产品选择。这种独特性可以体现在设计、材料、主题等方面，使产品具有独特的卖点和竞争力，从而为客户提供与价格相匹配的价值体验。

（四）价格灵活性

客户对于价格的灵活性有一定的要求，他们希望能够选择适合自己预算的产品，并希望有一定的价格选择空间。因此，文化创意产业可以考虑提供多个价格层次的产品，以满足不同客户的需求。另外，还可以提供一些灵活的购买方式，如促销折扣、套餐优惠等，以增加客户的购买动力。

（五）售后服务与保障

客户对于售后服务和产品保障有一定的关注，他们希望在购买后能够享受到优质的售后服务，包括退换货政策、产品保修、客户咨询等。文化创意产业可以建立完善的售后服务体系，为客户提供良好的售后服务和产品保障，以提升客户对产品的信任和满意度。

（六）促销和奖励机制

客户对于促销和奖励机制也有一定的期待，他们希望享受到购买文化创意产品时的优惠和福利，如折扣、礼品赠送、会员积分等。这些促销和奖励机制可以增加客户的购买欲望和忠诚度，也可以增加客户对产品的感知价值。

（七）社会认同和身份展示

文化创意产品在一定程度上代表着客户的身份和价值观。客户希望通过购买和展示这些产品来表达自己的个性和文化追求，与特定的社会群体产生共鸣。因此，客户对于文化创意产品的价格与价值的平衡也涉及社会认同和身份展示的需求。

总体而言，客户对于文化创意产业的价格与价值的平衡有着明确的要求。他们希望产品能够提供与价格相匹配的高品质和独特体验，也希望享受到透明的定价和灵活的购买方式。文化创意产业可以通过产品的独特性、透明定价、灵活的价格策略、优质的售后服务以及与社会认同和身份展示相关的因素，满足客户对于价格与价值平衡的需求，以提升客户的购买满意度和忠诚度。

九、多元文化与跨界合作需求

随着全球化的发展，客户对于多元文化和跨界合作的需求越来越高，他们希望文化创意产品能够融入不同的文化元素和艺术风格，体现多样性和包容性。同时，客户也对于不同领域和行业的跨界合作感兴趣，希望能够看到文化创意产业与科技、时尚、旅游等行业的合作与创新。

（一）多元文化融合

客户对于多元文化的融合和表达充满了兴趣和好奇心，他们希望文化创意产品能够融入不同的文化元素、艺术风格和传统元素，创造出独特而多样化的作品。这种融合可以体现在产品的设计、表现形式、故事情节等方面。通过多元文化的融合，文化创意产业可以满足客户对于多样性和包容性的需求，打破单一文化的界限，创造出更具吸引力和广泛接受度的产品。

（二）跨界合作与创新

客户对于文化创意产业与其他行业的跨界合作表现出浓厚的兴趣，他们希望看到文化创意产业与科技、时尚、旅游等行业的合作与创新，创造出融合不同领域的产品和体验。这种跨界合作可以体现在产品设计、营销推广、活动策划等方面。文化创意产业通过与其他行业的合作，可以借鉴其他领域的创新思维和技术手段，开拓新的市场和受众群体，为客户带来更丰富的体验和选择。

（三）文化创意科技创新

客户对于文化创意产业与科技创新的结合表现出兴趣和需求，他们希望看到文化创意产品与虚拟现实、增强现实、人工智能等前沿技术相结合，创造出全新的艺术表现形式和交互体验。文化创意产业通过科技的创新应用，可以为客户带来更具沉浸感和个性化的体验，拓展产品的表现方式和市场潜力。

（四）跨文化交流与沟通

客户对于跨文化交流和沟通的需求也很高，他们希望文化创意产品能够促进不同文化群体之间的交流和沟通，帮助打破文化隔阂，增进相互理解和共享。客户希望文化创意产业能够通过产品和活动促进跨文化交流，创造出具有跨文化共鸣的作品和体验。

（五）文化融合与表达

文化创意产业可以通过融入不同文化元素和艺术风格，创造出具有跨文化魅力的产品。例如，在设计中融入多种文化符号和元素，展示不同文化的美学特点和价值观。通过这种融合，文化创意产品可以引起不同文化背景的客户的共鸣，促进跨文化交流和理解。

（六）国际合作与交流

文化创意产业可以积极开展国际合作与交流，与其他国家和地区的文化创意产业合作，分享经验和资源。通过合作项目、交流活动和展览等形式，促进不同文化之间的对话和交流，丰富产品的多样性和创新性。

（七）多语言和本地化

考虑到不同语言和地区的差异，文化创意产业可以提供多语言的产品信息和服务，使产品更易于被不同语言背景的客户理解和接受。另外，还可以根据不同地区的文化特点和偏好进行本地化调整，使产品更加贴近当地文化和客户需求。

（八）社区参与和互动

文化创意产业可以鼓励客户参与社区活动和互动体验，通过展览、工作坊、文化节等形式，为客户提供与其他文化爱好者交流和互动的机会，进而打破文化壁垒，促进跨文化交流和合作。

客户希望产品能够融合不同文化元素、跨越不同领域的合作与创新，并结合科技创新进行跨界融合。他们也希望文化创意产业能够促进跨文化交流和沟通，打破文化隔阂，满足不同文化背景的客户的需求。文化创意产业通过满足这些需求，可以创造出更具吸引力和创新性的产品，拓展市场和受众群体。

十、预期与体验需求

客户对于文化创意产品的预期和体验也是重要的需求。他们希望产品能够超出预期，给予他们独特的和令人难忘的体验。客户希望通过产品与品牌建立情感连接，获得与品牌共同成长和发展的体验。

（一）品牌连接与情感共鸣

客户希望与文化创意产品和品牌建立情感连接。他们期望产品能够传达出独特的品牌价值观和故事，与自己的价值观产生共鸣。客户愿意与品牌建立长期的关系，并通过购买和使用来展示自己的身份和品位。

（二）超出预期的体验

客户希望产品能够超出他们的预期，拥有令人惊喜和满足的体验。这可以体现在产品的设计创新、质量优越、功能丰富等方面。文化创意产业通过提供超越客户预期的产品体验，可以树立品牌形象，增强客户的忠诚度以及口碑推广。

（三）个性化定制与参与

客户希望参与到产品的个性化定制和创造过程中，希望产品能够根据自己的喜好和需求进行定制，使其更加与个人匹配。文化创意产业通过提供个性化定制的服务，可以满足客户对于独特性和个性化的追求。

（四）共同成长与发展

客户希望能够与文化创意产业共同成长和发展，希望品牌能够不断创新和进步，提供更优质的产品和服务。其希望参与到品牌的发展过程中，分享成功和成就。

（五）情感连接与回忆传承

客户希望通过产品与品牌建立情感连接，并将这种连接延续为回忆和传承。他们希望产品能够唤起美好的回忆，成为谈论和分享的话题。文化创意产业通过产品的情感共鸣和回忆传承，可以建立稳固的客户关系和品牌认同。

通过满足预期和提供独特的体验，文化创意产业可以赢得客户的忠诚度和口碑。品牌连接和情感共鸣有助于建立长期的消费关系，超出预期的体验增强客户的满足感和认可度，个性化定制和参与满足客户的个性化需求，共同成长和发展与客户共同实现目标。情感连接和回忆传承使客户与品牌之间建立起深厚的情感纽带。

第四章　文化创意产业的竞争对手

第一节　竞争对手的分析方法

收集竞争对手的信息，包括公司背景、产品线、市场份额、销售渠道、营销策略等。梳理竞争对手的组织结构和业务模式，了解其在文化创意产业中的地位和影响力。

一、公司背景和组织结构

了解竞争对手的组织结构、管理层和团队成员的背景和专业知识，有助于评估其在行业中的实力和资源。

（一）成立时间和历史背景

收集竞争对手的成立时间和公司历史，了解其在行业中的经验和发展历程。有助于评估其在行业中的稳定性和长期竞争力。

（二）所属行业和市场定位

了解竞争对手所属的行业和市场定位，包括主要产品或服务领域、目标客户群体和市场份额。这有助于确定竞争对手的市场定位和业务范围，以及其与自身的竞争关系。

（三）公司规模和地理位置

收集竞争对手的公司规模和地理位置信息，包括员工人数、办公地点和分支机构等。有助于评估其资源实力和市场影响力。

（四）组织结构和管理层

了解竞争对手的组织结构和管理层，包括部门设置、职能分工和决策层次等。这可以揭示竞争对手的管理能力、决策效率和组织协调性。

（五）团队成员的背景和专业知识

收集竞争对手团队成员的背景和专业知识，包括高管团队和关键职位人员。了解竞争对手团队的专业背景和经验可以评估其在行业中的专业能力以及创新能力。

（六）公司文化和价值观

了解竞争对手的公司文化和价值观，包括使命、愿景和核心价值观。这有助于了解竞争对手的经营理念和文化氛围，进一步分析其战略取向和市场竞争策略。

通过收集竞争对手的公司背景信息和梳理其组织结构，可以更好地了解竞争对手在文化创意产业中的实力、资源配置和运营能力。这为企业制定相应的竞争策略和决策提供了重要的参考依据，有助于企业把握竞争对手的优势和劣势，并根据自身优势制定相应的竞争对策，提升自身在文化创意产业中的竞争力。

二、产品线和服务

收集竞争对手的产品线和服务范围，包括主打产品、核心功能、创新性和独特性等方面的信息。了解竞争对手的产品定位、市场定位和品牌形象，有助于分析其在市场中的竞争力和差异化策略。

（一）主打产品和核心功能

了解竞争对手的主打产品和核心功能是竞争对手分析的关键要素。主打产品是竞争对手在市场上的重点产品，通常具有较高的销售量和市场份额。核心功能是产品中最关键、最具竞争力的功能，是竞争对手产品的核心竞争力所在。企业通过了解竞争对手的主打产品和核心功能，可以比较自身产品的优劣势，并寻找产品创新和改进的方向。

（二）创新性和独特性

评估竞争对手的产品创新性和独特性是了解竞争对手的重要方面。创新性指竞争对手在产品设计、技术应用或用户体验等方面的创新能力。独特性则指竞争对手产品与其他竞争对手产品的区别和差异化。了解竞争对手在创新性和独特性方面的优势和亮点，有助于企业了解市场上的创新趋势和客户需求，从而制定相应的产品策略。

（三）产品定位和差异化策略

了解竞争对手的产品定位和差异化策略对企业的竞争策略至关重要。产品定位指竞争对手在市场中所占据的位置和定位目标。企业通过了解竞争对手的产品定位，可以了解其在市场中的竞争目标和市场定位策略。差异化策略指竞争对手在产品特点、功能或服务方面与其他竞争对手的不同之处。了解竞争对手的差异化策略，可以帮助企业找到自身产品在市场中的差异化优势，并制定相应的差异化策略来吸引客户和抢占市场份额。

（四）产品组合和系列

了解竞争对手的产品组合和系列有助于企业分析竞争对手在产品线的广度和深度、产品系列的扩展和变化等方面的策略。产品组合是指竞争对手所提供的不同产品的组合，包括产品的种类、规格、功能等。产品系列则是指竞争对手在某一产品领域推出的不同款式或变种。通过分析竞争对手的产品组合和系列策略，企业可以了解其产品线的广度和深度，了解竞争对手在满足不同市场需求和客户偏好方面的策略选择。这有助于企业找到自身产品线的优化和调整方向，以满足市场需求和客户偏好。

（五）服务范围和附加值

了解竞争对手的服务范围和提供的附加值服务是竞争对手分析的重要因素。服务范围指竞争对手所提供的服务类型和领域，例如，售后服务、客户支持、定制化服务等。附加值服务是竞争对手为客户提供的超出基本产品功能的增值服务，可以增强客户体验和满意度。企业通过了解竞争对手在服务方面的优势和创新，可以提升自身的服务质量和客户体验，增加客户的忠诚度和满意度。

（六）市场定位和品牌形象

了解竞争对手的市场定位和品牌形象对企业的竞争策略和品牌建设非常重要。市场定位指竞争对手在市场中所占据的目标市场和目标客户群体。企业通过了解竞争对手的市场定位，可以分析其竞争策略和目标市场选择，从而确定自身的差异化定位和目标客户。品牌形象则是竞争对手在市场中所塑造的品牌形象和认知。了解竞争对手的品牌形象，可以帮助企业评估其在市场中的知名度、形象定位和品牌价值。企业通过分析竞争对手的市场定位和品牌形象，可以调整自身的市场策略和品牌建设，以获得竞争优势和吸引力。

三、市场份额和地位

了解竞争对手在不同市场细分领域的表现和影响力，可以帮助企业评估其在特定领域的竞争优势和市场地位。

（一）市场份额和销售数据

收集竞争对手的市场份额和销售数据是了解其在文化创意产业中的市场地位的重要途径。这些数据可以包括竞争对手在特定市场细分领域的销售额、市场份额和增长率等。通过对竞争对手的市场份额和销售数据的比较分析，企业可以了解竞争对手在市场中的相对地位和市场份额的变化趋势，以及其在特定市场领域的表现。

（二）客户和用户调研

进行客户和用户调研是获取竞争对手市场地位的重要方法之一。通过与现有客户和目标用户进行深入交流和调研，了解其对竞争对手产品和服务的偏好和使用情况，以及竞争对手在其心目中的形象和评价。这些调研结果可以提供关于竞争对手在市场中的知名度、认知度和满意度等方面的洞察，进而帮助评估竞争对手的市场地位和竞争优势。

（三）行业报告和研究

行业报告和研究可以提供竞争对手的市场份额和地位的综合数据和分析。行业报告通常会提供竞争对手在不同市场细分领域的市场份额和地位的综合数据，并对其市场策略和表现进行评估。这些报告还可以提供关于竞争对手的市场定位、产品特点和市场发展趋势的信息，有助于评估竞争对手的竞争优势和市场地位。

（四）新闻和媒体报道

关注竞争对手在新闻和媒体上的报道也是了解其市场地位的重要途径。新闻和媒体报道通常会涉及竞争对手的业务扩展、市场表现、合作伙伴关系等信息。通过阅读新闻和媒体报道，可以了解竞争对手在文化创意产业中的最新动态、重大合作项目以及市场表现。这些报道可以揭示竞争对手的市场份额和地位，包括其在行业中的影响力、声誉和知名度等。

（五）参与行业活动和组织

参与行业活动和组织是了解竞争对手市场份额和地位的另一个途径。企业通过参加行业展会、研讨会、协会会议等活动，可以与竞争对手交流和接触，了解其在行业中的地位和影响力。此外，参与行业组织可以提供更多关于竞争对手市场份额和地位的数据和信息，如行业调研报告、会员名单等材料。

（六）分析竞争对手的市场活动和战略

分析竞争对手的市场活动和战略也可以提供关于其市场地位的线索。观察竞争对手的市场推广、广告宣传、产品发布、合作伙伴关系等活动，可以了解其在市场中的影响力和市场占有率，以及市场定位、定价策略、产品创新等方面的战略选择，进一步评估其在市场竞争中的优势和地位。

在收集和梳理竞争对手的市场份额和地位信息时，企业应当综合考虑多个来源和渠道，确保数据的准确性和可靠性。此外，还应该将竞争对手的市场份额和地位与自身的定位和目标进行比较和分析，以制定相应的竞争策略和市场定位。

四、销售渠道和分销策略

了解竞争对手的销售渠道和分销策略，包括直销、代理商、电子商务等渠道的使用情况和效果。通过比较竞争对手的渠道布局和市场渗透度，可以评估其销售能力和覆盖范围。

（一）直销渠道

直销是指竞争对手通过自有渠道直接向最终客户销售产品或提供服务的方式。了解竞争对手的直销渠道，包括实体店铺、展示中心、网店等形式，可以帮助企业了解竞争对手在销售端的布局和市场覆盖范围，还可以了解竞争对手在直销渠道上的销售策略，如产品陈列、促销活动、客户关系管理等，从而评估其销售能力和市场表现。

（二）代理商渠道

代理商渠道是指竞争对手通过与代理商合作，将产品委托给代理商进行销售和分销的方式。了解竞争对手与代理商的合作情况，包括代理商的数量、地域分布和销售业绩等，有助于企业分析竞争对手在代理商渠道上的市场渗透度和合作模式。此外，还可以分析竞争对手与代理商之间的合作关系和支持政策，从而评估其与代理商的协同效应和销售网络的覆盖范围。

（三）电子商务渠道

电子商务渠道是指竞争对手通过互联网平台进行在线销售和交易的方式。了解竞争对手在电子商务渠道上的销售情况，包括网店销售额、在线营销策略和客户体验等，可以帮助企业了解竞争对手在数字化时代的销售能力和市场表现，还可以分析竞争对手在电子商务渠道上的创新和技术应用，如移动购物、社交媒体营销、虚拟现实体验等，从而评估其在数字化市场中的竞争优势和创新能力。

（四）分销策略

除了了解竞争对手的销售渠道，还需要关注竞争对手的分销策略。分销策略是指竞争对手在市场中如何组织和管理分销网络，以实现产品的广泛分发和市场覆盖。以下是对分销策略的详细分析。

1. 分销网络建设

了解竞争对手的分销网络建设情况，包括分销商的数量、地理分布、合作关系等。分销网络的建设对于产品的市场覆盖和销售渗透至关重要，了解竞争对手的分销网络规模和分布，可以帮助企业评估其在不同市场细分领域的竞争优势和市场地位。

2. 分销商关系管理

了解竞争对手与分销商之间的关系和合作模式，包括分销合同、分销政策、营销支持等方面的信息；了解竞争对手如何与分销商建立合作关系、提供销售支持和培训，有助于企业评估其与分销商的协同效应和分销网络的稳定性。

3. 分销策略与定位

了解竞争对手的分销策略和市场定位，包括在不同市场细分领域的重点推广和分销重点。了解竞争对手如何通过不同的分销渠道和市场推广策略来满足不同的市场需求，并与目标客户建立联系，有助于企业了解竞争对手在市场中的销售能力和市场表现。

4. 分销渠道的效果评估

通过收集竞争对手的销售数据和市场反馈，分析其在不同分销渠道上的销售效果和市场份额。了解竞争对手在不同渠道上的销售表现和市场渗透度，有助于企业评估其在特定领域的竞争优势和市场地位，并作为制定自身分销策略的参考依据。

通过收集竞争对手的销售渠道和分销策略的信息，企业可以更全面地了解竞争对手的销售能力、市场渗透度以及在市场中的竞争地位。这些信息有助于企业制定相应的销售和分销策略，以提升自身的竞争优势和市场表现。

五、营销策略和推广活动

收集竞争对手的营销策略和推广活动的信息，包括广告宣传、促销活动、社交媒体运营等方面。了解竞争对手的品牌建设、市场定位和营销创新能力，有助于分析其在市场中的影响力和竞争优势。

（一）品牌建设和市场定位

了解竞争对手的品牌建设和市场定位策略。品牌建设是指竞争对手在市场中打造和塑造品牌形象和品牌价值的过程，而市场定位是指竞争对手在市场中选择的目标市场和定位策略。企业通过了解竞争对手的品牌建设和市场定位，可以比较自身的品牌形象和市场定位，并找到自身的差异化优势。

（二）广告宣传和推广活动

收集竞争对手的广告宣传和推广活动的信息，包括线上和线下渠道的广告、促销活动、展览会参与等。了解竞争对手的广告宣传和推广活动可以帮助企业分析其在市场中的曝光度和推广效果，也可以分析其在产品推广和市场传播方面的创新能力。

（三）社交媒体运营和数字营销

了解竞争对手在社交媒体平台上的运营和数字营销策略。社交媒体已成为文化创意产业中重要的推广渠道，竞争对手在社交媒体上的活动和内容有助于企业分析其与目标客户的互动方式、受众群体和推广效果。

（四）品牌合作和跨界合作

了解竞争对手与其他品牌或行业的合作和跨界合作情况。竞争对手与其他品牌或行业的合作可以带来品牌影响力的叠加和资源的共享，也可以创造出跨界合作的创新产品和服务。企业通过了解竞争对手的品牌合作和跨界合作，可以借鉴其合作模式和创新思维，找到自身的合作机会和创新路径。

（五）创新营销和体验营销

了解竞争对手在创新营销和体验营销方面的策略和实施。创新营销指竞争对手在产品推广和市场传播方面采取的创新策略和方法，通过引入新的营销理念和技术，吸引客户的注意力和兴趣。体验营销则注重为客户创造独特的产品体验和消费体验，通过提供个性化、互动性和情感共鸣的体验，增强客户对产品的认同度和忠诚度。

六、客户群体和市场定位

通过分析竞争对手的目标市场细分、客户需求和定价策略，企业可以评估其在特定客户群体中的竞争力和市场占有率。

（一）目标市场细分

竞争对手的目标市场细分是其市场定位和市场策略的基础。了解竞争对手选择的目标市场细分，如年龄、性别、地理位置、收入水平、兴趣爱好等，有助于企业了解竞争对手所针对的具体客户群体和市场需求。

（二）客户需求和定位

了解竞争对手的客户需求和市场定位是分析其竞争力的重要方面。了解竞争对手在市场中的定位策略，如高端市场、大众市场或特定领域市场的定位，以及其产品和服务如何满足客户需求，有助于企业分析竞争对手在特定市场中的优势和劣势。

（三）市场占有率和竞争优势

了解竞争对手在特定市场中的占有率和竞争优势是评估其在市场中的竞争地位的重要指标。收集竞争对手的市场份额、销售额和市场增长率等信息，有助于企业评估竞争对手在市场中的竞争力和发展潜力。

（四）定价策略和竞争策略

了解竞争对手的定价策略和竞争策略是分析其市场定位和竞争力的关键要素。竞争对手的定价策略包括定价水平、定价策略（如高价策略、低价策略、中价策略等），以及定价模式（如一次性销售、订阅制度等）。竞争对手的竞争策略包括产品差异化、服务优势、品牌形象等方面的竞争策略。企业通过了解竞争对手的定价策略和竞争策略，可以制定相应的定价策略和竞争策略，以提升自身在市场中的竞争力。

七、创新能力和未来发展

了解竞争对手的研发投入、技术创新、专利申请和产品更新速度等方面的信息，可以揭示竞争对手的创新能力和未来发展方向。这有助于企业评估竞争对手在文化创意产业中的长期竞争优势和可持续性。

（一）研发投入与创新资源

1. 研发预算

了解竞争对手在研究与开发方面的投资规模和资金配备，可以帮助评估其创新能力的强度和长期发展的潜力。投入较高的研发预算，可能意味着企业有更多的资源用于创新活动和技术研究。

2. 人才队伍

了解竞争对手的研发团队规模、成员背景和经验，可以评估其在创新领域的专业能力和创新思维的潜力。拥有优秀的科研人员和创意人才的竞争对手更有可能在创新方面取得突破。

3. 合作伙伴

了解竞争对手与外部合作伙伴的关系和合作模式，包括与高校、研究机构、行业协会以及其他企业的合作等。积极建立合作关系，可以带来更多的创新资源和知识共享机会。

（二）技术创新与专利申请

1. 技术应用

了解竞争对手在技术应用方面的能力和实践，包括在产品设计、生产工艺、数字技术等方面的创新。技术应用的差异化和前瞻性体现了竞争对手在市场中的竞争优势和创新能力。

2. 专利申请与技术保护

分析竞争对手的专利申请数量和质量，了解其在知识产权保护方面的投入和能力。专利申请的数量和有效性反映了竞争对手的技术创新能力和创新活动的广度与深度。

（三）产品更新与创新速度

了解竞争对手的产品更新频率和创新速度。观察竞争对手推出新产品、服务或改进现有产品的速度，以及其对市场需求的敏感度。较快的产品更新速度和持续的创新能力可能意味着竞争对手能更好地适应市场变化并满足客户需求。

分析竞争对手的产品创新策略和创新类型。了解竞争对手在产品设计、功能改进、用户体验等方面的创新能力，以及是否注重技术创新、设计创新、营销创新等。不同类型的创新可以使竞争对手在市场中获得差异化竞争优势。

（四）市场趋势洞察与战略规划

了解竞争对手对行业发展趋势的洞察和对未来市场的预测能力。通过分析竞争对手对新兴技术、消费趋势、文化需求等方面的理解和应对策略，评估其在未来市场中的竞争优势。

了解竞争对手的战略规划和发展目标。通过分析竞争对手的战略定位、市场定位、业务扩展等方面的规划，了解其在文化创意产业中的长期发展方向和愿景，进而评估其未来发展的潜力。

（五）用户反馈与创新改进

考察竞争对手与用户之间的互动和反馈机制，了解竞争对手如何收集用户反馈，以及对用户意见和需求的响应速度和程度。积极倾听用户声音并进行创新改进的竞争对手更有能力满足市场需求并持续提升产品质量。

了解竞争对手是否重视用户体验和用户参与。分析其在产品设计、功能优化、社交媒体互动等方面的努力，以及是否建立用户共创或众包的机制。具备较高用户参与度和用户体验关注的竞争对手往往能够更好地抓住市场机会并实现持续创新。

（六）组织文化和创新氛围

了解竞争对手的组织文化和创新氛围。观察其对创新的态度和支持程度，包括鼓励员工提出新想法、容忍失败和学习经验的态度、促进跨部门合作和知识共享的文化等。具备积极的组织文化和创新氛围的竞争对手更有可能培养出创新型人才，以及激发员工的创造力和创新潜力。

（七）行业合作与生态系统建设

分析竞争对手在行业内建立的合作伙伴关系和参与行业生态系统的能力。了解竞争对手与其他企业、组织、行业协会等的合作关系和共享资源的模式，以及参与行业生态系统建设的程度和成果。与其他主体建立紧密合作关系且积极参与行业生态系统的竞争对手更有可能获得更多的创新资源和市场机会。

（八）市场拓展与国际化发展

了解竞争对手的市场拓展和国际化发展策略。观察竞争对手在新市场开拓方面的实践和成果，包括扩大市场份额、进军新兴市场或拓展国际市场等。具备成功的市场拓展和国际化发展能力的竞争对手将在文化创意产业中具有更强的竞争优势和可持续发展的潜力。

（九）反馈与改进机制

了解竞争对手在产品发布后的用户反馈收集和改进机制。观察竞争对手如何主动收集用户的意见和建议，并将其转化为产品改进和创新的动力。良好的反馈与改进机制可以帮助竞争对手更好地满足用户需求，不断改进产品性能和质量。

通过深入了解竞争对手的创新能力和未来发展潜力，企业能够更准确地评估其在文化创意产业中的竞争优势和可持续性，有助于企业制定有效的战略决策，把握市场机遇，并提供指导以促进自身创新能力和未来发展的可持续性。

八、市场反应和客户口碑

收集竞争对手的市场反应和客户口碑的信息，包括客户评价、社交媒体评论、行业评比等。通过分析竞争对手在客户心中的声誉和满意度，评估其产品质量、服务水平和客户关系管理能力。

（一）客户评价和满意度调查

收集竞争对手的客户评价和满意度调查数据。了解客户对竞争对手产品和服务的评价，包括产品质量、性能、设计、售后服务等方面。客户评价可以从多个渠道获取，如客户反馈、调查问卷、在线评论等。通过客户评价的分析，了解竞争对手在客户心中的形象和口碑。

（二）社交媒体评论和影响力

分析竞争对手在社交媒体平台上的用户评论和影响力。观察竞争对手的社交媒体账号活跃度、粉丝数量和互动情况，以及用户对其产品和服务的评论和反馈。社交媒体是现代消费者表达意见和分享体验的重要平台，竞争对手在社交媒体上的表现可以直接影响其形象和口碑。

（三）行业评比和奖项

收集竞争对手在行业内获得的评比和奖项的信息。了解竞争对手在行业评比中的排名和评级，以及获得的专业奖项和认可。行业评比和奖项通常由权威机构或专业组织进行，是对竞争对手的产品质量、创新性和市场影响力的认可和肯定。通过分析竞争对手在行业评比中的表现，评估其在市场中的竞争地位和口碑。

（四）客户关系管理和投诉处理

了解竞争对手的客户关系管理和投诉处理能力。观察竞争对手的客户服务团队和流程，以及对客户投诉和问题的处理方式和效果。客户关系管理的质量和投诉处理的及时性和公正性直接影响客户满意度和产品口碑。通过分析竞争对手在客户关系管理和投诉处理方面的表现，评估其在客户心中的形象和信誉。

（五）媒体报道和行业观点

分析媒体对竞争对手的报道和行业观点。关注媒体对竞争对手的产品、品牌和业务的报道和评论，了解其在媒体中的曝光度和评价。同时，关注行业专家和观察家对竞争对手的观点和评价，了解其在行业内的认可度和声誉。媒体报道和行业观点可以提供客观的第三方视角，有助于综合分析竞争对手的市场反应和用户口碑。

（六）竞争对手的品牌形象和品牌忠诚度

评估竞争对手的品牌形象和品牌忠诚度。了解竞争对手的品牌知名度、品牌认可度和品牌忠诚度。通过调查客户的购买偏好、品牌认知和品牌忠诚度，了解竞争对手在客户心中的品牌价值和竞争优势。客户对竞争对手品牌的认知和忠诚度是衡量其市场反应和口碑的重要指标。

通过对竞争对手的市场反应和客户口碑的综合分析，企业可以更全面地了解竞争对手在市场中的表现和竞争优势，从而制定相应的战略来提升自身的竞争力和市场地位。

九、财务状况和业绩指标

通过分析竞争对手的财务数据和业绩趋势，评估其财务稳定性、盈利能力和成长潜力。

（一）营收和销售增长

收集竞争对手的年度营收数据和销售增长率。通过分析其营收规模和增长趋势，可以了解竞争对手在市场中的市场份额和增长动力。对比竞争对手的营收数据与行业整体数据，企业可以评估其在市场中的竞争地位。

（二）利润和盈利能力

了解竞争对手的利润数据和盈利能力指标，如净利润率、毛利润率等。通过分析其盈利能力，评估其在市场中的盈利能力和利润水平。同时，对比竞争对手的盈利能力与行业平均水平，判断其在行业中的竞争优势。

（三）资产负债表

收集竞争对手的资产负债表数据，了解其资产结构和负债状况。分析竞争对手的资产负债结构和资金利用效率，企业可以评估其财务稳定性和资本实力。对比竞争对手的负债状况与行业平均水平，企业可以了解其在行业中的风险承受能力。

（四）现金流量

了解竞争对手的现金流量状况，包括经营活动、投资活动和筹资活动等方面的现金流量数据。分析竞争对手的现金流量情况可以评估其经营能力、投资决策和筹资能力。同时，了解竞争对手的现金流量与行业平均水平的对比，判断其在行业中的资金管理能力。

（五）成长潜力和投资价值

通过分析竞争对手的财务数据和业绩趋势，评估其未来的成长潜力和投资价值。关注竞争对手的创新能力、市场拓展能力和财务支持能力，预测其未来发展的方向和可能的竞争策略。

（六）行业比较和趋势分析

将竞争对手的财务数据与行业内其他公司进行比较和分析。通过与行业领先企业的对比，评估竞争对手的相对竞争优势和市场地位。此外，观察竞争对手的财务趋势，包括年度增长率、季度变化等，了解其在市场中的表现和未来发展的趋势。

（七）估值和投资评级

了解竞争对手的市值和投资评级，可以帮助企业评估竞争对手在资本市场的认可度和投资价值。关注竞争对手的股票表现、投资者关注度和分析师的评级报告，可以了解市场中竞争对手的看法和预期。

（八）财务稳定性和风险管理

评估竞争对手的财务稳定性和风险管理能力，包括资本结构、流动性管理和风险控制等方面。了解竞争对手的财务风险和抗风险能力，有助于企业了解其在市场波动和不确定性下的应对能力。

（九）投入与回报比例

分析竞争对手的研发投入、营销费用和市场推广投入等方面的比例与回报关系。关注竞争对手的投入效率和投资回报率，可以评估其资源配置和运营效果，进而了解其创新和市场竞争方面的能力。

（十）财务策略和资本市场活动

关注竞争对手的财务策略，包括股票发行、债务融资、收购并购等资本市场活动。了解竞争对手的资本市场策略和运作，揭示其财务管理和资本市场资源利用的能力。

收集和梳理信息竞争对手的目的是全面了解其战略、能力和市场地位，以便进行有针对性的竞争分析和决策制定。通过收集并综合分析竞争对手的信息，有助于企业把握市场动态，识别竞争优势和劣势，制订相应的竞争策略和行动计划，提升自身在文化创意产业中的竞争力和市场份额。

第二节　竞争对手的分析结果

文化创意产业竞争对手的分析结果会根据具体的竞争对手和所收集到的信息而不同。以下是可能的分析结果。

一、竞争对手的市场地位和份额

竞争对手的市场地位和份额是文化创意产业竞争分析中的关键指标，对企业评估自身在市场中的竞争力和优势至关重要。通过收集和分析竞争对手的市场份额和地位信息，可以获取以下详细的分析结果。

（一）竞争对手 A

竞争对手 A 在文化创意产业中占据着领先的市场地位和较大的市场份额。其产品线丰富多样，覆盖了多个市场细分领域，拥有多个主打产品，深受消费者青睐。竞争对手 A 在市场上享有较高的知名度和品牌影响力，具备较强的市场渗透能力。其销售渠道广泛，包括直销、代理商渠道以及电子商务平台，覆盖了广大客户群体。竞争对手 A 在营销策略和推广活动方面投入较大，通过广告宣传、促销活动、社交媒体运营等手段不断提升了品牌知名度和市场占有率。其市场定位明确，针对不同的客户群体提供个性化的产品和服务，具备较强的市场竞争力。

（二）竞争对手 B

竞争对手 B 在文化创意产业中具有一定的市场地位和市场份额。虽然其市场份额相对较小，但在特定的市场细分领域表现出较强的竞争力。竞争对手 B 的产品线相对专注，专注于特定领域或特定客户群体的需求，通过提供专业化的产品和服务来满足市场需求。竞争对手 B 在销售渠道方面主要依靠代理商和线下门店渠道，尚未充分发展电子商务渠道。在营销策略和推广活动方面，竞争对手 B 可能还需要加大投入，采用更多的创新手段来提高品牌知名度和市场占有率。尽管竞争对手 B 的市场份额较小，但其在特定市场细分领域中的专业化能力和良好的客户口碑使其在竞争中仍具有一定的竞争优势。

（三）竞争对手 C

竞争对手 C 在文化创意产业中市场地位较低，市场份额相对较小。竞争对手 C 在文化创意产业中的市场份额有限，可能由于产品线较窄或市场覆盖不全面而导致市场地位较低。竞争对手 C 的销售渠道可能相对有限，可能主要通过特定的渠道或销售网络进行销售。在营销策略和推广活动方面，竞争对手 C 需要加大宣传和推广力度，提高品牌知名度和市场影响力。竞争对手 C 的目标客户群体和市场定位需要进一步明确和细分，以便更好地满足客户需求并与竞争对手区分开来。在创新能力和未来发展方面，竞争对手 C 需要加强研发投入和技术创新，以提升产品差异化和竞争优势，从而改善其未来发展潜力。

通过对竞争对手的市场地位和份额的分析结果，企业可以了解竞争对手在文化创意产业中的竞争力和市场占有率。这有助于企业评估自身在市场中的位置和竞争优势，以制定相应的竞争策略。企业可以借鉴竞争对手的成功经验，但也应关注竞争对手的弱点和不足，找到自身的发展机会和竞争优势，以在文化创意产业中取得更好的竞争地位和市场份额。

二、竞争对手的产品线和服务

通过对竞争对手的产品线和服务的分析，可以深入了解其在文化创意产业中的竞争力和差异化策略。以下是对竞争对手产品线和服务的详细分析结果。

（一）主打产品和核心功能

竞争对手 A 的主打产品是 ××，它具有强大的 ×× 功能和 ×× 特点。它的核心功能是 ××，可以满足客户对 ×× 的需求。竞争对手 B 的主打产品是 ××，其核心功能是 ××，具有独特的 ×× 特性。竞争对手 C 的主打产品是 ××，其核心功能是 ××，可以提供独特的 ×× 体验。通过对主打产品和核心功能的比较，企业可以了解竞争对手在产品设计和功能方面的优势和劣势，从而找到自身产品的创新和改进方向。

（二）创新性和独特性

竞争对手 A 在产品创新方面表现出色，经常推出新颖的 ×× 产品，具有较高的创新性和独特性。竞争对手 B 也注重创新，通过不断引入新技术和设计元素，为客户带来新颖的体验。竞争对手 C 在创新方面较为保守，主要依靠传统的产品设计和功能。企业可以通过对竞争对手的创新能力和独特性的分析，了解市场上的创新趋势和客户需求，以便制定相应的产品策略。

（三）产品定位和差异化策略

竞争对手 A 的产品定位是高端市场，注重高品质和高价值；其通过提供独特的 ×× 功能和优质的客户服务，与竞争对手区分开来。竞争对手 B 的产品定位是大众市场，注重平衡性价比和产品可用性；其通过广泛的产品线和多样化的服务，吸引不同客户群体。竞争对手 C 的产品定位是中低端市场，注重价格竞争和基本功能的满足；其通过低价策略和广泛的销售渠道，争取更大的市场份额。通过对竞争对手的产品定位和差异化策略的分析，企业可以调整自身的市场策略和品牌定位，以获得竞争优势和吸引力。

（四）产品组合和系列

竞争对手 A 的产品组合非常丰富，涵盖了 ××、×× 和 ×× 等多个系列，以满足不同客户的需求；其通过不断推出新的产品系列和扩展现有产品线，使产品组合更具广度和深度。竞争对手 B 的产品组合相对较窄，主要专注于 ×× 系列产品，以保持其在该领域的专业性和专注性。竞争对手 C 的产品组合相对简单，仅包括 ×× 和 ×× 系列，注重提供经济实惠的基本产品。通过对竞争对手产品组合和系列的分析，企业可以寻找自身产品线的优化和调整方向，以满足市场需求和客户偏好。

（五）服务范围和附加值

竞争对手 A 非常注重服务方面，提供全方位的售后服务、客户支持和增值服务；其通过培训服务人员、提供个性化定制和解决方案等方式，为客户提供额外的价值。竞争对手 B 的服务范围较为有限，主要提供标准的售后支持和技术服务。竞争对手 C 在服务方面注重快速响应和高效解决问题，以提供便捷的客户体验。企业通过分析竞争对手在服务范围和附加值方面的优势，可以提升自身的服务质量和客户体验，以增加客户的忠诚度和满意度。

（六）市场反应和客户口碑

竞争对手 A 在市场上的反应非常积极，其产品受到广泛的认可和好评，客户对其产品的满意度较高，口碑良好；其在社交媒体上拥有活跃的粉丝群体，经常收到客户的积极评论和推荐。竞争对手 B 在市场上也有一定的市场反应和客户口碑，但相对于竞争对手 A 来说竞争力较为中等；客户对其产品的评价比较平均，口碑较为稳定。竞争对手 C 在市场上的反应相对较弱，其产品在口碑方面存在一定的挑战。了解竞争对手在市场上的反应和客户口碑可以帮助企业评估自身产品的市场认可度和客户满意度，并根据竞争对手的优势和劣势来制定相应的营销策略和改进措施。

（七）财务状况和业绩指标

竞争对手 A 在财务状况和业绩方面表现出色，其营收持续增长，利润率稳定且高于行业平均水平，其资产负债表健康，资金充裕，具有良好的财务稳定性。竞争对手 B 在财务状况和业绩方面表现中等，营收入稳定但增长速度相对较慢，利润率与行业平均水平相当。竞争对手 C 的财务状况相对较弱，营收增长有限，利润率较低。了解竞争对手的财务状况和业绩指标可以帮助企业评估其盈利能力、财务稳定性和成长潜力，与自身进行比较，以找到提升财务绩效的机会和改进方向。

通过对竞争对手的分析结果，企业可以全面了解竞争对手在文化创意产业中的市场地位、产品线和服务、创新能力和未来发展、市场反应和客户口碑、财务状况和业绩指标等方面的情况。这些分析结果对企业制定自身的市场策略、产品优化、创新方向、品牌建设以及财务管理等方面提供了重要的参考和指导。企业还可以通过对竞争对手的优势和劣势的分析结果，找到自身的竞争优势和差异化策略。

三、竞争对手的销售渠道和分销策略

通过分析竞争对手的销售渠道和分销策略，深入了解其在文化创意产业中的销售能力和市场覆盖范围。

（一）直销渠道

竞争对手 A 采用直销渠道作为其主要销售方式，通过建立自有销售团队和直营店铺，直接与客户进行沟通和交易，通过提供个性化的服务和专业的产品知识，与客户建立紧密的关系，并提供个性化的解决方案。竞争对手 B 也采用直销渠道，但在规模和覆盖范围上相对较小，其注重与客户的沟通和互动，通过展会和活动等方式进行产品展示和销售。竞争对手 C 的直销渠道较为有限，主要依靠少数的直营店铺和销售代表进行销售。

（二）代理商渠道

竞争对手 A 通过建立广泛的代理商网络，将产品分销到不同地区和市场，其与经验丰富的代理商合作，共同开拓市场，通过代理商的渠道和客户资源，扩大销售覆盖范围。竞争对手 B 也采用代理商渠道，但规模相对较小，注重与代理商的合作和支持。竞争对手 C 在代理商渠道方面相对较弱，主要依靠自身的销售团队进行销售。

（三）电子商务渠道

竞争对手 A 将电子商务渠道视为重要的销售渠道之一，其建立了专业的电商平台，并通过在线商店、移动应用和社交媒体等渠道进行产品销售，注重在线营销和客户体验，通过个性化推荐和便捷的购物流程吸引客户。竞争对手 B 也在电子商务渠道上投入一定的资源，但规模相对较小，其通过在线渠道展示产品和接受订单，提供便利的购物体验。竞争对手 C 在电子商务渠道方面的投入有限，主要侧重于线下销售。

（四）分销策略

竞争对手 A 采取了多元化的分销策略，灵活运用不同的渠道和合作方式，其与大型零售商合作，将产品销售到实体店铺，并通过线上渠道与电商平台合作，将产品推广到更广泛的客户群体；此外，竞争对手 A 还与行业相关的合作伙伴建立合作关系，通过合作共赢的方式扩大销售网络。其注重与分销渠道的合作关系管理，包括提供培训、销售支持和市场推广活动的支持，以确保产品在渠道中得到适当的展示和推广。

竞争对手 B 在分销策略上也有一定的差异化。他们注重与独立的文化创意商店合作，通过与这些特定市场的合作伙伴建立紧密的合作关系，将产品提供给特定目标客户群体。这种分销策略有助于竞争对手 B 建立与目标客户更紧密的联系，并在特定市场中建立品牌的认可度和口碑。

竞争对手 C 在分销策略上相对较为保守。其主要依赖自身的销售团队和少数直营店铺，通过直接销售和面对面的接触与客户进行交流和销售。这种分销策略注重与客户的个性化沟通和关系的建立，以满足客户的特定需求和偏好。然而，竞争对手 C 在扩大销售渠道和覆盖范围方面的能力相对有限，可能会限制其市场份额的增长。

四、竞争对手的营销策略和推广活动

通过对竞争对手的营销策略和推广活动的分析，深入了解其在文化创意产业中的市场影响力和竞争优势。以下是对竞争对手营销策略和推广活动的详细分析。

（一）广告宣传

竞争对手 A 在广告宣传方面非常活跃。其通过电视、广播、报纸和杂志等传统媒体渠道投放广告，以提高品牌知名度和产品认可度。此外，其还积极利用在线广告和视频平台，如社交媒体广告，以吸引更多的目标受众。竞争对手 A 的广告宣传注重产品的独特性和创新性，通过生动的图像、精彩的故事和引人入胜的音乐等手段，吸引目标客户。

竞争对手 B 的广告宣传相对保守，主要依靠专业刊物和行业展会等渠道，通过与目标客户面对面沟通，传递产品的价值和品牌形象。其注重与特定媒体合作，以确保广告的针对性和有效性。

竞争对手 C 在广告宣传方面的投入相对较小，主要依靠口碑营销和口口相传的方式传播产品信息。其通过提供独特的购物体验和卓越的客户服务，以及通过社交媒体等渠道与客户互动，建立良好的口碑。

（二）促销活动

竞争对手 A 通过定期举办促销活动，如限时折扣、打折销售、赠品赠送等，刺激客户的购买欲望并增加销售量，其注重与零售商合作，共同推出促销活动，以扩大促销的影响范围。竞争对手 B 也采取类似的促销策略，但规模和频率相对较小。竞争对手 C 在促销活动方面较为保守，主要依靠季节性促销和特定场合的促销策略。

（三）社交媒体运营

竞争对手 A 在社交媒体运营方面非常活跃，其通过建立专业的社交媒体账号和社群，与粉丝和客户保持互动。其发布有趣和有用的内容，包括产品介绍、使用技巧、行业趋势等，吸引粉丝的关注和参与，还利用社交媒体平台的广告功能，定向投放广告，扩大品牌影响力和客户群体。竞争对手 A 注重与客户建立良好的互动和沟通，回应客户的问题和反馈，并通过社交媒体平台开展促销和推广活动。

竞争对手 B 在社交媒体运营方面的投入相对较小，其主要通过社交媒体账号展示产品和与粉丝互动，但更新频率和互动程度相对较低。其社交媒体运营主要以品牌形象和产品信息为主，较少涉及行业趋势和互动活动。

竞争对手 C 在社交媒体运营方面的投入有限，主要侧重于与客户的一对一互动和回应。其通过社交媒体平台回答客户的问题和解决问题，以提供满意的客户服务。然而，竞争对手 C 在社交媒体内容的更新和互动活动方面相对较少，限制了其在社交媒体上的影响力和品牌知名度。

（四）品牌合作和赞助活动

竞争对手 A 注重与相关行业的品牌合作和赞助活动。其与知名品牌合作举办联合推广活动，以提高品牌知名度和产品认可度。此外，竞争对手 A 还参与行业展会和艺术活动等赞助活动，以增加品牌曝光和与目标客户接触的机会。竞争对手 B 也采取类似的品牌合作和赞助策略，但规模较小。竞争对手 C 在品牌合作和赞助方面相对投入较少。

（五）网络营销和内容营销

竞争对手 A 注重网络营销和内容营销。其通过创建专业的网站，发布有关文化创意产业和相关主题的高质量内容，吸引目标客户的注意力并提供有价值的信息。其还利用搜索引擎优化（SEO）技术，提高网站在搜索结果中的排名，增加品牌曝光率和流量。此外，竞争对手 A 还通过电子邮件营销、电子书和在线课程等方式，与潜在客户建立联系并提供有益的资源。

竞争对手 B 在网络营销和内容营销方面相对投入较少。其网站更新频率较低，内容较为简单，并且缺乏与目标客户的互动和参与。竞争对手 B 的网络营销主要集中在社交媒体平台上，通过发布产品信息和品牌形象等内容来吸引目标客户。

竞争对手 C 在网络营销和内容营销方面的投入有限。其网站内容较少，并且更新频率较低。竞争对手 C 的网络营销主要集中在社交媒体平台上，通过发布产品信息和与客户的一对一互动来建立品牌形象。

综合以上分析，竞争对手 A 在营销策略和推广活动方面表现出较高的活跃度和创新性，其通过广告宣传、促销活动、社交媒体运营、品牌合作和网络营销等多种方式，全面提升品牌知名度、产品认可度和市场影响力。竞争对手 B 在营销策略和推广活动方面相对保守，注重与目标客户的面对面沟通和展示，但在网络营销和内容营销方面的投入较少。竞争对手 C 在营销策略和推广活动方面的投入有限，主要注重一对一互动和口碑营销。

通过对竞争对手的营销策略和推广活动的分析，企业可以了解竞争对手在市场中的影响力、品牌知名度和竞争优势，还可以从竞争对手的成功经验中获取启示，探索适合自身的营销策略和推广活动，以提升品牌形象、产品认可度和市场份额。

五、竞争对手的客户群体和市场定位

竞争对手的客户群体和市场定位是文化创意产业竞争分析的重要内容。了解竞争对手的目标客户群体和市场定位可以帮助企业确定自身的目标客户和市场定位策略，找到差异化竞争的机会。

（一）目标客户群体分析

竞争对手 A 的目标客户群体主要是年轻一代，其注重个性化、时尚和创意，对文化创意产品有强烈的兴趣和需求。竞争对手 A 通过定位于大城市年轻专业人士和学生群体，提供具有创新性、独特性和艺术性的产品和服务。其与当地艺术家、设计师和创意团队合作，将文化创意与生活方式相结合，满足目标客户的审美和个性化需求。

竞争对手 B 的目标客户群体主要是中等收入的家庭和个人，其注重实用性和功能性，对文化创意产品有一定的需求，但对价格和性价比比较敏感。竞争对手 B 通过提供价格相对较低且实用的产品，满足目标客户的基本需求。其的市场定位主要集中在城市和郊区的与家居生活、礼品和装饰品相关的市场。

竞争对手 C 的目标客户群体主要是高端消费者和奢侈品爱好者，其追求高品质、高价值和独特性，对文化创意产品有较高的认可度和需求。竞争对手 C 通过定位高端市场，提供精致、豪华和限量版的产品和服务。其注重与艺术家和设计师的合作，打造高端品牌形象和独特的购物体验，吸引目标客户的注意力。

（二）市场定位分析

竞争对手 A 在市场定位方面注重年轻、时尚和创意的定位，将文化创意产品与年轻人的生活方式相结合，满足他们对个性化、创新性和艺术性的追求。其在市场中树立了时尚和前卫的形象，并在年轻一代中建立了良好的口碑和品牌认知度。

竞争对手 B 在市场定位方面注重实用性和性价比，以价格相对较低且实用的产品为主，满足消费者的基本需求。其在市场中强调产品的功能性和实用性，并通过价格竞争来吸引中等收入消费者群体的关注。

竞争对手 C 在市场定位方面注重高端和奢华的定位，以高品质、独特性和限量版的产品为卖点，满足高端消费者对品质和独特体验的追求。其在市场中树立了豪华和尊贵的形象，通过与艺术家和设计师的合作，打造独特的产品和服务，吸引高端消费者的青睐。

竞争对手 A 在市场中的竞争优势在于其针对年轻一代的定位，以时尚、创意和个性化为特点，满足了年轻消费者对独特和艺术性产品的需求。其与当地艺术家和设计师合作，注重与年轻人的互动和社交媒体的运营，通过时尚、前卫的形象和推广活动吸引年轻消费者的关注。其在目标客户群体中建立了良好的口碑和品牌认知度，并在年轻一代市场中占据一定的市场份额。

竞争对手 B 在市场中的竞争优势在于其注重产品的实用性和性价比，以价格相对较低且实用的产品为卖点，吸引了中等收入消费群体的关注。其通过与零售商和代理商的合作，建立了稳定的销售渠道，并通过促销活动和广告宣传来增加产品的知名度和市场份额。

竞争对手 C 在市场中的竞争优势在于其注重高品质、独特性和豪华的定位，以限量版和高端设计的产品为卖点，吸引了追求品质和奢华的高端消费者的关注。其通过与知名艺术家和设计师的合作，打造高端品牌形象和独特的购物体验，提升了产品的吸引力和品牌认知度。

综合以上分析结果，企业可以根据竞争对手的市场地位和份额，评估自身在市场中的位置和竞争优势，并制定相应的战略。对于与竞争对手 A 竞争的企业，可以通过提供具有创新性和独特性的产品来吸引年轻消费者的关注，并加大力度发展社交媒体的运营和互动，以加强与目标客户群体的联系。对于与竞争对手 B 竞争的企业，可以在产品的实用性和性价比上下功夫，通过合理的定价和促销活动吸引中等收入消费者的关注。此外，建立稳定的销售渠道，与零售商和代理商合作，扩大产品的覆盖范围也是关键。对于与竞争对手 C 竞争的企业，可以聚焦在高品质、独特性和奢华体验上，通过与艺术家和设计师的合作，打造高端品牌形象和独特的购物体验，以吸引高端消费者的青睐。

六、竞争对手的创新能力和未来发展

通过评估竞争对手在产品研发、技术创新和市场拓展方面的投入和能力，揭示其在行业中的创新能力和未来发展的潜力，进而帮助企业评估竞争对手的长期竞争优势和可持续性。

首先，了解竞争对手的研发投入是评估其创新能力的重要指标之一。通过收集竞争对手在研发方面的投入金额、研发团队规模和研发项目数量等数据，评估其在技术创新和产品改进方面的实力。高额的研发投入通常意味着竞争对手重视创新，并有可能在未来推出具有竞争优势的新产品或技术。

其次，关注竞争对手的技术创新能力是评估其未来发展潜力的关键。了解竞争对手在技术研究、专利申请和技术合作方面的情况，可以揭示其在技术创新方面的实力和优势。技术创新能力强的竞争对手往往能够提供具有独特功能或优势的产品，并在市场中获得竞争优势。

最后，关注竞争对手的市场拓展能力也是评估其未来发展潜力的重要内容。通过分析竞争对手的市场拓展策略、产品线扩展和国际市场布局等信息，可以评估其在市场拓展方面的能力和战略。强大的市场拓展能力可以帮助竞争对手进入新的市场领域，扩大市场份额，并在竞争激烈的文化创意产业中保持竞争优势。

此外，通过了解竞争对手在产品研发、技术创新和市场拓展方面的投入和能力，还可以预测其未来发展的潜力。竞争对手如果持续增加研发投入，并保持技术创新的势头，可能会推出更多具有市场竞争力的产品，从而进一步扩大其市场份额和地位。同时，竞争对手如果具备强大的市场拓展能力，能够开辟新市场、进入新领域，并积极寻找市场增长机会，那么其有望在未来取得更好的业绩。

通过对竞争对手在产品研发、技术创新和市场拓展方面的投入和能力的评估，揭示其在行业中的创新能力和未来发展的潜力，这有助于企业评估竞争对手的长期竞争优势和可持续性，并为制定自身的战略决策提供重要参考。在竞争激烈的文化创意产业，了解竞争对手的创新动态和未来趋势，对企业保持竞争优势和实现可持续发展至关重要。

七、竞争对手的市场反应和客户口碑

通过收集竞争对手的市场反应和客户口碑的信息，获得关于竞争对手在客户心目中的声誉和满意度。

（一）客户评价和反馈

收集竞争对手的客户评价和反馈，可以了解其对竞争对手产品和服务的满意度。通过分析客户评价的内容、情感和趋势，了解竞争对手在客户心目中的形象和口碑。正面的客户评价和高度的满意度通常意味着竞争对手在产品质量、服务水平和客户关系管理方面表现出色。

（二）社交媒体评论

关注竞争对手在社交媒体平台上的评论和互动，可以获得客户的即时反馈和意见。社交媒体上的评论可以揭示竞争对手产品的优缺点、客户体验和品牌形象等方面的信息。通过分析社交媒体的话题和趋势，了解竞争对手在市场中的热度和关注度。

（三）行业评比和奖项

了解竞争对手在行业评比和奖项中的表现，评估其在市场中的声誉和认可度。行业评比和奖项通常是对竞争对手产品质量、创新能力和客户满意度的认可。竞争对手获得的行业奖项和认可越多，其在市场中的地位和客户口碑往往越稳固。

（四）口碑传播和推荐

关注竞争对手产品的口碑传播和推荐情况，包括客户之间的口碑传递、推荐率和重复购买率等。如果竞争对手的产品能够在市场中口口相传，得到客户的推荐和信任，说明其在产品质量和客户满意度方面具有良好的表现。

（五）客户忠诚度和保持率

评估竞争对手的客户忠诚度和保持率可以了解其在市场中的客户关系管理能力。如果竞争对手能够保持较高的客户忠诚度和保持率，表明其产品和服务能够满足客户需求，并建立稳固的客户基础。

通过对竞争对手的市场反应和客户口碑的综合分析，企业可以了解竞争对手在市场中的竞争优势和弱点，并调整和优化自身的产品定位、市场策略和客户关系管理，以提升自身在文化创意产业中的竞争力和市场地位。

八、竞争对手的财务状况和业绩指标

通过分析竞争对手的财务状况和业绩指标，可以得出关于竞争对手的分析结果，评估其财务稳定性、盈利能力和成长潜力。

（一）营收情况

了解竞争对手的年度营收数据，可以评估其市场份额和销售规模。对比竞争对手的营收增长趋势，判断其市场表现和业务扩张的能力。

（二）利润状况

分析竞争对手的利润数据，包括毛利润和净利润，可以了解其盈利能力和经营效益。评估竞争对手的利润率和利润增长趋势，判断其经营管理和成本控制能力。

（三）资产负债表

分析竞争对手的资产负债表，包括资产结构、负债结构和净资产状况，可以评估其财务稳定性和资本结构。应特别关注竞争对手的债务水平和偿债能力，以及资产负债比例的变化情况。

（四）现金流量

了解竞争对手的现金流量状况，包括经营活动、投资活动和筹资活动的现金流量情况，可以评估其现金管理能力和经营稳定性。应特别关注竞争对手的自有现金流量，判断其是否有足够的资金支持业务发展和投资活动。

（五）业绩指标

分析竞争对手的业绩指标，如每股收益、市盈率和市净率等，可以评估其市场估值和投资回报率。对比竞争对手的业绩指标与行业平均水平或其他同行业竞争对手的数据，可以判断其相对竞争优势和市场定位。

（六）成长潜力

通过分析竞争对手的财务数据和业绩趋势，评估其未来的成长潜力。关注竞争对手的收入增长率、利润增长率和市场扩张计划等信息，判断其在行业中的发展前景和长期竞争优势。

通过综合分析竞争对手的财务状况和业绩指标，企业可以对竞争对手的财务实力和未来发展潜力进行评估，从而制定相应的竞争策略和决策。

第五章　文化创意产业的市场环境

第一节　宏观市场环境分析

文化创意产业是一个以创造、生产和传播文化产品和服务为主导的产业领域。它包括艺术、设计、媒体、娱乐、游戏、电影、音乐、文学等多个领域。

一、经济环境

经济环境是文化创意产业发展的重要基础。宏观经济的繁荣与稳定对文化创意产业的市场需求和投资环境至关重要。

（一）第一产业

第一产业包括农业、渔业、林业等原始生产活动。经济结构中第一产业的比重将影响文化创意产业的发展。在农村地区，与农业相关的文化创意产业，如农民艺术、乡村旅游等可能更加突出。

农业相关的文化创意产业。农业是第一产业的重要组成部分，与农业相关的文化创意产业在农村地区可能更加突出。农村地区的文化创意产业可以与农业活动相结合，如农民艺术、手工艺品制作、乡村旅游等，这些产业可以利用农村地区的自然环境和农民的传统技艺，创造出具有地方特色和民俗文化韵味的产品和体验，吸引游客和消费者。

农村旅游。农村地区的第一产业活动和乡村自然风光为发展农村旅游提供了机遇。农村旅游涉及景区的开发和管理、农家乐的经营、乡村民俗文化的展示等方面。通过开展文化创意产业与农村旅游相结合，可以推动农村地区的经济增长和就业机会，同时保护和传承当地的文化遗产。

农产品加工与品牌建设。第一产业中的农产品可以成为文化创意产业的原材料和创作对象。农产品加工与品牌建设可以提高农产品的附加值，促进农业产业的升级和发展。

例如，将农产品用于食品加工、手工制作或艺术品创作，通过品牌营销和推广，将农产品打造成高品质和独特的文化创意产品。

农村文化活动和节庆传统。第一产业所在地——农村地区通常拥有丰富的文化活动和节庆传统。这些传统文化可以成为文化创意产业的创作素材和推广内容。通过举办农村文化节庆、文化表演和艺术展览等活动，将农村的文化资源转化为文化创意产业的产品和服务，吸引游客和观众，推动地方经济发展。

农业环保和可持续发展。第一产业的农业活动对于环境保护和可持续发展至关重要。在文化创意产业中，可以借助传统农业知识的保护与传承：第一产业中的农业活动涵盖了丰富的传统知识和技艺，这些知识是农民世代相传的宝贵财富。文化创意产业可以通过记录、研究和传承农业的传统知识，推动农业文化的保护和传承。例如，通过文化创意产品的设计与制作，融入农业文化元素，以展示农民的智慧和技艺，提升农业文化的认知度和价值。

农村艺术和表演。农村地区常常有独特的艺术形式和表演传统。例如，农民舞蹈、民歌演唱、传统戏剧等。这些艺术和表演形式可以作为文化创意产业的一部分，通过演出、培训和传承，推动农村艺术的发展和推广。

农业科技与创新。第一产业中的农业科技与创新对于文化创意产业的发展具有重要意义。随着科技的进步，农业生产中涌现各种创新技术和可持续发展的实践。这些科技创新可以成为文化创意产业的创作灵感和应用领域，如以农业科技为主题的艺术展览及科普教育类的文化创意产品等。

农业相关的文化创意产业、农村旅游、农产品加工与品牌建设、农村文化活动和节庆传统、农业环保与可持续发展、传统农业知识的保护与传承、农村艺术与表演以及农业科技与创新等方面都展示了第一产业对文化创意产业的影响。通过充分挖掘第一产业所具备的独特资源和潜力，文化创意产业可以得到更多的发展机遇，并为农村地区的经济增长和社会发展做出积极贡献。

（二）第二产业

第二产业是指工业和制造业。在工业化程度高的地区，文化创意产业可能受益于发达的制造技术和供应链，如设计、制作、包装等环节。

制造技术与创意产品设计。第二产业的发展带来了先进的制造技术和生产工艺。文化创意产业可以充分利用这些技术和工艺，设计和制作创意产品。例如，在制造业中应用数字化技术、三维打印等先进技术，帮助文化创意产业实现创意产品的精确制作和个性化定制。

制造工艺与艺术品制作。第二产业的制造工艺和技术为艺术品制作提供了基础，文化创意产业中的艺术品制作可以依赖制造工艺的精湛和先进性。例如，在金属加工、陶瓷制作、玻璃工艺等领域，制造技术和工艺可以帮助艺术家实现高质量和独特的作品创作。

制造业供应链与文化创意产业。第二产业的供应链对文化创意产业的发展起到重要作用。供应链管理可以确保原材料和组件的供应稳定，以及生产和制造过程的高效运作。文化创意产业可以与制造业的供应链紧密合作，确保创意产品的生产和交付满足市场需求，提高生产效率和产品质量。

设计与制作服务。第二产业的工业设计和制作服务对文化创意产业的发展至关重要。设计师和制作工程师的专业知识和技能可以为文化创意产业提供创新的设计和制作方案。通过与制造业合作，文化创意产业可以获得专业的设计支持和制作服务，实现创意产品的规模化生产和质量控制。

制造业的市场推广与销售渠道。第二产业具有完善的市场推广和销售渠道。文化创意产业可以借助制造业的市场渠道和销售网络，将创意产品推广给更广泛的消费群体。制造业的经验和资源可以帮助文化创意产业更好地了解市场需求、制定营销策略，并扩大产品的市场份额。

工业遗产与文化创意产业。第二产业的发展历史留下了丰富的工业遗产，这些遗产可以成为文化创意产业的重要资源和创作素材。工业遗产包括工厂建筑、机械设备、工艺技术等，可以被重新利用和转化为文化创意产品。例如，将废弃的工业厂房改造为艺术展览馆、设计工作室或创意产业园区，将老旧的机械设备改造为艺术品，使这些工业遗产焕发新的生命力和价值。

工业文化与创意产业融合。第二产业的发展形成了独特的工业文化，这些文化元素可以与文化创意产业相融合。工业文化包括工人阶级的生活经验、工业劳动的精神和价值观念等，可以成为文化创意产业的创作主体和表达媒介。通过挖掘和表达工业文化内涵，文化创意产业可以创造出与时代和社会背景相契合的作品和内容，获得更高的市场认可度和文化价值。

制造技术与创意产品设计、制造工艺与艺术品制作、制造业供应链与文化创意产业、设计与制作服务、制造业的市场推广与销售渠道、工业遗产与文化创意产业、工业文化与创意产业融合等方面展示了第二产业对文化创意产业的影响。通过与制造业紧密合作，文化创意产业可以借助制造技术、供应链、设计服务等资源和优势，实现产品创新、生产规模化和市场拓展，推动文化创意产业的发展和繁荣。

（三）第三产业

第三产业是指服务业，包括零售、餐饮、旅游、娱乐等领域。文化创意产业通常与服务业紧密相关。第三产业的发展对文化创意产业的市场需求和消费者支出起着重要作用。

零售业与文化创意产品销售。零售业是第三产业的重要组成部分之一，其提供了文化创意产品的销售渠道和消费者接触点。零售商可以通过与文化创意企业合作，销售其产品，并在销售过程中为消费者提供良好的购物体验和售后服务。同时，零售业也可以帮助文化创意企业了解市场需求和消费者偏好，以便调整产品定位和市场推广策略。

餐饮业与文化体验相结合。餐饮业是第三产业的重要组成部分之一，为消费者提供饮食服务。文化创意产业可以与餐饮业合作，将文化体验与餐饮服务相结合。例如，在餐厅中提供艺术表演、文化展览等，使消费者在用餐的同时享受文化创意。这种结合可以为餐饮业增加附加值，同时为文化创意产业提供更广阔的推广渠道和消费场景。

旅游业与文化旅游产品。旅游业是第三产业的重要组成部分之一，为人们提供休闲度假和文化体验的机会。文化创意产业可以开发和提供丰富多样的文化旅游产品，包括参观艺术展览、体验传统手工艺、参与文化节庆等。文化创意产业通过与旅游业的合作，吸引更多游客，旅游业也可以借助文化创意产品提升旅游目的地的吸引力和竞争力。

娱乐业与文化娱乐活动。娱乐业是第三产业的重要组成部分之一，为人们提供休闲娱乐的场所和活动。文化创意产业可以与娱乐业进行合作，提供各种文化娱乐活动，如音乐会、演出、电影放映、艺术展览等。这种合作可以为文化创意产业扩大市场影响力，吸引更多观众和消费者，同时也为娱乐业增加文化元素和艺术内涵。

专业服务与文化创意产业合作。第三产业中的专业服务行业，如广告、公关、市场营销、咨询等，可以与文化创意产业进行合作。专业服务机构可以为文化创意企业提供专业的市场调研、品牌策划、营销推广等服务，帮助其树立品牌形象、扩大市场份额和提高竞争力。同时，专业服务可以通过与文化创意产业的合作，获得更多的创意和艺术元素，提升创意和创新能力。

教育与培训服务于文化创意产业。第三产业中的教育与培训服务可以与文化创意产业紧密结合。教育机构可以提供艺术培训、设计培训等专业教育服务，培养和造就文化创意产业所需的人才。同时，文化创意产业可以提供实践机会和行业合作，为学生提供与业界接轨的教育经验和职业发展机会。

社区与社会服务与文化创意产业。第三产业中的社区和社会服务机构可以与文化创意产业合作，推动社区文化活动和社会公益项目。例如，社区中的文化艺术团体、社会服务机构可以与文化创意企业合作举办艺术展览、文化演出、公益活动等，为社区居民提供丰富的文化体验和服务。社区和社会服务机构与文化创意产业合作可以促进社区的文化建设和社会融合，提升社区居民的生活质量和幸福感。

零售业为文化创意产业提供了销售渠道和消费者接触点，餐饮业和旅游业为文化创意产业提供了消费场景和文化体验，娱乐业为文化创意产业提供了演出和展示平台，专业服务和教育培训机构为文化创意产业提供了市场营销、品牌策划和人才培养等支持。通过与第三产业的合作，文化创意产业可以拓展市场，提升产品的市场认可度和竞争力，推动行业的发展和繁荣。

（四）数字经济

随着数字技术的进步，数字经济在经济结构中的比重不断增加。数字经济涉及互联网、电子商务、数字娱乐等领域，为文化创意产业提供了新的发展机遇和创新模式。

互联网与文化创意产业。互联网的普及和发展为文化创意产业提供了广阔的市场空间和新的商业模式。通过互联网，文化创意产品可以更广泛地传播和推广，消费者可以方便地获取和购买文化创意产品。同时，互联网还促进了文化创意产业的创新和合作，使创意者、设计师、艺术家等可以更便捷地合作和创作，推动创新的发展。

电子商务与文化创意产业。电子商务平台为文化创意产业的销售和分销提供了便利和机会。通过电子商务平台，文化创意企业可以搭建在线销售渠道，与全球消费者进行交易。电子商务平台还提供了数据分析和市场推广工具，帮助企业更好地了解市场需求、优化产品定位和加大市场份额。

数字娱乐与文化创意产业。数字娱乐行业的发展为文化创意产业带来了新的创作领域和商业机会。数字娱乐包括游戏、虚拟现实、增强现实等形式，可以与文化创意产业进行交叉合作，创造出艺术、技术和娱乐元素于一体的作品和产品。数字娱乐的发展还促进了文化创意产业的数字化转型，推动了创新技术和数字内容的应用。

社交媒体与文化创意产业。社交媒体平台成为文化创意产业与消费者互动和交流的重要渠道。通过社交媒体，文化创意产业可以与粉丝和消费者建立直接联系，如分享作品、发布活动和接收反馈。社交媒体的传播效应和社交化特性也有助于扩大文化创意产品的影响力和知名度。

数字化创作工具与文化创意产业。数字经济为文化创意产业提供了丰富的数字化创作工具和平台。创意人才可以借助数字化工具进行艺术创作、设计和制作，提高创作效率和质量。数字化创作工具包括图像处理软件、音频制作工具、三维建模软件等，为艺术家、设计师和创意人才提供了更多表现形式。

数字版权保护与文化创意产业。数字经济的发展也带来了数字版权保护的挑战和需求。在数字化时代，文化创意产品容易被非法复制和传播，侵犯版权成为一个严峻的问题。因此，保护知识产权和版权成为文化创意产业的重要任务。数字经济的发展也催生了一些技术和机制（如区块链技术和数字水印等），用于加强版权保护和确保创意产品的合法权益。

数字化营销和个性化定制。数字经济为文化创意产业带来了个性化营销和定制化服务的机会。通过数据分析和个性化推荐算法，文化创意企业可以更精准地了解消费者的兴趣和偏好，为其提供个性化的产品和服务。同时，数字化营销工具和平台也为文化创意产业的市场推广提供了更多选择和灵活性，使企业能够更好地与目标消费者互动和沟通。

产业融合与创新模式。数字经济的兴起推动了不同产业之间的融合与创新。文化创意产业与科技、媒体、教育等领域的融合创新，为产业发展带来了新的挑战和机遇。例如，文化创意产业与科技企业合作开发虚拟现实和增强现实技术，创造出全新的艺术和娱乐体验；文化创意产业与教育机构合作开展艺术教育和文化创作培训，为人才培养和行业发展提供支持。

互联网、电子商务、数字娱乐、社交媒体等数字经济领域的发展，尤其是数字经济的兴起，对文化创意产业的宏观经济带来了深远影响。

二、技术环境

技术的进步对文化创意产业的发展起到重要的推动作用。数字技术的快速发展，特别是互联网、移动互联网和社交媒体的普及，为文化创意产品的制作、传播和销售提供了新的机遇。同时，人工智能、虚拟现实和增强现实等新技术也为文化创意产业带来了创新的可能性。

（一）数字技术的快速发展

随着互联网和移动互联网的普及，数字技术在文化创意产业中扮演着重要角色。数字化的创作、制作、传播和分发方式使文化创意产品更容易制作、传播和获取。例如，艺术家、设计师和音乐人可以利用数字工具和软件进行创作和制作，将作品直接发布在网络平台上，实现更直接的触达和互动。

创作和制作工具的数字化。数字技术为文化创意产业提供了丰富多样的创作和制作工具。艺术家、设计师、音乐人和电影制作人等创意人才可以利用数字化的软件和工具

（如图像处理软件、音频工作站、三维建模软件等）进行创作和制作。数字化的工具提供了更自由的创作和表现方式，加速了创作过程，提高了作品的质量和效率。

数字化的内容创作和传播。数字技术催生了文化创意产业内容的数字化转型。艺术作品、设计作品、音乐作品、电影作品等可以以数字形式呈现，并通过互联网和移动应用进行传播。数字化的内容创作和传播使作品可以更广泛地被触达及共享，打破了时间和空间的限制，增加了作品的曝光度和受众群体。

数字平台和在线服务。互联网和移动互联网的普及为文化创意产业提供了数字平台和在线服务的机会。数字平台，如艺术市场、音乐流媒体平台、设计交易平台等，成为文化创意产品的展示、销售和分发渠道。在线服务，如在线艺术指导、设计咨询、音乐教学等，为创意人才和消费者提供了便捷的交流方式和服务。

数字营销和社交媒体推广。数字技术改变了文化创意产业的营销方式。通过数字营销工具和社交媒体平台，文化创意企业可以更精准地定位目标受众，进行个性化的营销和推广。社交媒体平台成为创意作品展示、品牌宣传和用户互动的重要渠道，通过分享、点赞和评论等社交方式，提高作品的可见性和影响力。

虚拟现实和增强现实技术。虚拟现实和增强现实技术为文化创意产业带来了全新的体验和创作方式。虚拟现实技术可以创造出沉浸式的艺术和娱乐体验，使观众参与作品互动。增强现实技术则将虚拟元素与现实世界相融合，为用户创造出增强现实的体验。这些技术的应用为文化创意产业开辟了新的创作领域和商业机会。

数字技术的快速发展促进了文化创意产业与其他行业的融合。例如，文化创意产业与科技企业合作开发虚拟现实和增强现实技术，创造出具有沉浸式体验的艺术作品和娱乐内容。文化创意产业与游戏产业的融合也催生了创新的游戏体验和艺术性的游戏作品。此外，数字技术的应用还使文化创意产业与教育、旅游、健康等领域进行跨界合作，推动了新的商业模式和价值创造。

文化创意企业需要积极采纳和应用数字技术，不断提升创意水平和技术能力，与市场需求保持紧密联系，创造出具有竞争力和影响力的作品。同时，政府相关部门也需要制定相关政策和规范，加强对文化创意产业的支持和引导，以推动数字经济的发展，促进文化创意产业的繁荣和创新。

（二）社交媒体的崛起

社交媒体平台的兴起和普及为文化创意产业提供了全新的传播渠道和市场机遇。艺术家、文化机构和品牌可以通过社交媒体平台与粉丝和受众建立直接联系，来展示作品、推广活动和销售产品。社交媒体的社交分享和口碑传播特性也有助于文化创意产品的扩散和推广。

直接与受众互动。社交媒体平台，使艺术家、文化机构和品牌直接与粉丝和受众进行互动。其可以发布作品、分享创作过程、回答粉丝提问，从而与受众建立更紧密的关系。这种直接互动不仅增加了粉丝的参与感，还促进了艺术家和品牌形象的塑造。

展示作品和推广活动。社交媒体平台为艺术家和文化机构提供了展示作品和推广活动的便捷渠道。其可以发布艺术作品、展览信息、音乐演出等，吸引更多的关注和参与。通过社交媒体平台，艺术家和文化机构可以广泛传播信息，扩大知名度，吸引更多的观众和潜在客户。

营销和销售渠道。社交媒体平台成为文化创意产业的重要营销和销售渠道。艺术家和文化品牌可以通过社交媒体发布产品信息、推广优惠活动，吸引用户关注和购买。一些平台还提供了直接销售的功能，使艺术家和文化机构能够直接向销售作品、门票、周边产品等。

社交分享和口碑传播。社交媒体的特性可以使文化创意产品通过用户的社交分享和口碑传播迅速扩散。当用户对某个作品或活动感到满意时，他们往往会在社交媒体上分享并推荐给自己的朋友和关注者。这种社交分享和口碑传播能够带来更多的曝光度和用户参与度，提升作品和品牌的知名度。

数据分析和用户洞察。社交媒体平台提供了丰富的数据分析工具，帮助艺术家和文化机构了解受众的兴趣、偏好和行为。通过分析用户数据，其可以更好地了解目标受众，调整营销策略，提供更具针对性的内容和活动，从而提高用户参与度和满意度。

合作与跨界推广。社交媒体的平台性质使艺术家、文化机构和品牌能够进行合作和跨界推广。其可以通过与其他艺术家、文化机构、品牌或社交媒体达人等的合作，共同开展活动、推广产品或共享资源，从而扩大影响力和触达更广泛的受众群体。这种跨界合作和推广不仅能带来更多的曝光度和关注度，还能为受众提供更多样化和丰富的文化创意体验。

用户生成内容的参与。社交媒体平台为用户提供了参与文化创意产业的机会。用户可以通过上传自己的艺术作品、参与创意活动、评论和分享对作品的看法等方式，积极参与文化创意产业中。这种用户生成内容的参与不仅促进了用户与文化创意产业之间的互动，还丰富了文化创意产品和服务的多样性。

需要注意的是，虽然社交媒体的崛起为文化创意产业带来了更多机遇，但也存在一些挑战和风险。例如，信息过载、虚假信息、版权侵权等问题可能会影响艺术家和品牌的声誉和权益。因此，在利用社交媒体的同时，文化创意产业需要制定有效的社交媒体策略，管理好在线形象和品牌声誉，与受众进行积极的互动和沟通，以实现更好的营销效果和品牌建设。

（三）人工智能的应用

人工智能技术在文化创意产业中的应用越来越广泛。人工智能可以帮助艺术家和设计师进行创意生成和艺术创作，通过算法和模型生成新的艺术品和设计作品。此外，人工智能还可以用于数据分析和个性化推荐，提供更精准的用户体验和市场定位。

创意生成和艺术创作。人工智能可以通过算法和模型进行创意生成和艺术创作。例如，基于深度学习的生成对抗网络（GAN）可以生成逼真的艺术品、音乐作品和文学作品。艺术家和设计师可以利用这些生成的作品作为灵感来源，或与人工智能合作，开辟全新的艺术表现方式和风格。

数据分析和市场定位。人工智能可以对大数据进行分析，帮助文化创意企业了解受众的消费偏好、行为模式和市场趋势。通过分析大量的用户数据和社交媒体数据，人工智能可以提供准确的市场定位和目标受众分析，为企业制订精准的营销策略和产品推广方案。

个性化推荐和定制化服务。人工智能可以利用用户的历史数据和行为模式，进行个性化推荐和定制化服务。通过分析用户的喜好、购买记录和浏览行为，人工智能可以提供个性化的艺术品、音乐、电影和文化活动推荐。这种个性化推荐可以提高用户体验，增加消费者对文化创意产品的兴趣和参与度。

艺术作品的保护和版权管理。人工智能有助于艺术作品的保护和版权管理。通过图像识别和水印技术，人工智能可以检测、追踪艺术作品的版权信息，防止盗版和侵权行为。此外，人工智能还可以通过数字水印技术为艺术作品提供版权保护，确保艺术家的权益和作品的真实性。

文化遗产保护与修复。人工智能在文化遗产保护与修复方面发挥着重要作用。通过图像处理和模式识别技术，人工智能可以数字化记录和保护文化遗产。例如，通过高精度的三维扫描和重建技术，人工智能可以创建文物的数字化模型，以保留和传承宝贵的文化遗产。

艺术品鉴定与鉴伪。人工智能可以辅助艺术品的鉴定和鉴伪工作。通过图像识别和数据分析，人工智能可以比对大量的艺术品信息和历史数据，帮助鉴定艺术品的真伪和价值。这对于艺术市场的信任和保护具有重要意义，也为收藏家和投资者提供了更可靠的参考。

艺术教育与普及。人工智能可以为艺术教育与普及提供支持。通过虚拟现实技术和在线学习平台，人工智能可以创造出沉浸式的艺术体验和互动学习环境。这为广大用户提供了便捷的艺术学习和欣赏途径，促进了艺术素养的普及和文化创意产业的发展。

创新与协作平台。人工智能为文化创意产业创新与协作提供了新的平台和工具。通过人工智能技术，艺术家、设计师和创意人才可以进行远程协作、创意共享和集体创作。这种数字化的协作方式提高了创意产业的效率和灵活性，促进了跨界合作和创新的产生。

人工智能技术在文化创意产业中的应用领域广泛，从创作和制作、市场推广和营销、版权保护和管理、艺术品鉴赏与收藏、文化遗产保护与修复，到艺术教育与普及等方面都具有重要作用。随着人工智能技术的不断发展和创新，其将继续推动文化创意产业的创新和发展，为艺术家、文化机构和创意企业带来更多机遇和挑战。

三、政策环境

政府的政策支持对于文化创意产业的发展至关重要。政府可以通过制定相关法律法规、提供资金支持、设立专门的产业园区等方式，为文化创意产业提供良好的市场环境和政策保障。

（一）法律法规和知识产权保护

政府可以制定相关法律法规，明确文化创意产业的发展方向和规范。知识产权保护是文化创意产业的重要保障，政府可以加大知识产权保护的力度，打击盗版和侵权行为，鼓励创意创新，从而保护创作者的权益。

法律法规的制定与指导。政府可以制定与文化创意产业相关的法律法规，明确产业的发展方向、经营规范和市场秩序。这些法律法规可以涵盖产业的各个方面，包括创作、制作、传播、销售等环节的规范和管理，以确保文化创意产业的健康发展。

知识产权法律保护。知识产权是文化创意产业的核心资产，保护知识产权是维护创意产业良性发展的关键。政府可以加大知识产权法律保护的力度，通过专利、商标、著作权等知识产权的注册和保护，确保创意作品的独立性、原创性和权益。此外，政府还可以加大知识产权的执法力度，打击盗版、侵权和假冒行为，维护创意产业的正常秩序和良好发展环境。

创意创新的激励和支持。政府可以通过各种政策和措施，激励和支持创意创新。例如，设立创新基金，提供创意产业的专项资金支持，推动科技与文化的融合等。这些措施可以为创意人才提供更多的资金、资源和平台，激发其创意创新的活力，推动文化创意产业的发展。

促进合作与交流。政府可以推动国内外文化创意产业的合作与交流，建立国际交流平台和展览展示机制，促进跨文化的合作与交流。通过国际合作，文化创意产业可以获得更多的市场机会和资源，提高国际竞争力。

产业政策的支持。政府可以制定和实施相关的产业政策，支持文化创意产业的发展。例如，设立文化创意产业园区，提供税收优惠和财务支持，提供创业培训和咨询服务等。这些政策措施可以为文化创意企业提供更好的发展环境和支持，降低其创业和运营成本，促进产业的良性发展。

文化创意产业的推广与宣传。政府可以通过宣传推广活动，提升文化创意产业的知名度和认可度。例如，举办文化艺术展览、音乐节、设计展示等活动，以及创意产业峰会和交流会议，加强文化创意产业的品牌建设和宣传推广，吸引更多的投资和消费者。

产业监管与服务。政府可以加强对文化创意产业的监管与服务，保障市场秩序和消费者权益。监管工作可以包括市场监管、价格监管、产品质量监管等，以确保市场竞争的公平性和透明度。同时，政府还可以提供相关的服务和支持，如咨询服务、法律援助等，为创意产业提供专业指导和帮助。

通过制定相关法律法规和加强知识产权保护，政府为文化创意产业提供了法律保障，维护了市场秩序。同时，政府还通过各种政策和措施，激励创意创新、促进合作与交流、提供财务支持和服务等，推动文化创意产业繁荣发展。政府的积极参与和支持为文化创意产业提供了良好的宏观环境，促进了产业的创新、升级和国际竞争力的提升。

（二）资金支持和财税政策

政府可以通过资金支持和财税政策来促进文化创意产业的发展。资金支持可以包括创业基金、项目资助、专项补贴等，为企业提供启动资金和运营资金。财税政策方面，政府可以给予文化创意产业税收减免、优惠政策和贷款支持，从而降低企业负担，促进产业发展。

1. 资金支持

政府通过为文化创意产业提供必要的资金支持的方式，促进企业的创新和发展。

（1）创业基金

政府可以设立创业基金，专门用于支持初创文化创意企业。这些基金可以用于种子资金、风险投资或股权投资，帮助企业启动和发展初期的创新项目。创业基金的设立可以缓解初创企业面临的融资难题，提供资金支持和风险分担。

（2）项目资助

政府可以设立项目资助机制，针对有潜力的文化创意项目提供资金支持。这些资助项目可以涵盖项目的研发、生产、推广、展览等环节。政府可以通过拨款、竞争性招标或合作伙伴关系等形式，为优秀的文化创意项目提供经费支持，帮助项目成功落地和实施。

（3）专项补贴

政府可以针对特定领域或特定类型的文化创意企业提供专项补贴，以促进创新和发展。这些补贴可以用于技术研发、人才培养、国际交流等方面。政府可以设立专项基金，通过申请和评审的方式，向符合条件的企业提供资金补贴，帮助企业提升竞争力、拓展市场和提高影响力。

（4）战略投资

政府可以通过战略投资的方式，直接投资有潜力的文化创意企业。这种投资可以帮助企业扩大规模、壮大实力，促进其创新和国际竞争力的提升。政府可以与企业进行洽谈，共同确定投资金额、股权结构和管理机制，实现共赢。

（5）合作基金

政府可以设立合作基金，鼓励文化创意企业与其他行业、领域的企业进行合作。这种基金可以为合作项目提供资金支持，促进不同行业之间的资源整合和创新交叉。通过合作基金的设立，可以激发企业间的合作热情，促进文化创意产业与其他产业的融合发展。

政府通过多种措施为文化创意产业提供必要的资金支持，帮助企业解决创业和发展过程中的资金问题。这些资金支持可以帮助企业启动项目、研发和创新、拓展市场、培养人才等，促进产业的繁荣和可持续发展。政府的资金支持措施需要合理设计和有效执行，以确保资金的有效利用和企业的良性发展。

2. 财税政策

政府在文化创意产业中还可以通过财税政策来促进企业的发展和繁荣。以下是一些常见的财税政策措施。

（1）税收减免优惠

政府可以给予文化创意产业一定的税收减免政策，以降低企业的税负。这包括减免企业所得税、增值税、关税等。税收减免政策可以减轻企业的负担，提高企业的盈利能力和资金回报率，激励创新创意和产业发展。

（2）贷款支持

政府可以与银行或金融机构合作，为文化创意企业提供低息贷款或贷款担保。这有助于解决企业在创新、扩张和运营过程中的融资问题。贷款支持政策可以降低企业的融资成本，促进产业的发展和扩张。

（3）优惠政策

政府可以制定一系列财税优惠政策，为文化创意产业创建更加优惠的经营环境。这可以包括税收优惠、融资优惠、市场准入优惠等方面。税收优惠政策可以减少企业的税务负担，融资优惠政策可以提供更灵活和便利的融资方式，市场准入优惠政策可以简化企业的市场准入程序和要求，从而激励企业创新创意、扩大市场份额。

（4）资金补贴

政府可以向文化创意企业提供资金补贴，以支持其创新、研发、生产、推广等活动。这可以包括专项资金补贴、项目补贴等形式。资金补贴政策可以帮助企业降低研发和生产成本，提高市场竞争力，推动产业的创新和发展。

（5）融资担保

政府可以设立融资担保机制，为文化创意企业提供担保服务，帮助企业解决融资难题。融资担保可以提高企业的融资成功率和融资额度，降低企业的融资风险，促进企业的发展和扩张。

以上资金支持和财税政策的措施，旨在提供稳定和可持续的支持，帮助文化创意产业克服创业和发展的局限性。行业基金的设立和创意金融服务的推动为企业提供了更多的融资渠道和金融支持，促进了其创新和发展。此外，政府推动国际合作与交流，扩大了企业的市场范围和国际影响力，为文化创意产业提升国际竞争力提供了支持。

第二节　微观市场环境分析

文化创意产业的市场环境不仅受宏观环境的影响，也受微观环境的影响。微观环境包括行业竞争、消费者行为、供应链管理和企业战略等因素，对文化创意产业的发展和市场竞争力起着重要作用。

一、行业竞争和市场格局

行业竞争是微观环境中的重要因素，不同企业之间的竞争程度、市场格局和市场份额的分配会直接影响文化创意产业的市场环境。行业竞争的激烈程度、企业的竞争策略和产品差异化能力等因素都会影响市场需求和消费者选择。

（一）竞争程度和市场份额

不同文化创意产业领域内的竞争程度直接影响着市场格局和企业的市场份额。在高度竞争的行业中，企业需要通过不断创新和提供独特的产品和服务来与竞争对手区分开。竞争程度较低的行业可能会给予企业更大的市场机会和发展空间。因此，了解行业竞争程度、制定相应的竞争策略，对企业在市场中取得优势至关重要。

1. 竞争程度

行业竞争对手数量。竞争程度与行业内的竞争对手数量直接相关。如果行业存在大量的竞争对手，竞争程度往往较高。例如，设计服务、音乐制作、影视制作等领域的竞争对手较多，企业需要在创意、品质和价格等方面与对手区分开。

产品和服务差异化程度。竞争程度还与产品和服务的差异化程度相关。如果产品和服务在市场上较为类似，则竞争程度较高，在这种情况下，企业需要通过创新和独特性来赢得竞争优势。相反，如果行业内存在明显的差异化产品和服务，则竞争程度相对较低。

入市难度。竞争程度还受到进入市场的难度和障碍的影响。如果行业的进入门槛较低，容易有新的竞争者进入市场，则竞争程度可能较高。然而，如果行业存在高昂的进入成本、专利保护等限制因素，竞争程度则较低。

2. 市场份额

市场份额定义。市场份额是企业在特定市场中所占的销售额或销售量的比例。市场份额较高意味着企业在市场上的地位和影响力较大。

竞争对手的市场份额。竞争对手的市场份额是评估企业在行业中的地位和竞争力的重要指标。如果竞争对手具有较大的市场份额，企业需要采取措施来争夺市场份额，如定位策略、差异化产品和营销活动等。

市场份额的增长。企业可以通过市场份额的增长来扩大业务规模和影响力。市场份额的增长可以通过提高市场占有率、吸引新客户、增加重复购买等方式实现。

市场份额的稳定性。市场份额的稳定性是评估企业市场地位的重要指标。如果企业能够保持稳定的市场份额，并具有一定的增长潜力，说明企业在市场上扩展与市场份额相关的内容。

市场份额的竞争策略。企业可以采取多种竞争策略来争夺市场份额。其中包括：价格竞争策略，通过降低价格吸引更多客户；产品差异化策略，通过提供独特的产品特性和价值来吸引目标市场；市场定位策略，通过明确定义目标市场并满足其需求来赢得市场份额；市场扩张策略，通过拓展新的市场领域和渠道来增加市场份额，等等。

市场份额的监测和分析。企业需要定期监测和分析市场份额的变化，以了解自身在市场中的地位和竞争对手的表现。市场份额的监测可以通过市场调研、销售数据分析和竞争对手分析等方法进行，可以帮助企业发现市场机会和威胁，调整自身的市场策略以保持或增加市场份额。

市场份额的关联因素。市场份额受到多个因素的影响。其中包括产品质量和创新能力、客户满意度和忠诚度、品牌知名度和声誉、市场营销和促销策略等。通过加强对这些关联因素的管理和提升，企业可以增强自身在市场中的竞争力，稳固和扩大市场份额。

行业市场格局。市场份额还与行业内其他企业的市场地位和竞争格局相关。行业市场格局可以是寡头垄断——少数几家企业控制着大部分市场份额；也可以是充分竞争——市场份额分散在众多竞争对手之间；还可以是垄断竞争——市场被少数企业垄断但仍存在竞争。了解行业市场格局对企业制定适应性策略和选择合适的市场定位至关重要。

企业需要通过创新、差异化和市场策略来应对竞争，争夺市场份额，并不断监测和分析市场变化以保持竞争优势。同时，了解行业市场格局对企业制定适当的市场策略和选择合适的市场定位至关重要。

（二）产品差异化和市场定位

行业竞争中的关键因素之一是企业能否提供差异化的产品和服务。通过在设计、创意、质量、功能等方面的差异化，企业能够在竞争激烈的市场中脱颖而出，赢得消费者的青睐。同时，明确的市场定位也是竞争成功的关键。企业需要准确定位目标市场和目标消费者，并针对其需求和偏好进行产品开发和策略营销，以提高市场份额。

1. 产品差异化

产品设计与创意。文化创意产业注重创新和创意，通过独特的产品设计和创意可以使企业的产品与众不同。设计包括外观设计、功能设计、用户体验等方面，通过与竞争对手区分开来吸引消费者的关注和选择。

产品质量和工艺。文化创意产品的质量是吸引消费者的重要因素之一。通过提供高质量的产品和精湛的工艺，企业可以赢得消费者的信任和忠诚度。在竞争激烈的市场中，良好的产品质量和工艺可以帮助企业树立良好的品牌形象，提高竞争力。

功能与性能。通过产品功能和性能的差异化，企业可以满足不同消费者的需求和偏好。通过提供独特的功能和性能，企业可以为消费者创造独特的体验和价值，从而赢得市场份额。

创新技术和材料应用。文化创意产业涉及创新和创造力的应用，通过引入新的技术和材料，企业可以打造出独特的产品。创新技术和材料的应用可以帮助企业提供更多样化、高品质和高附加值的产品，满足消费者对创新的需求。

2. 市场定位

目标市场的确定。企业需要明确目标市场，即要服务的特定受众群体。目标市场可以根据年龄、性别、地理位置、兴趣爱好、消费习惯等特征进行划分。明确目标市场有助于企业更加精准地满足消费者需求，提供符合消费者期望的产品和服务。

差异化定位策略。企业可以通过差异化定位来与竞争对手区分开。差异化定位可以基于产品特点、品牌形象、服务水平等方面进行选择，以在目标市场中树立明确的差异化优势。通过差异化定位，企业可以更好地满足目标消费者的需求，建立品牌认知和忠诚度。

市场细分与定位。在目标市场中，市场细分和定位是市场营销中的重要策略。通过将整个市场划分为不同的细分市场，并确定适合企业的目标细分市场，企业可以更好地满足消费者的需求，并在竞争激烈的市场中取得竞争优势。

市场细分。市场细分是将整个市场划分为具有相似需求和特征的消费者群体。市场细分可以基于消费者的特征、行为、偏好等进行划分，常见的市场细分标准包括地理区域、年龄段、性别、收入水平、兴趣爱好等。通过市场细分，企业可以更好地了解目标消费者，并开展有针对性的市场营销活动。

市场定位。市场定位是企业确定自身在目标细分市场中的位置和形象。企业需要确定自己的独特卖点和竞争优势，以与竞争对手区分开。市场定位可以基于产品特点、定价策略、品牌形象、服务水平等方面进行选择。通过市场定位，企业可以在目标细分市场中树立自己的品牌形象，满足消费者的特定需求，并获得市场份额。

差异化竞争。通过产品差异化和市场定位，企业可以在竞争激烈的市场中脱颖而出。差异化竞争意味着企业通过提供独特的产品和服务，满足消费者的特定需求，形成与竞争对手差异化的竞争优势。通过差异化竞争，企业可以吸引更多的目标消费者，建立品牌认知和忠诚度，并获得市场份额。

定位策略的实施。市场定位策略的实施涉及产品开发、定价、推广和渠道选择等方面。企业需要根据目标市场的特点和消费者需求，制订相应的产品开发计划，确定适当的定价策略，选择合适的推广方式和渠道。定位策略的实施需要综合考虑市场需求、竞争对手的策略和企业自身的资源和能力。

通过差异化的产品和明确的市场定位，企业可以满足消费者的需求，建立品牌形象，并在市场中获得竞争优势和市场份额。

（三）新进入者和市场准入壁垒

行业竞争的格局还取决于新进入者的加入和市场准入壁垒的高低。如果市场准入壁垒较低，新企业容易进入市场，则竞争的激烈程度增加。若市场准入壁垒较高，如技术门槛、资金需求、品牌影响力等，现有企业将更有优势，市场格局则相对稳定。因此，了解和评估市场准入壁垒对于企业制定发展战略和应对竞争至关重要。

1. 新进入者

新进入者指新加入文化创意产业的企业或品牌。它们可能具有创新的产品、新颖的创意或先进的技术，可能给现有企业带来竞争压力。新进入者的存在可以改变行业的竞争格局，提升竞争激烈程度。

（1）影响竞争格局的因素

创新能力。新进入者通常具有创新的产品、服务或商业模式，能够引起市场关注并满足消费者的新需求。它们的创新能力可能使现有企业面临市场份额的流失。

品牌影响力。新进入者可能具备强大的品牌影响力，吸引消费者转向选择新的品牌。它们的品牌影响力可能对现有企业的市场地位造成威胁。

资金实力。新进入者可能具备充足的资金实力，能够迅速投入市场并展开大规模的市场推广活动。它们的资金实力可能使现有企业面临价格竞争和市场份额的损失。

（2）应对新进入者的策略

创新与升级。现有企业需要保持创新，不断改进产品和服务，以便同新进入者竞争。通过升级现有产品、引入新技术、提升品质和功能等，可以提升企业的竞争力。

品牌建设与忠诚度培养。现有企业需要加强品牌建设，提升品牌知名度和忠诚度。通过提供优质的产品和服务，建立良好的客户关系，培养消费者的忠诚度，降低被新进入者侵蚀的风险。

市场拓展与多元化。现有企业可以通过拓展市场、进军新领域或发展多元化业务，提升企业的市场份额和竞争优势。多元化则可以使企业降低对单一市场的依赖，分散风险。

2. 市场准入壁垒

市场准入壁垒是指限制新企业进入市场的障碍和条件。市场准入壁垒的存在可以对行业竞争格局产生影响，使现有企业相对稳定地控制市场份额。市场准入壁垒的高低取决于多个因素，如技术门槛、资金需求、品牌影响力、法律法规等。

（1）市场准入壁垒的重要方面

技术门槛。某些文化创意产业领域需要高度专业化的技术和知识，新进入者需要具备一定的技术实力和专业能力才能进入市场。技术门槛可以阻碍不具备相应技术能力的企业进入市场，使现有企业在技术上保持竞争优势。

资金需求。进入文化创意产业可能需要大量的资金投入，包括研发、生产、市场推广等方面。高昂的资金需求可以限制新进入者的进入，使现有企业能够通过已有的资金实力来维持市场份额。

品牌影响力。市场上已有的知名品牌和企业声誉可以构成市场准入壁垒。消费者对知名品牌的认知和忠诚度会使新进入者在市场上面临较大的挑战。现有企业通过积累品牌资产和建立品牌声誉，可以在市场中享有竞争优势。

法律法规。行业内的法律法规和政府监管措施也可以构成市场准入壁垒。一些行业可能对新企业设置了严格的准入条件和规定，如专业资质、行业许可证等。这些法律法规的存在使新进入者需要满足一定的合规要求才能进入市场。

资源获取困难。市场准入壁垒还可以来自资源获取困难，包括供应链、渠道分销、人才储备等。现有企业通过长期的资源积累和建立合作关系，可以获得更好的资源配置和支持，从而在市场上具备较高的竞争力。

（2）应对市场准入壁垒的策略

建立专利和知识产权。企业可以通过创新并申请专利来保护自己的技术和创意，防止竞争对手复制或盗用。专利和知识产权的存在可以形成一定的市场准入壁垒，使其他企业难以进入市场。

建立合作伙伴关系。与现有企业或行业内的关键企业建立合作关系，共享资源和渠道，可以降低新进入者的市场准入难度。通过与具有实力和资源的企业合作，新进入者可以更容易地获取所需的资源和支持。

品牌建设与市场认知。新进入者可以通过积极的市场宣传和品牌建设来提升自身的知名度和认知度。通过巧妙的市场推广活动、有效的广告宣传和社交媒体营销，新进入者可以在市场中引起关注，与现有企业展开竞争。

技术创新与升级。新进入者可以通过技术创新和升级来突破市场准入壁垒。通过引入新的技术和创新的产品设计，提供与现有产品不同的价值和体验，从而吸引消费者的兴趣和注意。

寻找市场空白和细分市场。新进入者可以寻找市场中的空白和消费者未满足的需求，针对特定的细分市场进行定位和开发。通过深入研究消费者需求，提供独特的产品和服务，可以在市场中建立自己的竞争优势。

与政府合作。与政府相关部门和机构合作，可以获取政策支持和资金扶持。政府在发展文化创意产业方面通常会提供一定的支持和优惠政策，新进入者可以利用这些政策和资源来降低市场准入难度。

了解市场准入壁垒并采取相应的策略是企业成功进入文化创意产业并在竞争中取得优势的关键。通过技术创新、品牌建设、资源合作和寻找市场细分等手段，新进入者可以克服市场准入壁垒，与现有企业展开竞争，并在市场中获得成功。

二、消费者行为分析

消费者行为对文化创意产业的市场环境具有重要影响。消费者的购买行为、消费偏好和消费观念会影响市场需求和产品定位。了解消费者的需求和心理，满足其个性化、多样化的消费需求，能够提升企业在市场上的竞争力。

（一）消费构成及变化

消费者分析是文化创意产业微观环境中的重要一环，它关注消费者的行为、偏好和需求，帮助企业了解消费者的构成和变化，从而有效地开展市场营销和产品创新。

1. 消费构成

（1）消费群体

在文化创意产业中，消费者可以涵盖不同年龄、性别、地域、收入和教育水平的群体。了解消费者的人口统计特征，如年龄段、性别比例、地理分布等，可以帮助企业针对不同群体制定个性化的营销策略。

（2）消费偏好

消费者的个人喜好和偏好在决定其购买行为和消费决策时起着重要作用。文化创意产业的消费者可能对不同类型的艺术、设计、音乐、电影等具有不同的偏好。了解消费者的偏好可以帮助企业精准定位产品和服务，并提供符合消费者喜好的创意内容。

（3）消费行为

消费者在文化创意产业中的消费行为表现出多样性和变化性。这包括消费频率、消费金额、消费渠道、消费方式等方面。一些消费者可能更倾向于线下购物和传统渠道，而另一些消费者则更偏好在线购物和数字渠道。了解消费者的消费行为可以帮助企业选择合适的销售渠道和制定有效的推广策略。

2. 消费变化

（1）数字化转型

随着数字技术的发展和普及，消费者在文化创意产业中的消费行为发生了变化。越来越多的消费者倾向于在线购物、数字娱乐和数字内容的消费，这对传统文化创意产业提出了挑战，也创造了机遇。企业需要适应数字化转型的趋势，提供在线购物平台、数字内容和创新的数字体验，以满足消费者的需求。

（2）个性化需求

消费者越来越追求个性化的产品和服务。他们希望能够体验到独特、定制化的文化创意内容，与企业和品牌的连接更加深入。因此，企业需要关注消费者的个性化需求，通过创新和定制化的产品和服务来满足消费者的期望。

（3）消费体验和参与

消费者对于文化创意产业的消费体验和参与的要求也在不断变化。现代消费者不再满足于被动观看和购买文化创意产品，而更希望能够积极参与其中，与创作者和其他消费者进行互动和交流。因此，企业需要提供更具参与性的消费体验，如艺术展览的互动环节、音乐演出的参与式体验、设计工作坊的创作互动等，促使消费者成为创意过程的一部分。

（4）可持续和社会责任意识

现代消费者越来越关注可持续性和社会责任，对企业的环境友好性、社会影响力和道德价值有着更高的期望。他们倾向于支持具有可持续性和社会责任意识的文化创意企业，关注产品的生态友好性、材料的可回收性、创作过程的公正性等。因此，企业需要注重可持续发展和社会责任，在产品设计、生产过程和企业运营中考虑对环境和社会的影响。

了解消费者的构成和变化对于文化创意产业的企业来说是至关重要的。企业需要通过市场调研、数据分析和消费者洞察来深入了解消费者的需求和行为，并根据市场趋势和消费者的反馈不断调整产品策略和营销策略，以保持竞争优势并满足消费者的期望。

（二）消费能力

消费能力直接影响着消费者在文化创意产品上的支出和购买能力，进而对企业的销售和市场规模产生影响。

1. 收入水平

消费能力与消费者的收入水平密切相关。高收入群体通常具有更高的消费能力，更有可能购买高价值的文化创意产品。他们可能更愿意投资艺术品、高端设计产品、高品质音乐会等。而低收入群体的消费能力相对较低，可能更注重价格和性价比，会选择价格相对较低的文化创意产品。

2. 教育和职业背景

消费者的教育水平和职业背景也会影响其消费能力。受过高等教育的人群通常具有更高的收入和更广泛的消费视野，更倾向于购买具有艺术性、创新性和有品质保证的文化创意产品。具有创意职业背景的消费者可能对设计类、艺术类和创新类的产品更感兴趣，并愿意为其支付较高的价格。

3. 地理区域和市场差异

不同的地理区域和市场的消费能力存在差异。一些发达城市和地区的消费者通常拥有更高的收入水平和消费能力，更愿意投资文化创意产品。而经济相对较落后的地区，消费者消费能力可能较低，会更注重价格因素。因此，在进行市场定位和制定推广策略时，需要考虑不同地区和市场消费能力的差异。

4. 消费观念和偏好

消费者的消费观念和偏好也会对其消费能力产生影响。一些消费者更注重物质享受和奢华体验，愿意在文化创意产品上进行高额消费。而另一些消费者可能更注重节约和实用性，倾向于购买价格相对较低的文化创意产品。因此，企业需要了解消费者的消费观念和偏好，并根据其需求进行产品定位和制定定价策略。

了解消费者的消费能力可以帮助企业制定合理的产品定价策略、市场定位和营销策略。企业可以根据不同消费者群体的消费能力差异，开发出不同价格层次和不同定位的文化创意产品，以满足不同消费者的需求。对于高消费能力的消费者群体，企业可以推出高端奢华的文化创意产品，并提供高品质的服务和体验。而对于低消费能力的消费者群体，企业可以开发价格相对较低的文化创意产品，注重性价比和实用性，以吸引更多的消费者。

此外，企业还可以通过差异化的市场定位和针对不同消费者群体的营销策略来提高销售和市场份额。例如，针对高消费能力的消费者群体，企业可以选择在高端商圈开设专门的艺术品展览或设计产品陈列，提供独特的购物环境和服务；对于低消费能力的消费者群体，企业可以选择在中低端商圈开设实体店或在线平台，提供经济实惠的文化创意产品和便捷的购物体验。

企业应密切关注消费者的收入水平、教育背景、地理区域和消费观念等因素，制定相应的产品定价策略、市场定位和营销策略，以满足不同消费者群体的需求，提高销售额和市场份额。

（三）消费特征

在文化创意产业的微观环境中，消费者的个体特征和消费特征对市场格局和企业发展起着重要作用。了解消费者的特征和消费行为可以帮助企业更好地满足他们的需求，并制定相应的营销策略。

1. 消费者个体特征

（1）年龄和性别

不同年龄段和性别的消费者在文化创意产品上的消费特征有所差异。年轻人可能更注重时尚、创新和个性化，倾向于购买与流行文化和潮流相关的产品。而中年人和老年人可能更注重传统文化、艺术品和文化遗产，倾向于购买具有历史价值和文化内涵的产品。

（2）兴趣爱好和偏好

消费者的兴趣爱好和偏好直接影响他们在文化创意产品上的支出。例如，音乐爱好者可能愿意购买音乐演出门票或音乐产品；艺术爱好者可能愿意购买艺术作品或参观艺术展览；设计爱好者可能愿意购买创意设计产品。了解消费者的兴趣爱好和偏好，可以根据其需求定位产品，并开展针对性的营销活动。

（3）消费习惯和购买行为

消费者的消费习惯和购买行为也是分析消费特征的重要方面。一些消费者更倾向于线上购物，通过电子商务平台购买文化创意产品；而另一些消费者更喜欢线下购物，享受实体店的购物体验。此外，一些消费者可能更注重品牌认可度和产品质量，而另一些消费者可能更注重价格和折扣优惠。了解消费者的消费习惯和购买行为，有助于企业选择适合的销售渠道和采取相应的营销策略。

2. 消费特征

（1）价值观和社会影响

消费者的价值观和社会影响对其在文化创意产业中的消费特征具有重要影响。一些消费者可能更注重可持续发展和环境友好性，倾向于购买符合价值观的文化创意产品。同时，一些消费者可能受到社会影响，如流行趋势、名人效应等对产品的购买行为产生影响。

（2）消费态度和行为

消费者的消费态度和行为反映了他们对文化创意产品的态度和购买行为。一些消费者可能更注重购买体验，乐于探索新产品和体验新文化；而另一些消费者可能更注重产品的实用性和功能性，更倾向于购买能够满足其需求的产品。此外，一些消费者可能更愿意支持本地文化创意产业，鼓励本土创意和文化创新。

（3）消费心理和决策

消费者的消费心理和决策过程也对其在文化创意产业中的消费特征产生影响。一些消费者可能受到情感因素驱动，如购买产品能够带来快乐和满足感；而另一些消费者可能更注重理性决策，比较产品的性价比和优势。了解消费者的消费心理和决策过程，有助于企业制定适合的营销策略和沟通方式。

消费者分析是了解文化创意产业目标消费者群体的关键环节。通过综合分析消费者的个体特征和消费特征，企业可以更好地了解他们的需求、兴趣和偏好，从而制定针对性的产品开发、定价、促销和渠道策略，增强市场竞争力和满足消费者需求。

三、企业战略和创新能力

企业的战略规划和创新能力对文化创意产业的市场环境至关重要。企业需要制定明确的发展战略，包括产品定位、市场定位、品牌建设等，以在激烈的竞争中脱颖而出。同时，创新能力也是提升企业竞争力的重要驱动力，通过不断创新和研发，推出具有差异化和创意的产品和服务，满足市场需求，提升市场占有率。

（一）市场定位和产品定位

市场定位是指企业在特定市场中所选择的目标市场和目标消费群体。市场定位涉及对市场的细分和分析，以确定适合企业发展的市场细分领域。企业可以根据消费者的需求、偏好、行为和特征将市场细分为不同的消费群体，然后选择与自身资源和能力相匹配的目标市场。通过市场定位，企业能够更好地了解目标市场的消费者需求和竞争环境，从而制定相应的营销策略、产品策略和定价策略。

产品定位是指企业为满足目标市场的需求而设计和定位的产品。产品定位包括确定产品的独特卖点、核心竞争力和价值主张，以在市场中与竞争对手区分开。通过产品定位，企业能够提供具有差异化和独特性的产品，满足目标市场的特定需求，并建立品牌形象和市场认知度。

在制定市场定位和产品定位时，企业需要考虑以下几个方面：

目标市场分析。对目标市场进行细致的市场调研和分析，了解消费者的需求、偏好、行为和特征。通过市场细分和目标市场选择，确定企业所要服务的特定市场群体。

竞争环境分析。对竞争对手进行竞争分析，了解他们的产品特点、定价策略和市场份额。通过对竞争对手的分析，找到自身的差异化优势和定位空间。

产品差异化策略。确定产品的独特卖点和核心竞争力，以满足目标市场的特定需求。通过产品设计、功能、品质、创新等方面的差异化，建立产品在市场中的独特地位。

品牌建设。通过品牌建设和品牌传播，增强产品的市场认知度和品牌价值。建立独特的品牌形象和品牌故事，与目标市场建立情感连接，提升产品的竞争力和市场地位。

市场营销策略。制定适合目标市场的营销策略，包括市场推广、广告宣传、渠道管理、销售促销等。通过有效的市场推广和宣传活动，吸引目标消费群体的关注并提高其购买意愿，提升产品的市场份额和销售额。

创新能力。企业需要具备良好的创新能力，不断推出新的产品和服务，满足消费者不断变化的需求。通过持续的创新，企业可以保持竞争优势和市场领先地位，吸引更多消费者的关注，提高其忠诚度。

客户体验。为了在竞争激烈的市场中脱颖而出，企业需要注重客户体验的提升。提供优质的售前、售中和售后服务，关注消费者的反馈和需求，建立良好的客户关系，提高消费者的满意度和忠诚度。

通过明确市场定位和产品定位，企业能够更好地了解目标市场的需求，提供独特的产品和服务，与竞争对手区分开。同时，企业还需要具备创新能力，不断推陈出新，适应消费者不断变化的需求。通过有效的市场营销策略和品牌建设，企业可以在竞争激烈的文化创意产业中获得市场份额和可持续发展的优势。

（二）品牌建设和品牌价值传递

企业战略应注重品牌建设，通过塑造独特的品牌形象、传递品牌价值观念和故事，增强消费者对品牌的认知和忠诚度。品牌在文化创意产业中具有重要意义，可以赋予产品和服务独特的文化内涵，塑造品牌的文化认同度，提高产品的市场竞争力。

品牌形象塑造。企业应该注重塑造独特的品牌形象，使其与竞争对手区别开。品牌形象应该与企业的文化、价值观和产品特点相契合，给消费者留下深刻的印象。这可以通过设计独特的品牌标识、品牌视觉和品牌语言来实现。

品牌故事传递。通过讲述品牌故事，企业能够向消费者传递品牌的价值观念和文化内涵。品牌故事可以涵盖企业的创始故事、产品的设计理念和背后的创意灵感等。通过品牌故事的传递，消费者能够更好地理解品牌的独特性和价值。

品牌一致性。企业应确保品牌在各个方面的一致性，包括品牌形象、品牌信息和品牌体验。无论是在产品设计、市场推广还是客户服务中，品牌都应该始终保持一致性，这有助于建立消费者对品牌的信任和认可。

品牌关联合作。与相关的艺术家、设计师、文化机构等合作，建立品牌关联。这可以通过与艺术家合作创作、举办文化活动、赞助艺术展览等方式实现。品牌关联合作可以提升品牌的文化认同度和艺术性，为消费者提供更丰富的文化体验。

社交媒体和数字营销。利用社交媒体和数字营销渠道，扩大品牌的影响力和传播范围。通过定期更新品牌内容、与粉丝互动、分享品牌故事和创意过程，企业可以与消费者建立更紧密的联系，提高品牌的可见性和认知度。

品牌体验营销。通过举办品牌体验活动和展览，让消费者亲身体验品牌的文化，包括举办艺术展览、创意工作坊、品牌发布会等活动，让消费者深入了解品牌的文化内涵和产品特点，增强他们对品牌的认知和情感连接。

品牌口碑管理。积极管理品牌口碑，建立良好的品牌声誉和信誉。企业可以通过与消费者进行互动、回应消费者的反馈和建议、提供优质的客户服务等方式，树立良好的品牌形象和口碑。消费者的正面评价和推荐对于品牌的发展具有重要影响力。

持续创新和发展。品牌建设需要与时俱进，不断创新和发展。企业应持续关注市场趋势、消费者需求的变化，并及时调整品牌策略和产品定位。通过不断创新，提供具有独特性和创意性的产品和服务，企业可以保持市场竞争力和品牌的持续价值。

通过塑造独特的品牌形象、传递品牌故事、建立品牌关联合作，企业能够增强消费者对品牌的认知和忠诚度，提高产品的市场竞争力和市场占有率。同时，持续创新和与时俱进也是品牌建设的关键，可帮助企业在竞争激烈的市场中持续发展和保持品牌的长久价值。

（三）市场洞察和消费者导向

企业战略建立需要对市场和消费者的深入洞察，了解消费者的需求、趋势和心理，从而根据市场需求调整产品策略、营销策略和品牌策略。通过消费者导向的战略，企业可以更好地满足消费者的需求，提供符合其价值观和偏好的产品和服务，赢得消费者的认可和忠诚度。

1. 市场洞察

市场调研和数据分析。通过市场调研和数据分析，企业可以获取关于市场规模、增长趋势、竞争对手、目标消费群体等方面的信息。这些信息可以帮助企业了解市场的现状和潜在机会，为制定战略提供依据。

走势预测和分析。通过关注行业趋势、社会文化变化、技术创新等方面的动态，企业可以预测市场未来的发展方向和趋势。这有助于企业及时调整战略，抓住机遇，应对挑战。

2. 消费者需求的理解

消费者调研。通过定期进行消费者调研，企业可以了解消费者的需求、偏好、购买行为以及对竞争产品的评价和比较。调研可以通过问卷调查、焦点小组讨论、深度访谈等方式进行，要尽量获取更全面、准确的信息。

消费者行为分析。通过分析消费者的购买决策过程、购买动机、消费心理等方面的数据，企业可以深入了解消费者的行为模式和决策因素，从而针对性地调整产品设计、定价策略和营销策略。

3. 消费者导向的战略制定

产品策略。基于对消费者需求的洞察，企业可以开发出符合消费者期望的产品。这包括对产品的设计、功能、质量、包装等方面的考虑，以提供与消费者需求相匹配的创意和体验。

营销策略。企业可以根据消费者的偏好和行为特点，制定相应的市场营销策略。这包括选择适当的营销渠道、推广手段、定价策略等，以增强产品的市场竞争力和吸引力。

品牌策略。建立与消费者价值观相契合的品牌形象和价值观念，对于企业战略和消费者导向至关重要。

企业在制定战略和发展文化创意产业时，需要明确市场定位和产品定位，塑造独特的品牌形象和价值观念。通过市场洞察和消费者导向的方法，企业可以更好地满足消费者需求，建立持久的竞争优势，并实现可持续的市场增长和发展。

第六章　文化创意产业营销目标的制定

第一节　目标市场的确定

一、市场调研和分析

通过市场调研和分析，企业可以了解目标市场的消费者需求、竞争情况、市场规模和增长潜力等关键信息。这可以通过市场调查、消费者洞察和竞争分析等手段来获取。市场调研和分析的结果将为企业确定目标市场提供重要依据。

（一）确定研究目标

在进行市场调研之前，企业需要明确研究目标和问题，如了解目标市场的消费者特征、需求和偏好，分析竞争对手的市场地位和策略，评估市场的规模和增长潜力等。

目标市场消费者特征。了解目标市场的消费者特征是市场调研的核心目标之一。这包括消费者的年龄、性别、地理位置、教育水平、职业背景、收入水平等。通过了解消费者的特征，企业可以更好地定位自己的产品和服务，满足消费者需求和偏好。

目标市场消费者需求和偏好。了解目标市场消费者的需求和偏好是为他们提供满意的产品和服务的关键。通过调研和分析，企业可以了解消费者对文化创意产品的需求、购买动机、消费习惯、产品偏好等方面的信息，这有助于企业根据消费者需求进行产品开发、定价、包装和制定营销策略。

竞争对手的市场地位和策略。了解竞争对手在目标市场的市场地位和策略是进行市场调研的重要目标之一。通过分析竞争对手的产品、定价、品牌、渠道等方面的信息，企业可以评估竞争对手的优势和弱点，了解市场竞争环境和趋势，这有助于企业制定差异化的竞争策略，提升自身在目标市场中的竞争力。

市场规模和增长潜力。评估目标市场的规模和增长潜力是企业进行市场调研和分析的重要目标之一。通过收集和分析市场数据、行业报告和趋势分析等信息，企业可以了解目标市场的市场容量、增长率、趋势并进行预测，这有助于企业确定目标市场的商业机会和发展潜力，制订相应的市场策略和发展计划。

通过明确研究目标和问题，企业可以有针对性地开展市场调研和分析，收集相关数据和信息，并为制定营销策略、产品开发和市场推广提供可靠的依据。这有助于企业更好地了解目标市场，满足消费者需求，提升市场竞争优势和实现业务增长。

（二）收集数据

根据研究目标，采用合适的数据收集方法，包括定性和定量研究方法。定性方法可以通过深入访谈、焦点小组讨论和观察等方式获取消费者的见解和反馈；定量方法可以使用问卷调查、数据分析等手段获取大量数据。此外，还可以利用市场报告、行业分析和市场数据等公开资源进行数据收集。

1. 定性研究方法

深入访谈。通过面对面或电话等方式与消费者进行个别交流，深入了解其见解、态度和行为动机。深入访谈可以提供丰富的信息，帮助揭示消费者需求和偏好的背后原因。

焦点小组讨论。组织一组消费者就特定主题展开集体讨论，以获取不同观点和意见。焦点小组讨论可以帮助企业了解消费者的态度、感受和行为，获取群体动态和共识。

观察方法。通过观察消费者在实际购买场景中的行为和反应，获取他们的实际偏好和消费决策过程。观察方法可以提供客观的数据，帮助企业了解消费者的实际行为和需求。

2. 定量研究方法

问卷调查。设计合适的问卷并发放给目标受众，收集他们的回答和观点。问卷调查可以获取大量的数据，并进行统计分析和量化描述，帮助企业了解消费者的态度、偏好和购买意向。

实验研究。通过控制变量来观察和测量不同因素对消费者行为的影响。实验研究可以帮助企业评估产品、服务或营销策略的效果，并获取有因果关系的数据。

数据分析。利用已有的市场数据和统计数据进行分析，如市场报告、行业数据和消费趋势等。数据分析可以帮助企业了解市场规模、市场份额、竞争对手的地位和市场趋势，从而为目标市场的确定提供依据。

3. 利用公开资源

除了以上的数据收集方法，企业还可以利用公开资源来获取相关数据。市场报告、行业分析和市场数据等公开资源提供了大量的市场信息和趋势分析，可以作为市场调研的重要参考。这些资源通常由专业机构、行业协会、市场研究公司等提供，包含市场规模、消费者洞察、竞争分析等方面的数据和报告，可以帮助企业更好地了解市场环境。

通过选择合适的数据收集方法，并合理分析和解读数据，企业可以深入了解目标市场的消费者需求、竞争情况和市场趋势，为制定有效的营销策略和提升目标市场的市场份额提供有力支持。

（三）分析数据

对收集到的数据的分析，包括统计分析、文本分析、竞争对手分析等。通过对数据的整理和解读，可以揭示消费者的行为模式、偏好和态度，了解竞争对手的优势和弱点，评估市场的趋势和发展潜力。

统计分析。指通过统计方法对定量数据进行整理和分析。常用的统计分析方法包括描述性统计、相关分析、回归分析、因子分析等。描述性统计可以对数据进行汇总和描述，包括均值、中位数、标准差等指标，帮助了解数据的分布和特征。相关分析可以探索数据之间的关联关系，如消费者特征和购买行为之间的相关性。回归分析可以帮助预测和解释因果关系，如消费者特征对购买意愿的影响。因子分析可以将一组相关变量归纳为较少的潜在因素，帮助理解消费者需求和偏好的维度。

文本分析。指对定性数据，如消费者的意见、评论和反馈进行文本分析。文本分析可以通过自然语言处理技术和情感分析等方法，挖掘和提取文本中的关键词、主题和情感。通过分析消费者的言论和情感，可以了解消费者对产品和服务的评价、期望和需求，帮助企业改进产品和优化客户体验。

竞争对手分析。通过对竞争对手的数据进行分析，了解其市场地位、产品特点、营销策略等。可以从竞争对手的成功经验和失误中获取启示，评估其竞争优势和劣势，为企业的市场定位和差异化竞争提供参考。竞争对手分析还可以帮助企业识别市场空缺和竞争威胁，及时调整战略和策略。

数据分析的过程需要结合研究目标和问题，运用适当的方法和工具，对数据进行合理解读并提取有价值的信息。数据分析结果可为企业提供市场洞察和决策支持，帮助确定目标市场、优化产品和服务、制定有效的营销策略，并帮助企业在竞争激烈的文化创意产业中获得竞争优势。

（四）评估目标市场的可行性

基于市场调研和数据分析的结果，评估目标市场的可行性和潜在机会，考虑目标市场的规模、增长率、竞争程度、进入壁垒等因素，确定是否值得将其作为营销目标。

市场规模和增长率。评估目标市场的规模和增长潜力，了解市场的容量和发展趋势。

市场规模越大且增长率越高，对企业来说，进入该市场的潜在机会就越大。

竞争程度。分析目标市场的竞争格局和竞争对手的实力，了解竞争的激烈程度。如果目标市场竞争激烈且竞争对手强大，企业进入该市场可能面临较大的挑战。需要评估企业是否具备足够的竞争力和差异化优势，能否在激烈竞争中脱颖而出。

进入壁垒。考虑目标市场的进入壁垒，即进入该市场所需的资源、技术、资金等方面的限制。如果目标市场的进入壁垒较高，如技术门槛较高、资金需求较大或法规限制较多，则企业进入该市场的难度相对较大。需要评估企业是否具备足够的能力和资源克服进入壁垒，并在市场中获得竞争优势。

消费者需求和偏好。了解目标市场的消费者需求、偏好和行为习惯，评估企业的产品和服务能否满足市场需求并与目标消费者产生共鸣。如果目标市场的消费者对文化创意产品有较高的需求和接受度，并且企业能够提供符合其偏好的产品和服务，那么进入该市场的可行性就较高。

综合考虑上述因素，评估目标市场的可行性，可以帮助企业做出明智的决策，确定是否将目标市场作为营销的重点。如果目标市场具有较大的规模、增长潜力，竞争程度适中且企业具备克服进入壁垒的能力，同时与目标消费者的需求和偏好相匹配，那么进入该市场的可行性较高。反之，如果目标市场规模较小、增长潜力有限，竞争激烈程度高且进入壁垒较高，还与目标消费者的需求和偏好不匹配，那么进入该市场的可行性较低。

（五）确定目标市场细分

在目标市场确定之后，进一步进行市场细分，将目标市场划分为具有相似特征和需求的子市场。这可以根据消费者的年龄、性别、地理位置、兴趣爱好等因素进行划分。细分市场能够帮助企业更准确地了解消费者需求，提供个性化的产品，制定个性化的营销策略。

收集消费者数据。通过市场调研和数据分析，收集与目标市场消费者相关的数据，包括年龄、性别、地理位置、职业、收入水平、兴趣爱好等信息。这些数据可以通过问卷调查、访谈、社交媒体分析等方式收集。

人口统计学细分。根据消费者的人口统计学特征，如年龄、性别、家庭结构等，将市场划分为不同的细分市场。例如，一个文化创意产业可以将目标市场细分为年轻人、中年人、老年人等不同年龄段的消费者群体。

地理位置细分。根据消费者所在的地理位置，将市场划分为不同的地理细分市场，可以城市、地区、国家等级别进行划分。地理位置细分需要考虑消费者的地域特点、文化背景和消费习惯。

行为特征细分。根据消费者的购买行为、偏好和兴趣爱好，将市场划分为具有相似行为特征的细分市场。可以是对特定类型的文化创意产品感兴趣，或是具有相似购买行为模式的消费者群体。

利基市场细分。在细分市场中寻找利基市场，即小众但具有高度特化需求的市场。这些市场可能是针对特定兴趣爱好、专业领域、特殊文化群体等的细分市场。通过针对利基市场的定制化产品和服务，企业可以获得更高的市场份额和较少的竞争压力。

综合细分标准。细分市场时，可以综合考虑不同的细分标准，如人口统计学特征、地理位置和行为特征。例如，将目标市场细分为在城市地区的年轻女性消费者群体，可以更精确地满足其特定的需求和偏好。

通过市场调研和分析，企业可以深入了解目标市场的消费者群体、竞争环境和市场机会，为制定营销策略和推广计划提供可靠的数据支持。这有助于企业更精准地满足消费者需求，提高市场竞争力，并取得商业成功。

二、客户细分

在确定目标市场之前，企业需要将整个市场划分为不同的客户细分群体。这可以根据消费者的特征、需求和行为进行划分。常用的客户细分标准包括年龄、性别、收入水平、教育背景、兴趣爱好等。通过客户细分，企业可以更好地了解不同客户群体的需求，并针对性地开展营销活动。

（一）年龄和生命周期阶段

不同年龄段的消费者具有不同的消费习惯和需求。例如，年轻一代可能更关注时尚、创新和科技，而中年人可能更关注家庭和生活品质。通过根据年龄和生命周期阶段的客户细分，企业可以更好地满足消费者的需求，并开发针对不同年龄段和生命周期阶段的产品和营销策略。

1. 年龄段的客户细分

青少年和学生群体。这个年龄段的消费者通常对时尚、音乐、艺术和娱乐等方面表现出浓厚的兴趣。他们可能更注重个性化和创新性，喜欢追求新奇和与众不同的产品和体验。企业可以开发与青少年和学生兴趣相关的产品，并通过社交媒体等渠道进行宣传和推广。

大学生和年轻专业人士。这个年龄段的消费者通常处于自我发展和职业建设阶段，他们可能对教育、技能培训、职业发展等方面表现出较高的关注。企业可以开发与职业发展和个人成长相关的产品和服务，并通过校园推广、职业交流平台等方式与他们建立联系。

中年人群体。这个年龄段的消费者通常在家庭和事业之间平衡，并注重生活品质和社交活动。他们可能对家居装饰、家庭娱乐、休闲旅游等方面表现出较高的兴趣。企业可以开发与家庭生活和个人兴趣相关的产品，并通过家庭杂志、社区活动等方式与他们接触。

老年人群体。这个年龄段的消费者通常关注健康、休闲、旅游等方面。他们可能有更多的时间和资源用于消费和体验。企业可以开发与健康养老、旅游度假等方面相关的产品和服务，并通过老年俱乐部、社区活动等方式与他们建立联系。

2. 生命周期阶段的客户细分

单身人群。这个生命周期阶段的消费者通常独立生活，他们可能更注重个人消费、娱乐和社交。企业可以开发与个人娱乐、社交活动等方面相关的产品和服务，并通过社交媒体、线下活动等方式与他们互动。

家庭群体。这个生命周期阶段的消费者通常关注家庭生活和职责、儿童教育等方面。他们可能需要家居用品、儿童文化创意产品等。企业可以开发与家庭生活、儿童教育等方面相关的产品和服务，并通过家庭杂志、亲子活动等方式与他们建立联系。

退休人群。这个生命周期阶段的消费者通常有更多的时间和资源用于消费和享受生活。他们可能关注健康、休闲、旅游等方面。企业可以开发与养生保健、旅游度假等方面相关的产品和服务，并通过老年俱乐部、社区活动等方式与他们建立联系。

通过对不同年龄段和生命周期阶段的消费者的细分，企业可以更加深入地了解他们的需求和消费行为，从而精确地定位目标市场，并开展个性化的产品开发和市场营销活动。同时，这种细分可以帮助企业在竞争激烈的市场中找到自己的定位，建立与消费者的情感连接，并实现市场份额的增长和品牌忠诚度的提升。

（二）性别

男性和女性在消费行为和偏好上常常存在差异。例如，女性可能更注重时尚和美容，而男性可能更关注科技和运动。通过性别细分客户群体，企业可以根据性别差异开展定向营销活动，提供符合不同性别需求的产品和服务。

1. 女性消费者

女性在文化创意产业中扮演着重要的角色，她们对时尚、美容、艺术和家居等方面的关注度较高。针对女性消费者的营销策略可以包括：

（1）时尚与美容

女性消费者对时尚和美容产品感兴趣，如服装、鞋子、化妆品等。企业可以通过与时尚杂志、美容博主合作，提供专业的时尚建议和美妆技巧，吸引女性消费者。

（2）家居与装饰

女性消费者通常对家居装饰、家居用品和家居艺术有较高的关注度。企业可以通过提供具有创意设计和独特风格的家居与装饰产品，满足女性消费者对于美学和舒适家居环境的需求。

（3）社交与社区

女性消费者通常更注重社交和社区互动。企业可以通过线上社交媒体平台、社区活动和女性社群建立品牌和消费者的联系，提升品牌口碑和用户共鸣。

2. 男性消费者

男性消费者在文化创意产业中也有一定的消费能力和需求，他们可能对科技、运动、艺术等方面感兴趣。针对男性消费者的营销策略可以包括：

（1）科技与创新

男性消费者通常对科技产品、智能设备和创新科技应用有较高的兴趣。企业可以推出面向男性消费者的创新科技产品，通过强调产品的技术特点、功能和性能优势来吸引他们的关注。

（2）运动与娱乐

男性消费者对运动、户外活动和娱乐产品更感兴趣。企业可以提供与体育、健身、户外活动相关的文化创意产品，如运动装备、户外装备、体育赛事门票等，满足他们对运动和娱乐的需求。

（3）艺术与设计

一部分男性消费者对艺术和设计有浓厚的兴趣。他们可能对艺术品、设计产品、音乐会等文化创意产品感兴趣。企业可以通过提供独特的艺术品、艺术装饰品、设计家具等，吸引这部分男性消费者。

在进行性别细分时，企业需要根据自身的产品定位和目标市场来确定合适的营销策略。同时，要注意不能将性别细分作为唯一的划分标准，还需结合其他因素如年龄、地理位置、兴趣爱好等进行综合考虑，以确保更精准地满足不同消费者群体的需求。

（三）收入水平

消费者的收入水平对其购买决策和消费能力有重要影响。高收入群体可能更倾向于购买高端和奢侈品，而低收入群体可能更注重价格和性价比。通过进行收入水平的客户细分，企业可以制定定价策略和产品定位，以满足不同收入层次消费者的需求。

1. 高收入群体

高收入群体通常有更高的消费能力和购买力，他们追求品质、个性和独特性。对于这部分消费者，企业可以推出高端、奢华的文化创意产品，如高级艺术品、奢侈品设计品牌、定制化服务等。这些产品不仅要具备高品质和创意，还要注重独特的设计和限量性，以吸引高收入群体的眼球。

2. 中等收入群体

中等收入群体是一个庞大的消费群体，他们在文化创意产业中也有一定的消费需求。这部分消费者通常会更注重性价比和功能性，追求性价比较高的产品。企业可以推出中档价位的，既具备一定的艺术性和创意性，又具备实用性和功能性的文化创意产品。例如，设计简约实用的家居用品，价格适中的艺术品、收藏品等。

3. 低收入群体

低收入群体的消费能力相对较低，他们通常会更注重价格和实用性。企业可以开发价格相对较低的文化创意产品，以满足这部分消费者的需求。这可以包括价格亲民的艺术品、平价设计品牌、大众化的文化娱乐活动等。此外，企业还可以提供分期付款、折扣促销等灵活的购买方式，以提升低收入群体的购买意愿。

在进行收入水平的客户细分时，企业需要充分了解目标市场的消费者群体的收入水平分布和消费习惯，可以通过市场调研、数据分析和消费者调查等方式获取相关信息。根据不同收入水平群体的需求和偏好，企业可以调整产品定价、产品设计和营销策略，以更好地满足不同消费者群体的需求，并提高市场占有率和竞争力。

通过深入了解不同客户细分群体的需求和行为，企业能够确定个性化定位和精细化营销策略，从而提高市场占有率、建立客户忠诚度并获得更好的市场反应。

三、选择目标市场

目标市场可以是特定的地理区域，也可以是特定的消费者群体或细分市场。在选择目标市场时，企业需要考虑市场的规模、增长潜力、竞争情况和企业的资源能力等因素。

（一）市场规模与增长潜力

评估目标市场的规模和增长潜力是选择目标市场的重要考量因素。较大的市场规模意味着更多的潜在消费者和销售机会，而较高的增长潜力则表示市场具有持续发展的趋势。企业应根据自身资源和能力，选择与其规模和增长潜力相匹配的目标市场。

1. 市场规模评估

评估目标市场的规模是了解市场潜在消费者数量的关键。这可以通过市场研究和数据分析来实现。首先，企业可以收集和分析相关的人口统计数据，如人口数量、年龄分布、性别比例等，以了解目标市场的人口基数。其次，通过市场调查，企业可以确定目标市场中潜在消费者的数量和分布。这包括对目标市场中的人口密度、消费者群体规模和潜在购买力的评估。综合考虑这些因素，企业可以确定目标市场的整体规模。

2. 增长潜力评估

除了市场规模，评估目标市场的增长潜力也至关重要。增长潜力反映了市场的发展趋势和未来的机会。企业可以通过以下途径进行评估：第一，市场趋势分析。研究市场的历史发展和当前趋势，包括市场的增长率、销售额、消费者行为等，可以通过市场报告、行业分析和趋势研究等途径来获取。第二，竞争分析。评估目标市场的竞争程度和竞争对手的市场份额。如果市场竞争激烈且市场份额已经被主要竞争对手占据，那么市场的增长潜力可能较低；而如果市场竞争较小或存在新兴市场，那么市场的增长潜力可能较高。第三，消费者洞察。了解目标市场中消费者的需求和趋势，可以通过市场调查、观察和消费者行为分析等方法来获得。通过消费者洞察，企业可以预测市场的需求变化和未来趋势，从而评估市场的增长潜力。

3. 资源匹配和可持续性

在选择目标市场时，企业应考虑自身的资源和能力。如果市场规模较大且增长潜力巨大，而企业无法满足市场需求或缺乏足够的资源进行市场投入，那么可能会导致企业资源不足、竞争力不强或无法实现可持续发展。因此，企业需要确保其资源与目标市场的规模和增长潜力相匹配，以维持长期的市场竞争力和可持续发展。

4. 市场分析和预测

除了市场规模和增长潜力的评估，企业还应进行市场分析和预测，以更好地了解目标市场的动态和未来趋势。这可以通过市场调研、行业分析、走势预测和消费者洞察等方法来实现。通过分析市场的发展趋势、消费者需求变化和竞争格局，企业可以获得对目标市场未来发展的更准确的预测，从而更好地制定营销策略和决策。

5. 风险评估

在选择目标市场时，企业还需要评估市场存在的风险和挑战。这可能包括政策变化、经济环境、市场竞争和消费者行为的不确定性等方面。通过对市场风险的评估，企业可以更好地制定风险管理策略和措施，降低市场风险对企业业绩和可持续发展的影响。

选择目标市场需要综合考虑市场规模、增长潜力、资源匹配和可持续性等因素。通过对市场的评估和分析，企业能够更好地了解市场的机会和挑战，并制定相应的营销策略和决策，实现市场的利益最大化和可持续发展。

（二）竞争情况

企业应评估市场上竞争对手的数量、品牌影响力和市场份额等因素。如果目标市场竞争激烈且已经被主要竞争对手占据，企业需要考虑如何与竞争对手区别开，找到自己的市场定位和竞争优势。

1. 竞争对手的数量

企业需要评估目标市场中存在的竞争对手的数量。竞争对手的数量越多，市场竞争程度越高，企业越需要更加努力地寻找差异化的竞争优势，以吸引消费者并与竞争对手区分开。

2. 竞争对手的品牌影响力

评估竞争对手的品牌影响力是了解目标市场竞争格局的重要方面。如果竞争对手的品牌在目标市场中具有较高的知名度和认可度，企业则需要思考如何在品牌建设方面赢得消费者的关注和信任，以建立自己的品牌优势。

3. 竞争对手的市场份额

了解竞争对手的市场份额可以帮助企业评估目标市场中每个竞争对手的市场地位和相对竞争强度。竞争对手的市场份额越大，企业就需要通过创新、差异化和营销策略来争夺市场份额，从而在市场中获得竞争优势。

4. 竞争对手的优势和弱点

企业需要对竞争对手的优势和弱点进行分析，从而找到自己的竞争优势和定位。了解竞争对手的产品特点、定价策略、营销活动和客户关系管理等方面的优势和弱点，有助于企业制定针对性的竞争策略，并在目标市场中获得竞争优势。

5. 市场动态和趋势

了解市场的动态和趋势可以帮助企业预测竞争对手的行动和市场变化，从而及时调整自己的营销策略。例如，如果市场中出现新的竞争对手或市场需求发生变化，企业需要及时做出反应，并寻找新的市场机会。

通过评估竞争对手的数量、品牌影响力、市场份额、优势和弱点，以及市场的动态和趋势，企业能够更好地定位自己在竞争市场中的位置，明确自己的市场定位和竞争优势。

（三）企业资源能力

选择目标市场时，企业需要考虑自身的资源能力。这包括财务资源、人力资源、技术能力和品牌影响力等方面。企业应选择与其资源能力相匹配的目标市场，确保能够为该市场提供优质的产品和服务，并有效地进行市场推广和销售。

财务资源。企业需要评估自身的财务实力，包括资金储备、投资能力和资金来源等。选择目标市场时，企业需要确保有足够的财力资源支持市场推广、产品研发和生产等活动。

人力资源。企业的人力资源是推动业务运营和发展的重要因素。在选择目标市场时，企业需要考虑是否有足够的人力资源来支持市场营销、产品设计、生产和客户服务等方面的工作。

技术能力。技术能力在文化创意产业中至关重要。企业需要评估自身的技术实力和创新能力，以确保能够提供具有竞争力的产品和服务，并跟上市场的技术发展趋势。

品牌影响力。品牌影响力可以帮助企业在目标市场中建立信任和认可度。评估自身的品牌知名度和品牌形象，可以确定能否吸引目标市场的消费者，并与竞争对手在品牌方面形成差异化竞争优势。

生产和供应链能力。对于提供实体产品的企业，评估生产能力和供应链管理能力是关键。企业需要确保能够满足目标市场的需求，保证产品质量和交货时间，同时有效管理供应链，以降低成本并提高效率。

在选择目标市场时，企业应综合考虑以上资源能力，并确保与目标市场的需求和潜力相匹配。如果企业的资源能力与目标市场需求和潜力不匹配，可能会导致无法提供高质量的产品和服务，影响企业的市场竞争力和盈利能力。

此外，企业也可以考虑资源整合和合作，通过与供应商建立合作关系，共享资源，扩大自身的资源能力范围，以适应更广泛的目标市场需求。通过评估财务资源、人力资源、技术能力、品牌影响力、生产和供应链能力等因素，企业能够选择适合自身资源能力的目标市场，并为该市场提供高品质的产品和服务，获得市场竞争优势和业务增长。

（四）市场调研和数据分析

选择目标市场的过程中，市场调研和数据分析是不可或缺的。通过市场调研，企业可以了解市场的特点、趋势和潜在机会，进一步支持对目标市场的选择。数据分析可以提供客观的市场情报，帮助企业做出基于数据的决策，并评估目标市场的潜力和可行性。

确定研究目标。在进行市场调研之前，企业需要明确研究目标和问题。这可以包括了解目标市场的消费者特征、需求和行为，评估目标市场的规模和增长潜力，分析竞争对手的市场地位和策略等。

收集数据。根据研究目标，选择合适的数据收集方法。定性方法可以通过深入访谈、焦点小组讨论和观察等方式获取消费者的见解和反馈。定量方法可以使用问卷调查、数据分析等手段获取大量数据。此外，还可以利用市场报告、行业分析和市场数据等公开资源进行数据收集。

分析数据。对收集到的数据进行分析，洞察市场趋势。这可以通过统计分析、文本分析、竞争对手分析等方法实现。数据分析的结果可以帮助企业了解消费者的行为模式、需求和偏好，评估竞争对手的优势和弱点，以及预测市场的发展趋势。

评估市场潜力。基于数据分析的结果，企业可以评估目标市场的潜力和可行性。这包括评估市场的规模、增长率、竞争程度和进入壁垒等因素。通过综合考虑这些因素，企业可以确定目标市场的吸引力和可行性。

基于数据的决策。市场调研和数据分析为企业提供了基于事实和数据的决策依据。企业可以根据数据分析的结果，制定目标市场的选择策略，明确目标市场的定位和发展方向，并制定相应的营销策略和计划。

持续监测和更新。市场是不断变化的，因此企业应该建立定期的市场监测和更新机制。通过持续的数据收集和分析，企业可以及时了解市场动态，调整目标市场的选择和营销策略，以适应市场的变化和挑战。

通过市场调研和数据分析，企业能够深入了解目标市场的特点、趋势和潜在机会，从而做出明智的决策。

第二节　营销目标的确定

确定营销目标是文化创意产业选择目标市场的重要一步。营销目标是指企业希望通过市场营销活动实现具体的目标和成果。

一、销售增长

通过将目标市场中的消费者转化为购买者，增加产品或服务的销售量和销售额。企业可以设定具体的销售增长目标，如增加销售额的百分比或达到特定的销售数量。

（一）目标市场的潜力

企业应评估目标市场的潜力和增长趋势，了解市场的规模和发展潜力。这有助于企业设定合理且具有挑战性的销售增长目标。

合理性与挑战性。销售增长目标应既具备合理性，在符合市场潜力和趋势的基础上，又具备一定的挑战性，能够推动企业的发展和进步。过低的目标可能导致企业发展乏力，而过高的目标可能难以实现。

可度量性与可追踪性。销售增长目标应具备可度量性和可追踪性，即可以通过具体的指标和数据测量和跟踪。例如，可以设定销售额的增长百分比、销售数量的增加或市场份额的提升等具体指标，以便企业能够监测和评估销售增长的情况。

时间限制与阶段性目标。销售增长目标可以根据企业的发展阶段和战略规划分阶段设定。设定阶段性目标可以帮助企业集中资源和精力，逐步实现销售增长。同时，设定适当的时间限制可以增强目标的明确性和紧迫感。

综合考虑内外因素。在设定销售增长目标时，需要综合考虑内外因素的影响。内部因素包括企业的资源能力、市场定位、产品竞争力等；外部因素包括市场环境、经济形势、竞争态势等。综合考虑这些因素可以更准确地确定目标市场的潜力和企业的发展空间。

定期评估和调整。销售增长目标不是一成不变的，需要根据市场反馈和实际情况定期评估和调整。企业应建立有效的绩效评估机制，定期对销售增长目标进行跟踪和分析，根据评估结果及时调整销售策略和行动计划，以确保目标的实现和销售增长的持续。

设定销售增长目标不仅需要准确的市场分析和数据支持，还需要企业对自身实力和资源的清晰认知，以及对市场趋势和消费者需求的深刻理解。通过深入的市场调研、数据分析和综合评估，企业可以确定具体而有挑战性的销售增长目标，并制定相应的营销策略和行动计划来实现这些目标。在设定目标的过程中，企业需要保持灵活性和适应性，随着市场的变化和发展不断调整和优化销售策略，以确保销售增长的持续和业务的成功。

（二）产品和服务优势

企业需要了解自己的产品和服务在目标市场中相比竞争对手的优势和独特之处，以确定合适的销售增长目标，并制定相应的营销策略和计划。

首先，企业应对其产品和服务进行全面的分析。这包括评估产品或服务的特点、功能、质量、创新性、设计和包装等方面。企业需要了解自己的产品或服务是否具有独特的特点和价值，能否满足目标市场消费者的需求和偏好。同时，也要评估产品或服务在市场上的知名度和认可度，能否与竞争对手形成差异化竞争。

其次，企业需要比较自己的产品或服务与竞争对手的优势和劣势。这可以通过竞争对手分析和对市场的调研来实现。企业需要了解竞争对手的产品或服务特点、定价策略、市场份额以及品牌影响力等方面的信息。通过比较，企业可以发现自身产品或服务的竞争优势，如更高的品质、更创新的设计、更好的用户体验或更具吸引力的价格等。

再次，企业应该根据其产品或服务的竞争优势来设定销售增长目标。目标的制定应基于对目标市场的需求和潜在机会的分析，以确保目标的可行性和具有挑战性。企业可以设定具体的销售增长目标，如增加销售额的百分比、增加市场份额或增加客户数量等，这些目标应该与企业的资源和能力相匹配。

最后，企业应制定相应的营销策略和计划来实现销售增长目标。这包括确定目标市场的推广渠道、制定定价策略、开展市场推广活动、建立品牌形象和加强客户关系等。企业需要根据其产品或服务的特点和目标市场的特点，选择适当的营销工具和策略，以提高产品或服务的市场知名度和认可度，吸引潜在客户并促进销售增长。

在制定营销目标时，企业还应考虑市场的变化和发展趋势。市场需求和消费者偏好可能会随时间而变化，因此企业需要持续进行市场调研和监测，以不断优化和调整营销策略。定期更新市场调研数据，并与实际销售情况进行对比和分析，以及时识别市场趋势和消费者需求的变化，并相应地调整目标和策略。

此外，企业还应关注客户反馈和评价。通过与客户的互动和沟通，了解他们对产品或服务的意见和建议，以及时改进和优化产品或服务，提高客户满意度和忠诚度。企业可以利用客户调研、满意度调查和市场反馈等方式收集客户意见，从而不断提升产品质量、服务水平和用户体验。

总之，确定文化创意产业的营销目标需要综合考虑产品和服务的优势、目标市场的潜力和竞争情况、企业的资源能力。通过对市场的调研和数据的支持，企业可以制定合理的销售增长目标，并通过制定相应的营销策略和计划来实现这些目标。持续关注市场变化和消费者需求的变化，以及与客户的互动和反馈，可以帮助企业保持竞争优势，并实现持续的销售增长。

（三）销售团队和能力

评估企业的销售团队和能力可以确保企业拥有实现销售增长目标所需的人员和资源，以提高销售绩效和市场份额。

首先，企业应评估销售团队的组成和结构。这包括确定销售人员的数量、职位和职责分工。销售团队应具备适当的规模和配置，以满足目标市场的需求。此外，确定销售团队的组织结构和层级关系，可确保团队协作高效、信息流通畅，从而实现销售目标。

其次，企业应关注销售人员的培训和专业知识。销售人员应具备良好的销售技巧、产品知识和行业背景，以更好地与客户沟通，并提供专业的解决方案。通过不断的培训和学习，销售人员可以不断提升自身的专业素养和销售能力，以更好地满足客户需求，实现销售增长目标。

再次，企业还应关注销售流程和销售支持体系的建立。销售流程是指从销售机会的识别到交付的全过程。通过明确的销售流程和规范的操作程序，可以提高销售效率和客户满意度。同时，建立有效的销售支持体系，如销售工具、市场营销资料和技术支持等，为销售人员提供必要的支持和资源，可以帮助他们更好地开展销售活动。

最后，企业还可以考虑利用技术工具和数字化销售渠道来增强销售团队的能力。例如，借助客户关系管理（CRM）系统，销售人员可以更好地管理客户信息、跟踪销售机会，并实时获取销售数据和分析报告，从而更加精准地制定销售策略和决策。另外，激励机制和绩效评估也是重要的因素，通过设定激励机制和构建绩效评估体系，可以激发销售团队的积极性和动力，提高销售绩效和目标实现率。

评估企业的销售团队和能力是确定文化创意产业营销目标不可或缺的一部分。通过建立合适的销售团队和完善的销售能力，企业可以更好地实现销售增长目标。

二、市场份额增长

企业可以设定增加市场份额的目标，可以通过与竞争对手的竞争和市场拓展来实现。增加市场份额可以提高企业的竞争力和影响力。

（一）市场拓展

市场拓展是一种增加市场份额的有效策略。这可以通过进入新的地理市场、开辟新的消费者群体或推出新的产品和服务来实现。企业可以通过市场调研和分析，了解目标市场的增长潜力和机会，并制订相应的市场拓展计划。

新市场开拓。企业可以通过进入新的地理市场来实现市场拓展。这可以在国内扩大市场覆盖范围，也可以进军国际市场。对于国内市场，企业可以选择进入新的城市或地区，通过设立新的分支机构、开设新的门店或与当地合作伙伴合作来拓展市场。对于国际市场，企业需要了解目标国家或地区的文化差异、法律法规和市场需求，制定适应性强的市场拓展策略。

新消费者群体开发。企业可以通过开辟新的消费者群体来实现市场拓展。这可以通过市场细分和目标客户分析，找到具有潜力的新消费者群体，并开发针对其需求的产品和服务。例如，对于文化创意产业，可以针对不同年龄、性别、兴趣爱好和消费习惯的消费者群体确定产品定位和营销策略，以满足不同消费者群体的需求。

新产品和服务推出。企业可以通过推出新的产品和服务来实现市场拓展。通过创新和研发，企业可以开发具有差异化和独特性的产品和服务，满足市场中尚未被满足的需求，可以是基于现有产品的改进和升级，也可以是全新的产品创新。通过不断推出新产品和服务，企业可以吸引新的消费者，并提升市场份额。

企业可以制定合适的市场份额增长目标，并将其与其他营销目标相结合，形成一个全面的营销策略框架。这可以为企业提供明确的方向和指导，帮助其实现持续的市场份额增长，并取得商业上的成功。

（二）市场营销活动

有效的市场营销活动可以帮助企业提高品牌知名度、吸引新客户并促进销售。这可以包括广告宣传、促销活动、公关活动和社交媒体营销等。通过有针对性的市场推广和有效的沟通，企业可以扩大市场影响力，吸引更多的消费者并增加市场份额。

广告宣传。广告是传达企业品牌和产品信息的重要方式。企业可以通过电视广告、广播广告、报纸杂志广告、户外广告等形式，在目标市场中提高品牌的曝光度和认知度。广告宣传应具备有创意、吸引人、独特的特点，要能够引起消费者的兴趣和共鸣。

促销活动。促销活动是推动销售增长的有效手段。企业可以通过打折、特价、优惠券、赠品等促销方式吸引消费者，促使他们购买产品或服务。促销活动可以增加购买动机、刺激消费决策，并帮助企业提高销售额。

公关活动。公关活动有助于塑造企业的形象和声誉，增强消费者对品牌的认可和信任。企业可以通过新闻稿、媒体采访、赞助活动等方式与媒体和公众进行积极的互动，树立正面的企业形象和价值观念。

社交媒体营销。随着社交媒体的普及，它已成为一种强大的市场营销工具。通过建立和维护社交媒体平台，企业可以与消费者进行直接互动，提供有价值的内容和信息，并借助社交分享来扩大品牌影响力。社交媒体还可以用于推广促销活动、展示产品创意和收集消费者反馈。

口碑营销。消费者口碑对于营销目标的实现具有重要影响。企业可以通过提供卓越的产品质量和服务体验，以及积极回应消费者的反馈和投诉，树立良好的口碑和信誉。口碑传播能够有效地吸引潜在客户，并提高现有客户的忠诚度。

事件营销。通过组织或参与相关的行业展览、艺术展览、文化活动等，企业可以展示自己的产品和创意，与目标市场的消费者进行互动和交流。这些事件营销活动提供了一个平台，让企业能与潜在客户和业内专业人士接触，并展示自己的专业知识和创意。通过参与这些活动，企业可以增强品牌认知度、建立合作关系，并吸引潜在客户的注意。

内容营销。内容营销是通过提供有价值的内容来吸引目标市场的营销策略。企业可以通过网络文章、新闻稿、白皮书、视频等形式，分享有关行业趋势、创意灵感、产品使用指南等方面的内容，以建立专业形象，赢得消费者的信任，并引导他们对企业的产品或服务产生兴趣。

合作伙伴营销。与相关行业的合作伙伴进行联合营销活动，可以帮助企业扩大市场影响力。通过与其他企业、艺术家、设计师等建立合作关系，共同推出联合品牌、合作项目或跨界合作，企业可以利用合作伙伴的资源和受众群体，实现更广泛的市场覆盖和销售增长。

客户关系管理。建立和维护良好的客户关系对于实现销售增长至关重要。企业可以通过客户数据库管理系统、定期沟通和回访、个性化的客户服务等方式，与客户建立密切的联系，了解他们的需求和反馈，并提供定制化的产品和服务。

持续创新和研发。创新是实现销售增长的重要驱动力。企业应不断推出新的产品、服务或创意，以满足不断变化的市场需求和消费者的期待。持续研发和创新活动可以使企业保持竞争优势，并吸引更多的消费者。

通过有针对性的市场推广、有效沟通和持续创新，企业可以提高品牌知名度，吸引新客户并促进销售，从而实现市场份额的增长。

（三）产品和服务创新

通过不断创新和改进产品和服务，企业可以提高市场竞争力，吸引更多的消费者并增加市场份额。这可以包括产品功能的创新、设计的优化、品质的提升以及服务体验的改进。通过满足消费者的需求和提供独特的价值，企业可以赢得消费者的青睐，从而增加市场份额。

产品功能的创新。通过增加新的功能、改进现有功能或引入新的技术，企业可以为消费者提供更具吸引力和独特的产品。产品功能的创新能够满足消费者的新需求、提升产品的实用性和性能，并增加市场份额。例如，在文化创意产业中，音乐流媒体服务提供商可以通过创新的播放功能、智能推荐算法和个性化播放列表来吸引更多的用户。

设计的优化。产品的外观和设计对消费者的购买决策起着重要作用。通过优化产品的设计，使其更具吸引力，符合消费者的审美需求和时尚趋势，企业可以吸引更多的消费者并提高市场份额。在文化创意产业中，设计师可以通过独特的艺术风格、创新的设计理念和使用可持续发展的材料来打造具有差异化优势的产品。

品质的提升。产品的品质是消费者选择和购买的重要考虑因素之一。通过提升产品的品质，包括材料的选择、制造工艺的改进和质量控制的加强，企业可以提高产品的可靠性、耐用性和用户体验，赢得消费者的信任和忠诚度。在文化创意产业中，艺术品的制作工艺、印刷品的材料质量和音乐作品的录制技术等都是品质提升的关键领域。

服务体验的改进。除了产品本身，优质的服务体验也是吸引消费者和增加市场份额的重要因素。通过提供个性化的服务、快速响应消费者的需求和建立良好的售后服务体系，企业可以提升消费者的满意度和忠诚度。在文化创意产业中，艺术展览的导览服务、音乐会的选座服务和在线购物平台的客户支持都可以通过改进服务体验来吸引消费者。

社会责任和可持续发展。越来越多的消费者对企业的社会责任和可持续发展表示出关切，因此，在文化创意产业中，关注社会责任和可持续发展也是产品和服务创新的重要方向。通过提供环保友好的产品、支持社会公益活动、关注文化保护和多元包容等方面，企业可以赢得消费者的好感和支持，进而增加市场份额。

此外，还可以通过与其他企业或机构的合作创新来实现产品和服务的创新。合作可以带来资源共享、技术整合和市场拓展等好处，进而加速创新过程，满足消费者的多元化需求，并获得更大的市场份额。

在确定产品和服务创新方向时，企业需要密切关注市场趋势、消费者需求和竞争对手的动态。通过市场调研、消费者洞察和竞争分析等手段，企业可以获得关键的市场情况，为产品和服务创新提供指导和支持。

通过持续的产品和服务创新，企业可以提高市场份额，实现销售增长。创新是文化创意产业成功的关键因素之一，企业应注重不断改进产品和服务，以满足消费者的需求和期望，建立竞争优势，并不断扩大自己在市场中的份额和地位。

三、客户保持和忠诚度提升

企业可以设定提高客户忠诚度的目标，通过提供优质的产品和服务、个性化营销和客户关系管理等策略来增强客户的忠诚度和再购买率。

（一）个性化营销

通过数据分析和市场调研，了解客户的偏好、购买行为和需求，实施个性化的营销策略。通过个性化的产品推荐、专属优惠和奖励、个性化沟通，企业可以提高客户的参与感和忠诚度。

首先，数据收集与分析。企业需要收集客户的数据，包括购买记录、偏好、兴趣等，并进行细致的数据分析。这有助于企业了解客户的消费行为和购买偏好，洞察客户的需求和喜好。

其次，客户细分。基于数据分析的结果，企业可以将客户划分为不同的细分群体。细分可以基于年龄、性别、地理位置、兴趣爱好等因素进行。通过细分，企业能够更准确地了解每个细分群体的需求和喜好，并确定个性化的营销策略。

再次，个性化产品推荐。根据客户的购买历史、喜好和行为模式，企业可以通过推荐算法和智能化技术，向客户推荐符合其个性化需求的产品。通过提供个性化的产品推荐，企业可以提高客户的购买意愿和满意度。

从次，专属优惠和奖励。企业可以根据客户的购买行为和忠诚度，提供个性化的优惠和奖励。这可以包括特定客户的折扣优惠、生日礼品、积分回馈等。通过提供个性化的奖励和优惠，企业可以增强客户的参与感和忠诚度。

最后，个性化沟通。企业可以通过个性化的沟通方式与客户进行互动。应根据客户的喜好和偏好，选择合适的沟通渠道和内容。个性化沟通可以包括个性化的电子邮件、短信、社交媒体信息等，确保向客户传递具有针对性的信息和促销活动。

通过数据分析和市场调研，企业可以更好地了解客户，并为其提供个性化的产品推荐、专属优惠和奖励、个性化沟通。这种个性化的营销策略能够增强客户的参与感、满意度和忠诚度，进而提升企业的市场竞争力和业绩。通过个性化营销，企业能够与客户之间建立更紧密的关系，满足客户的个性化需求，提供个性化的体验，并增强客户的忠诚度。这可以帮助企业保持客户和保持忠诚度的增长，并为企业带来可持续的业务增长。

（二）售后服务和支持

提供及时、有效的售后服务和支持，以解决客户的问题和需求。通过快速响应、专业的技术支持和个性化的解决方案，企业可以增加客户的满意度和忠诚度。

首先，建立完善的售后服务体系。企业应该建立一个专业的售后团队，负责处理客户的问题和需求。这个团队应该具备丰富的产品知识和解决问题的能力，能够快速、准确地响应客户的问题和需求。

其次，快速响应客户的问题和需求。客户在遇到问题或需要帮助时，希望能够及时得到响应和解决方案。企业应该建立一个高效的沟通渠道，如热线电话、在线客服等，使客户能够方便地联系到售后服务团队，并及时获得帮助。

再次，提供专业的技术支持。企业应该培训售后团队，使其具备专业的技术知识和解决问题的能力。售后团队应该能够理解客户的问题，并提供准确、可行的解决方案。在处理复杂问题时，可以考虑派遣技术专家进行现场支持，确保问题能够得到妥善解决。

从次，个性化的解决方案是提高售后服务的关键。每个客户都有独特的需求和问题，企业应该针对每个客户的情况，提供个性化的解决方案。这可以通过与客户的深入沟通和了解来实现，要确保解决方案能够完全满足客户的需求。

最后，积极收集客户的反馈和建议。企业应该建立客户反馈机制，鼓励客户提供意见、建议并进行评价。通过收集客户的反馈和建议，企业可以了解客户的满意度和需求，及时调整和改进，从而提升售后服务的质量和效果。

除了以上的措施，企业还可以考虑提供额外的增值服务，以增加客户的满意度和忠诚度。例如，提供免费的培训课程和教程，帮助客户更好地使用产品；定期提供产品更新和升级服务，以保持产品性能和功能的竞争力；建立客户社区或论坛，促进客户之间的交流和知识分享等。通过提供及时、有效的售后服务和支持，企业可以增加客户的满意度和忠诚度，进而提升客户的保持度。

（三）品牌建设和故事传递

通过塑造独特的品牌形象、传递品牌故事和核心价值观，建立起客户对品牌的认同感和情感连接。通过品牌建设，企业可以在客户心中树立品牌形象和信任，增加客户忠诚度。

首先，确定品牌的核心价值和定位。企业需要明确品牌的核心价值观和独特的定位，以区别于竞争对手。这可以通过深入了解目标客户群体、行业趋势和市场需求来实现。确定品牌的核心价值和定位，有助于塑造品牌形象，并吸引客户与品牌建立情感连接。

其次，塑造独特的品牌形象。企业应该以独特的方式表达品牌的个性和特点，从而在客户心中留下深刻的印象。这可以通过品牌标识、视觉设计、品牌语言和声音等多种元素来实现。品牌形象的一致性和识别度是客户对品牌建立认同感和忠诚度的关键。

再次，传递品牌故事。通过讲述品牌故事，企业可以与客户建立情感连接，让客户更好地理解和认同品牌的价值和使命。品牌故事应该具有吸引力、情感共鸣和可信度，以引发客户的情感共鸣和忠诚度。这可以通过品牌创始人的故事、品牌背后的理念和价值观、品牌与社会责任的关联等来实现。

从次，积极参与社交媒体和线下活动，加强品牌与客户之间的互动。通过社交媒体平台，企业可以与客户进行实时互动，回应客户的问题和反馈，分享品牌故事和内容，加强客户对品牌的认知和参与感。同时，在线下活动中，企业可以通过举办品牌活动、参加展览会和行业会议等方式，与客户面对面互动，增强品牌的可见性和亲密度。

最后，通过持续的品牌管理和监测，不断优化和改进品牌形象和传播效果。企业应该定期评估品牌形象的表现和客户对品牌的认知，并根据评估结果及时调整和改进。这可以包括监测品牌声誉和口碑、收集客户的反馈和评价，以及对竞争对手的品牌分析。

通过这些数据和信息，企业可以了解品牌在客户心中的形象和认知度，及时发现问题并采取相应措施进行品牌管理和优化。

此外，与品牌建设紧密相关的还有员工参与和品牌文化的培养。企业应该让员工成为品牌的积极倡导者和推广者，激发员工对品牌的认同感和忠诚度。通过内部培训和沟通，企业可以确保员工了解品牌的核心价值和定位，并将其体现在日常工作中。员工的积极参与和品牌文化的建设将有助于传递品牌的一致性和真实性，进一步加强客户对品牌的认同和忠诚度。

通过品牌建设和故事传递，企业可以塑造独特的品牌形象，传递品牌故事和核心价值观，增加客户的认同感和建立情感连接。这有助于提高客户的保持度和忠诚度，为企业带来长期的竞争优势和业绩增长。通过持续的品牌管理和优化、积极参与互动、培养员工参与和品牌文化，以及开展品牌合作和跨界合作，企业可以不断巩固品牌的影响力和市场地位。

（四）客户参与和反馈收集

鼓励客户参与企业的活动和决策过程，如举办客户座谈会、调研和反馈收集等。通过听取客户的声音和意见，企业可以更好地了解客户需求，并根据反馈进行改进和创新。

首先，企业可以定期举办客户座谈会或焦点小组讨论，邀请客户参与并分享他们对产品、服务和品牌的看法和建议。这样的活动可以提供一个直接的沟通平台，让客户感受到他们的声音在被重视和关注。企业可以倾听客户的反馈和需求，了解他们对产品的使用体验、对服务的满意度以及对企业的期望。通过与客户面对面的交流，企业可以与其建立更紧密的关系，增加客户参与感和忠诚度。

其次，企业可以通过调研和反馈收集来获取客户的意见和建议。这可以通过定期进行问卷调查或在线反馈表单的方式进行。通过问卷调查，企业可以系统地收集客户对产品、服务和购物体验的评价，了解他们的满意度和需求。此外，企业还可以利用社交媒体平台或在线社区与客户进行互动，收集他们的意见和建议。通过积极收集客户的反馈，企业可以及时发现问题、改进产品和服务，并满足客户的需求，提高客户的满意度和忠诚度。

再次，企业可以通过客户参与型的营销活动来促进客户的参与，提升其忠诚度。例如，企业可以举办用户体验活动、创意竞赛或社交媒体互动等，并邀请客户参与其中。这些活动可以激发客户的兴趣和参与欲望，增强他们与企业的互动和联系。通过与客户共同创造和分享的体验，企业可以与其建立更紧密的关系，并提升客户的忠诚度和参与感。

最后，企业应该及时响应客户的反馈和投诉，并采取积极的解决措施。客户希望他们的问题能够得到重视和解决，如果企业能够快速、专业地回应客户的反馈，并提供解决方案，将有助于增加客户的满意度和忠诚度。此外，企业还可以通过回馈机制，如优惠券、折扣或积分奖励等，来感谢客户的参与和反馈，进一步激励客户参与，提升其忠诚度。

通过举办座谈会、调研和收集反馈、推出客户参与型的营销活动以及积极响应客户反馈和投诉，企业可以提升客户的参与感和忠诚度。这种参与和反馈机制使客户可以感受到自己的重要性和价值，从而建立更强大的客户关系。

（五）维护客户关系

保持与客户的持续沟通和联系，如发送定期的新闻简报、电子邮件通信和节日祝福。通过保持与客户的关系，企业可以提醒客户企业的存在并保持互动，增强客户忠诚度。

首先，定期发送新闻简报和电子邮件通信。企业可以定期向客户发送新闻简报或电子邮件通信，内容可以包括行业动态、企业更新、产品推荐等。这样做可以与客户保持持续联系，让他们了解企业的最新动态，并为他们提供有价值的信息。通过定期的沟通，企业可以建立起与客户的互动和关系，增强客户的忠诚度。

其次，提供个性化的节日祝福和特别活动。在特殊的节日或纪念日，企业可以向客户发送个性化的祝福，给予特别优惠。这样的举措表达了企业对客户的关心和重视，同时也增强了客户与企业之间的情感连接。通过提供个性化的节日祝福和特别活动，企业可以巩固客户关系，增加客户的满意度和忠诚度。

再次，建立客户关系管理系统。客户关系管理系统是一个有效的工具，被用于管理和跟踪与客户的互动和交流。通过客户关系管理系统，企业可以记录客户的信息、交易历史和沟通记录等，帮助企业更好地了解客户需求并提供个性化的服务。通过建立和管理客户关系，企业可以建立起稳固的客户基础，提高客户的忠诚度。

最后，提供卓越的客户服务和支持。良好的客户服务和支持是维护客户关系的关键。企业应确保及时响应客户的问题和需求，并提供专业的技术支持和帮助。通过提供卓越的客户服务和支持，企业可以赢得客户的信任，增强客户的忠诚度和满意度。

通过定期的新闻简报和电子邮件通信、个性化的节日祝福和特别活动、客户关系管理系统的建立以及卓越的客户服务和支持，企业可以与客户保持持续联系，加强客户的参与度和忠诚度，从而提升企业的市场竞争力和业绩增长。

第七章　文化创意产业营销战略的制定

第一节　产品策略

文化创意产业的产品策略是制定和管理产品组合，以满足目标市场的需求并实现市场竞争优势。在制定产品策略时，企业需要考虑产品的设计、定位、品质和创新等方面，以确保产品能够与目标市场相匹配并具备吸引力。

一、产品设计和定位

企业应根据目标市场的需求和偏好，设计出具有特色和吸引力的产品。产品的设计要注重创意和美学，以吸引目标市场的注意力。此外，企业还需明确产品的定位，即确定产品在市场中的定位和竞争优势，以便有效地与竞争对手区分开。

（一）市场需求分析

在产品设计之前，企业需要进行市场需求分析，深入了解目标市场的消费者需求和偏好。这可以通过市场调研、消费者调查、竞争对手分析等手段来获取相关数据和信息。通过了解市场需求，企业可以更好地把握目标市场的特点和趋势，为产品设计提供指导。

首先，目标市场确定。在市场需求分析阶段，企业需要明确目标市场，即确定要针对的消费者群体或市场细分。这可以基于地理位置、年龄、性别、兴趣爱好等因素来进行划分。通过明确定义目标市场，企业可以更有针对性地进行市场调研和数据分析，从而更好地了解消费者需求。

其次，市场调研和数据收集。企业可以借助市场调研工具和方法，收集与目标市场相关的数据和信息。这可以包括定性和定量调研，如面对面访谈、问卷调查、焦点小组讨论等。通过市场调研，企业可以了解消费者的偏好、购买行为、需求和痛点，以及市场趋势和竞争情况。此外，还可以通过收集竞争对手的数据和市场趋势报告等来获取更全面的市场情报。

再次，数据分析和市场洞察。通过对收集到的数据进行分析，企业可以发现市场的特征、趋势和潜在机会。数据分析可以包括统计分析、数据挖掘、市场模型建立等方法，以揭示隐藏在数据背后的市场情况。企业可以了解目标市场的规模、增长率、消费者行为模式、关键需求等，从而为产品设计提供有针对性的策略。

最后，消费者洞察和人群画像。除了数据分析，企业还可以通过消费者洞察和人群画像来深入了解目标市场的消费者。消费者洞察可以通过观察、深入访谈、消费者行为分析等方法来进行。企业可以了解消费者的心理和行为特征，包括购买决策过程、消费动机、购买偏好等。通过人群画像，企业可以创建具体的消费者模型，了解消费者的特征和需求，从而更好地定位和设计产品。

通过明确目标市场，进行市场调研和数据收集、数据分析和市场洞察，以及深入了解消费人群画像，企业可以全面了解目标市场的需求和偏好，为产品设计提供指导和决策支持。这有助于企业开发出符合市场需求的产品，并在竞争激烈的市场中获得优势。

（二）创意和创新

在文化创意产业中，产品的创意和创新是非常重要的。企业应鼓励创意和创新，寻找独特的产品理念和设计元素。创意可以来自多个方面，如艺术、文化、历史、科技等，企业可以将这些元素与产品融合，打造出独一无二的产品。同时，不断进行创新也是关键，可通过引入新的技术、材料、工艺等，提升产品的品质和功能，满足消费者不断变化的需求。

首先，创意的激发和收集。企业可以通过不同的方式来激发和收集创意。这包括与内部团队和外部合作伙伴进行头脑风暴、创意工作坊和创意竞赛等活动，以激发团队成员的创意想法。此外，企业还可以积极与艺术家、设计师、创意人士等合作，借鉴他们的创意和灵感，为产品的创意提供更多的资源。

其次，创意的筛选和评估。在创意的收集过程中，企业需要对创意进行筛选和评估。这可以通过一系列的评估标准和指标来进行，包括与品牌形象和目标市场的契合度、创新性和可实施性等。通过筛选和评估，企业可以确定最具潜力和符合企业战略的创意，并进一步开发和实施。

再次，创意的转化和产品设计。选定了具有潜力的创意后，企业需要将其转化为产品设计。包括产品的外观、功能、材料选择等方面的设计工作。企业可以与设计师和工程师密切合作，将创意转化为实际可制造和可营销的产品。在产品设计过程中，企业应注重创意的保留和表达，同时考虑产品的实用性和市场接受度。

最后，创新的持续推动和改进。创意和创新是持续的过程，企业应鼓励团队成员保持创意的思维和创新的动力。通过不断跟踪市场趋势、技术发展和消费者需求的变化，企业可以持续推动创新，并对产品进行改进和升级。同时，与消费者的积极互动和反馈收集也是重要的，可以帮助企业了解消费者对产品的评价和期望，为下一轮的创新提供指导和依据。

企业应通过创意激发收集、筛选评估、转化设计和持续推动创新的方式，打造具有独特性和创新性的产品。这将帮助企业在竞争激烈的市场中脱颖而出，并吸引消费者的关注和认可。同时，持续的创意和创新也将为企业带来竞争优势和持续增长的机会。

（三）品牌定位和竞争优势

产品定位是指确定产品在市场中的定位和差异化优势，使其与竞争对手区分开。企业需要明确产品的目标受众、产品的核心价值和特点，并将其传达给消费者。通过建立独特的品牌形象和故事，企业可以与消费者建立情感连接，提高品牌认知度和忠诚度。

首先，确定目标受众。企业在制定产品策略时需要明确产品的目标受众群体。这包括年龄、性别、地理位置、兴趣爱好等方面的特征。通过了解目标受众的需求、喜好和购买行为，企业可以更好地定位产品，并为目标受众提供符合其需求的特色和功能。

其次，明确产品的核心价值和特点。企业需要明确产品的独特卖点和核心价值，即产品在市场中的竞争优势。这可以通过产品的功能、性能、质量、创意设计、品牌声誉等方面来实现。企业需要深入了解竞争对手的产品和市场趋势，找到其与众不同的特点，并将其作为品牌定位的基础。

再次，塑造独特的品牌形象和故事。品牌定位通过塑造独特的品牌形象和故事，向消费者传达产品的价值和特点。企业可以通过品牌标识、品牌口号、广告宣传等方式来建立品牌形象。同时，通过讲述品牌故事，传达产品的背后故事、品牌的核心理念和文化内涵，可以引发消费者的情感共鸣和认同感。

最后，提供优质的产品和服务体验。品牌定位不仅仅是树立形象和故事，更重要的是通过产品和服务的实际体验来落地。企业需要确保产品的质量和性能符合消费者的期望，并提供优质的售后服务和支持。通过提供卓越的产品和服务体验，企业可以树立良好的品牌声誉，赢得消费者的信任和忠诚度。

（四）用户体验和人性化设计

在产品设计过程中，用户体验和人性化设计是至关重要的。企业应关注消费者的使用感受和需求，将用户体验放在首位。从产品的功能、操作界面、包装设计等方面考虑用户的便利性和舒适感。同时，注重人性化设计，考虑人们的使用习惯、生理特点和心理需求，使产品更贴近用户，提升用户的满意度和忠诚度。

企业应通过市场调研、用户反馈和用户行为分析等手段，深入了解目标用户的需求和偏好。包括了解他们的喜好、使用习惯、痛点和期望。通过这些信息，企业可以定制产品功能、设计和体验，以满足用户的需求。

用户体验设计是通过优化产品的交互设计、界面设计和使用流程，提供顺畅、直观和愉悦的用户体验。企业应关注产品的易用性、可操作性、反应速度、视觉设计等方面，提高用户对产品的满意度和使用体验。

人性化设计考虑到人们的生理和心理特点，使产品更符合用户的认知和感知。例如，考虑人们的手形、体力、视力等因素，在产品的尺寸、重量、按钮布局、字体大小等方面进行合理设计。同时，也关注产品的情感触发，通过色彩、形状、材质等设计元素，引发用户的情感共鸣。

企业应建立反馈机制，积极收集用户的反馈和意见，以便不断改进、优化产品设计和用户体验。通过用户调查、用户访谈、社交媒体互动等方式，了解用户的使用感受和需求，及时做出调整。

通过深入了解用户需求，关注用户体验和人性化设计，企业可以打造具有竞争力的产品，提升用户的满意度和忠诚度。这不仅有助于推动产品的销售增长，也有助于建立良好的品牌声誉和用户口碑。

二、产品品质和可靠性

文化创意产业的产品品质至关重要，因为它直接影响消费者对产品的满意度和忠诚度。企业应确保产品的品质和可靠性，通过质量控制和生产流程管理来提高产品的一致性和可靠性。此外，企业还可以考虑获得质量认证或标准化认可，以证明产品的品质和可靠性。

首先，制定严格的质量控制标准。企业应确立一套完整的质量管理体系，包括从原材料采购到生产制造、产品检测和售后服务的各个环节。制定详细的产品规格和标准，明确质量要求，确保产品符合相关标准和法规。

其次，加强供应链管理。企业需要与供应商建立稳定的合作关系，确保供应链的稳定和可靠性。从原材料的选择到供应商的审核，都要注重质量的可控性和可追溯性。定期进行供应商评估和质量审查，确保采购的原材料符合产品品质要求。

再次，建立严格的生产流程管理。企业应制定详细的生产流程和操作规范，确保每一道工序都符合质量标准。引入先进的生产设备和技术，提高生产效率和产品一致性。同时，进行定期的质量检查和抽样测试，确保产品的质量稳定性和可靠性。

最后，注重售后服务和反馈收集。企业应提供及时、有效的售后服务，包括产品的保修、维修和客户支持等。建立完善的客户反馈机制，及时收集和处理客户的意见和投诉，通过改进产品和服务，提高用户的满意度和忠诚度。

通过严格的质量控制、供应链管理和生产流程管理，企业可以确保产品的一致性和可靠性。同时，注重售后服务和反馈收集，不断改进产品和满足用户需求，提高用户的满意度和忠诚度。这将有助于企业树立良好的品牌形象和声誉，赢得市场竞争优势。

三、产品创新和不断改进

文化创意产业需要不断创新和改进产品，以适应快速变化的市场需求和消费者趋势。企业应投入资源用于研发和创新，推出新颖的产品和服务。同时，通过收集消费者反馈和市场调研，企业可以了解消费者的需求，并对产品进行改进和优化。

首先，进行市场调研和消费者洞察。企业应定期进行市场调研，了解目标市场的趋势、竞争状况和消费者需求。通过深入洞察消费者的喜好、购买行为和期望，企业可以获取有价值的信息，为产品创新提供指导。

其次，建立创新研发团队。企业可以组建专业的创新研发团队，拥有多学科的人才，包括设计师、工程师、市场分析师等。团队成员应具备创新思维和敏锐的市场洞察力，通过合作和协同创新，推动产品的不断改进和创新。

再次，鼓励创新文化和思维。企业应建立创新文化，鼓励员工提出新的创意和想法，并提供支持和资源来实现这些创意。创新思维应贯穿于企业的各个层面，从领导到员工，每个人都应被激励去尝试新的思路和方法。

最后，持续改进和优化产品。通过收集消费者的反馈和意见，企业可以了解产品的优点和不足之处，并进行相应的改进和优化。这可以包括产品功能的升级、设计的改进、用户体验的优化等。不断改进产品，使其与市场需求和消费者期望保持一致。

通过市场调研和消费者洞察，建立创新研发团队、鼓励创新文化和思维，以及持续改进和优化产品，企业可以不断推出新颖的产品和服务，满足消费者的需求，保持竞争力，并在市场中取得成功。

第二节　价格策略

文化创意产业中的价格策略是确定和调整产品定价的重要部分，它直接影响企业的盈利能力、市场竞争力和消费者购买决策。

一、成本和利润目标

企业需要评估产品的生产成本、运营费用和预期利润目标。价格应能够覆盖成本，并确保企业获得可持续的盈利。

（一）成本评估

在制定价格策略时，企业需要对产品的生产成本进行全面评估。这包括直接成本（如原材料、生产人力和设备成本）和间接成本（如运输、仓储和管理成本）。通过细致的成本分析，企业可以确定每个产品的实际成本，并将其作为定价的基础。

首先，直接成本评估。企业需要对产品的直接成本进行评估，这包括原材料成本、生产人力成本和设备成本等。原材料成本是指所使用的材料的购买成本，生产人力成本是指生产过程中所需的人工费用，设备成本是指用于生产过程的设备和机器的成本。通过仔细分析每个成本项的费用，计算出每个产品的直接成本，企业可以了解到生产一个产品所需的实际成本。

其次，间接成本评估。除了直接成本，企业还需要考虑产品的间接成本。间接成本是不直接与产品生产相关的费用，但它们仍然是企业经营中不可忽视的一部分。这包括运输费用、仓储费用、管理费用和销售费用等。通过对这些间接成本的评估和计算，企业可以确定每个产品的总成本。

再次，成本分配和分摊。在评估成本时，企业需要将成本适当地分配和分摊到每个产品上。这可以通过成本分析和会计方法来实现。成本分配是将各项成本合理地分配给各个产品，根据它们对成本的贡献程度。成本分摊是将一些共同费用（如运营费用、设备折旧费用）按比例分摊到每个产品上，以确保每个产品都承担相应的间接成本。

最后，竞争环境和定价决策。在进行成本评估后，企业需要考虑市场竞争环境和定价决策。成本评估的结果应与目标市场的需求及竞争对手的定价策略进行比较。如果产品的成本较高，企业可能需要进行成本削减或寻找其他方式来提高产品的附加值，以使定价更具竞争力。

通过对直接成本和间接成本的细致评估，企业可以确定每个产品的实际成本，并在考虑竞争环境和定价决策的基础上制定合理的价格策略。这有助于企业在文化创意产业中实现利润最大化和市场竞争力的提升。

（二）利润目标设定

企业应该明确自己的利润目标，即期望在销售产品中获得的利润水平。利润目标的设定应综合考虑企业的战略目标、市场竞争状况和预期市场份额。企业可以通过确定所需的利润率或利润金额来设定具体的利润目标。

首先，战略目标考虑。在设定利润目标之前，企业应明确其战略目标。这包括企业的长期发展目标、市场定位和竞争优势。利润目标应与企业的战略目标保持一致，以确保企业在实现长期可持续发展的同时可以盈利。

其次，市场竞争状况分析。企业应对所处市场的竞争状况进行分析。这包括竞争对手的定价策略、市场份额和市场需求。了解竞争对手的定价水平和市场定位，可以帮助企业在制定利润目标时考虑市场的价格敏感性和竞争压力。

再次，预期市场份额。企业还应考虑自身在目标市场中的预期市场份额。如果企业希望迅速扩大市场份额，可能需要在定价上采取更具竞争力的策略，以吸引更多的消费者。相反，如果企业追求高利润率，可能需要采取高端定位策略，以追求有限但高利润的市场份额。

最后，利润率或利润金额设定。一旦企业明确了战略目标、市场竞争状况和预期市场份额，就可以设定具体的利润目标。这可以通过确定所需的利润率或利润金额来实现。利润率是指销售额中的利润占比，而利润金额是指企业希望在销售中获得的利润金额。企业可以根据自身情况和市场条件来设定合理的利润目标，确保企业获得可持续的盈利。

企业应综合考虑战略目标、市场竞争状况和预期市场份额，并设定合理的利润目标。这将有助于企业在文化创意产业中实现盈利最大化，并确保长期的市场竞争力和可持续发展。

二、定价策略

企业可以采用不同的定价策略，如市场导向定价、成本导向定价、竞争导向定价等。选择合适的定价策略取决于市场环境、产品特性和企业目标。

（一）市场导向定价策略

在市场导向定价策略中，企业会根据市场需求和消费者愿意支付的价格来制定定价策略。这意味着企业会对市场进行调研和分析，了解消费者对产品的价格敏感性和竞争对手的定价水平，然后根据市场反馈，制定相应的定价策略。这种定价策略的重点是满足市场需求并提供有竞争力的价格。

首先，市场调研和分析。市场导向定价策略的第一步是进行市场调研和分析。企业需要深入了解目标市场的消费者需求、偏好和购买行为，以及竞争对手的定价策略和市场表现。通过市场调研和数据分析，企业可以获取关键的市场信息，为制定定价策略提供依据。

其次，消费者价格敏感性分析。企业需要评估消费者对产品价格的敏感性。这可以通过消费者调查、焦点小组讨论和市场数据分析等方法来实施。了解消费者的价格敏感度，可以帮助企业确定产品的价格弹性范围和市场定位，以便更好地满足消费者需求。

再次，竞争对手定价策略分析。企业需要研究竞争对手的定价策略和市场表现。了解竞争对手的定价水平可以帮助企业确定自身产品的定价范围和竞争优势。企业可以分析竞争对手的定价策略、产品特点和品牌形象，以找到与其区别开的定价策略。

最后，定价策略制定和调整。根据市场调研和竞争对手分析的结果，企业可以制定定价策略并将其应用于产品定价。这可能涉及确定产品的基准价格、定价弹性和定价区间。企业还应根据市场反馈和变化情况及时调整定价策略，以适应市场需求和竞争环境的变化。

市场导向定价策略要求企业深入了解市场需求、消费者价格敏感性和竞争对手定价策略，并将这些信息用于制定具有竞争力的定价策略。这种策略注重满足市场需求、保持竞争力和实现盈利最大化。通过不断监测市场和消费者的变化，企业可以及时调整定价策略，以保持竞争优势和市场份额的增长。

（二）成本导向定价策略

在成本导向定价策略中，企业会基于产品的生产成本和运营费用来制定价格。企业会将成本作为定价的主要依据，并确保产品价格能够覆盖成本，为企业获得可持续的盈利。这种定价策略注重成本控制和利润最大化，适用于成本结构相对稳定且市场竞争较为有限的情况。

首先，成本分析和控制。成本导向定价策略的首要任务是进行成本分析和控制。企业需要全面评估产品的生产成本，包括直接成本（如原材料、人工和设备费用）和间接成本（如运输、仓储和管理费用）。通过详细的成本分析，企业可以了解产品的实际生产成本，并为定价决策提供依据。

其次，目标利润率确定。在成本导向定价策略中，企业需要确定目标利润率。这涉及企业的盈利目标、市场竞争状况和预期市场份额。企业可以根据这些因素来确定所需的利润率，并将其作为定价的基础。

再次，定价计算和定价模型选择。基于成本和目标利润率，企业可以进行定价计算，并选择适当的定价模型。常见的定价模型包括成本加成定价、目标利润定价和边际成本定价等。选择适当的定价模型取决于企业的具体情况和定价目标。

最后，市场测试和调整。一旦确定了基于成本的定价策略，企业可以进行市场测试来评估市场对产品价格的接受程度。根据市场反馈，企业可以调整定价策略，以确保产品价格在市场中具有竞争力，并能够满足消费者需求。

企业根据产品的实际生产成本和目标利润率制定价格，并选择适当的定价模型。这种定价策略适用于成本相对稳定且市场竞争较为有限的情况。然而，企业在制定定价策略时还应综合考虑市场需求、消费者愿意支付的价格和竞争对手的定价策略，以确保产品的市场竞争力和盈利能力。同时，定价策略也需要定期评估和调整，以适应市场变化和需求变化。

（三）竞争导向定价策略

在竞争导向定价策略中，企业会根据竞争对手的定价水平来制定自己的价格策略。企业会观察竞争对手的定价策略和市场表现，并根据市场竞争环境来确定自己的定价。这种定价策略的目的是在竞争中保持市场地位和市场份额，通常用于竞争激烈且价格敏感的市场。

首先，相对竞争对手定价。基于竞争对手分析的结果，企业可以决定是否选择定价高于、低于或与竞争对手相同的定价策略。如果企业的产品有明显的差异化优势，可以考虑定价高于竞争对手以体现产品价值。如果企业希望在市场中占据更大的份额，可以考虑定价低于竞争对手来吸引更多的消费者。如果产品与竞争对手的产品相似，可以选择与竞争对手相同的定价策略。

其次，灵活调整定价。竞争导向定价策略需要企业保持灵活性，根据市场竞争状况随时调整定价。企业应密切关注竞争对手的定价变动，并根据市场反馈和消费者需求做出相应的调整。可以包括调整产品价格、提供特别优惠和折扣、推出套餐和捆绑销售等策略。

最后，价值和定价平衡。在竞争导向定价策略中，企业需要在价格和产品价值之间取得平衡。虽然竞争对手的定价是一个重要参考因素，但企业也必须确保产品的价值与定价相符。消费者会根据产品的特点、品质和功能来评估产品的价值，而不仅仅是价格。因此，企业应注重提供高品质的产品和增值服务，以确保产品的竞争力和满足消费者的需求。

在制定定价策略时，企业需要进行市场需求分析，了解消费者行为和竞争对手的定价水平。差异化定价和与品牌价值的关联是成功执行市场导向定价策略的关键。企业应根据市场情况和品牌定位灵活调整定价，并通过提供优质的产品和服务来支撑相应的定价水平。

三、定价灵活性

根据市场需求和竞争状况，企业应保持定价策略的灵活性。及时调整价格以适应市场变化，可以使企业更具竞争力并满足消费者的需求。

首先，定价灵活性是指企业能够根据市场需求和竞争状况及时调整产品的定价。这种灵活性使企业能够更好地适应市场变化，满足消费者的需求，并在市场竞争中保持竞争优势。

其次，灵活的定价策略可以帮助企业应对市场的价格竞争压力。当竞争对手降低价格或推出促销活动时，企业可以灵活地调整自己的定价策略，以保持市场份额和销售增长。通过灵活的定价策略，企业可以更好地应对市场波动和竞争压力，保持盈利能力。

再次，定价灵活性还可以满足不同消费者群体的需求。消费者在购买决策中会考虑产品的价格与价值之间的平衡。通过灵活的定价策略，企业可以根据不同消费者群体的购买能力和需求特点，设定不同的价格。例如，面向对价格敏感的消费者，企业可以提供经济实惠的产品定价；而对于愿意为高品质和独特体验买单的消费者，企业可以设定较高的价格。

最后，灵活的定价策略可以通过定价实验和市场反馈来进行优化。企业可以尝试不同的定价策略，并通过监测销售数据和消费者反馈来评估定价策略的效果。根据实验结果和市场反馈，企业可以调整定价策略，进一步优化产品的定价，并提高销售和利润。

通过保持定价策略的灵活性，企业能够更好地应对市场变化和竞争状况，满足消费者需求，并实现销售增长和盈利能力的提升。灵活的定价策略可以通过灵活调整价格、满足不同消费者需求和持续优化来实现。

第三节　促销策略

促销策略在文化创意产业中是非常重要的，它可以帮助企业吸引消费者、增加销售量，并提升品牌知名度。促销策略包括各种促销活动和营销手段，旨在刺激消费者的购买兴趣和行为。

一、价格促销

价格促销包括打折、特价、优惠券等，以降低产品价格或提供额外的价值给消费者。这可以吸引对价格敏感的消费者，促使他们做出购买决策。企业可以根据季节性活动、产品上市或清货等情况，选择合适的时机和方式进行价格促销。

首先，企业可以利用打折促销来吸引消费者。打折是指在产品原价基础上进行一定比例的降价销售。这种促销方式可以吸引价格敏感的消费者，让他们觉得购买产品是划算的。企业可以选择在特定时期或特定产品上进行打折促销，如季节性销售、节假日促销等。

其次，特价促销是另一种常见的价格促销策略。企业可以针对某些产品或在特定时间段提供特价销售，以吸引消费者的购买兴趣。特价促销可以在产品上市初期或库存过剩时进行，帮助企业快速销售产品并释放库存。

此外，优惠券也是一种常见的价格促销方式。企业可以向消费者提供优惠券，让消费者在购买产品时享受额外的折扣或优惠。优惠券可以通过线上渠道、线下渠道或合作伙伴分发，激发消费者的购买欲望。

另外，企业还可以通过套餐销售、买赠活动等形式的价格促销来吸引消费者。套餐销售是将多个相关产品组合在一起销售，通常以较低的总价吸引消费者。买赠活动则是在购买特定产品时，赠送其他产品或服务，增加产品的价值感。

除了直接降价或提供优惠，企业还可以通过限时抢购、限量销售等策略来制造价格促销的紧迫感和稀缺感。这种促销方式能够激发消费者的购买冲动，促使他们尽快行动。

最后，企业还可以考虑与其他企业进行价格促销的合作。通过与相关行业的合作伙伴联合促销，可以提供更具吸引力的价格优惠，扩大促销的影响力，并吸引更多的消费者。

企业可以通过打折、特价、优惠券、套餐销售等方式，吸引价格敏感的消费者，增加销售量，并提升品牌知名度。在制定价格促销策略时，企业应考虑目标市场、竞争环境和产品特性，选择合适的时机和方式进行促销活动。

二、赠品和奖励促销

赠品促销是指赠送额外的产品或服务作为购买某一产品的奖励。奖励促销可以是积分回馈、折扣券、礼品卡等，鼓励消费者进行重复购买或推荐给朋友。这些促销手段可以激发消费者的兴趣，并增加购买的动力。

首先，赠品促销是一种常见的促销策略，通过赠送额外的产品或服务来激励消费者购买。企业可以将赠品与主打产品进行捆绑销售，以增加产品的吸引力和附加值。赠品可以是相关的产品、样品、礼品或限量版商品等。赠品促销可以吸引消费者的眼球、激发购买动力，并帮助企业提高销售量。

其次，奖励促销是鼓励消费者进行重复购买或推荐的一种促销策略。通过给予消费者积分、折扣券、礼品卡等奖励，企业可以激励消费者保持忠诚度和增加消费频次。积分回馈是一种常见的奖励促销方式，消费者通过购买产品累积积分，可以在未来的购买中享受折扣或兑换礼品。折扣券和礼品卡则可以作为购买奖励或礼品赠送给消费者，增加其购买的满意度和回购意愿。

再次，企业还可以通过推出限时特别优惠的赠品促销活动来创造紧迫感和购买冲动。例如，在特定的节日或促销季节，企业可以提供限量的特别赠品或限定版商品，以吸引消费者参与并加速做出购买决策。这种促销策略可以在短时间内刺激销售，提高品牌知名度和销售额。

最后，推荐奖励是一种奖励促销的形式，通过鼓励消费者向他人推荐产品或服务来获得奖励。企业可以提供推荐奖金、折扣券、礼品或积分等奖励，以激励消费者将产品推荐给他们的朋友、家人或同事。这种促销策略可以扩大产品的口碑与影响力，并吸引更多新客户的加入。

通过赠送额外的产品或服务，或给予消费者积分、折扣券、礼品卡等奖励，企业可以激发消费者的兴趣和购买动力。在制定赠品和奖励促销策略时，企业应考虑目标市场、竞争状况和预期效果，以确保促销活动的有效性和回报率。同时，企业应注意促销活动的时机和方式，使其与产品特点和目标市场相匹配。此外，有效的促销策略需要与其他营销活动相互配合，以达到整体营销目标。

三、促销活动

例如，举办产品展示会、艺术展览、文化节庆活动等，吸引消费者参与并体验产品。这样的促销活动可以增强消费者对品牌的认知和情感连接，建立品牌形象和品牌价值。

首先，举办产品展示会是一种常见的促销活动，特别适用于文化创意产业。企业可以将自己的产品集中展示，并邀请潜在客户、业界专业人士和媒体参与。展示会为消费者提供了直接接触产品的机会，让他们可以亲自体验、感受和了解产品的独特之处。企业可以通过展示产品的创意设计、工艺技巧和使用场景，展现产品的价值和吸引力，进而促使消费者做出购买决策。

其次，艺术展览也是一种有效的促销活动形式。文化创意产业通常与艺术紧密相关，举办艺术展览可以展示企业的创意和艺术品质。企业可以与艺术家合作，展示他们的作品，并与产品有机结合。艺术展览吸引了广大的艺术爱好者和文化消费者，使他们能够深入了解企业的品牌和产品，产生情感共鸣，促使他们与企业建立联系和购买关系。

再次，举办文化节庆活动是一种能够吸引大众关注和参与的促销策略。企业可以利用重要的文化节庆活动，如春节、中秋节、端午节等，开展特别活动和推广。企业可以通过与节庆相关的主题和元素，组织具有节日氛围和吸引力的促销活动。例如，推出节日限定版产品、举办主题活动和赛事、发放节日礼品等。这样的促销活动能够激发消费者的兴趣，并在特殊的时期增加购买的冲动和欲望。

最后，企业还可以通过线上渠道开展促销活动，如电子商务平台、社交媒体和电子邮件营销等。在线促销活动可以迅速覆盖大量的消费者群体，提供便利的购买渠道，并通过个性化的推荐和优惠活动来吸引消费者的注意力。企业可以利用社交媒体平台进行互动和分享，通过抽奖、优惠码和限时优惠等方式刺激消费者的购买欲望。

通过举办产品展示会、艺术展览、文化节庆活动和在线促销等方式，企业可以吸引消费者的关注和参与，增强品牌认知度和情感连接，进而推动销售和品牌发展。在制定促销活动时，企业应根据目标、活动形式、品牌一致性和推广方式等方面进行全面考虑，以确保活动的成功实施。

四、数字营销和社交媒体促销

企业利用互联网和社交媒体平台，可以传播产品信息、推广促销活动，并与消费者进行互动和沟通。这种促销方式具有广泛的传播范围和互动性，可以快速吸引消费者的关注和参与。

首先，建立线上存在和品牌形象。企业应该建立一个专业的、吸引人的网站，展示其产品和服务，同时突出其品牌形象和独特价值。网站设计应符合文化创意产业的风格和定位，以吸引目标受众的注意。此外，企业还可以通过社交媒体平台创建和管理品牌的社交账号，与消费者进行互动和沟通，传递产品信息和促销活动。

其次，制定数字营销策略。数字营销涵盖了广告、搜索引擎优化、内容营销、电子邮件营销等多个领域。企业可以根据目标市场和受众特点，选择合适的数字营销工具和渠道。例如，通过广告平台投放在线广告，通过搜索引擎优化提升品牌的搜索排名，通过内容营销提供有价值的内容吸引消费者关注，通过电子邮件营销发送定制化的促销信息等。

再次，发挥社交媒体的作用。社交媒体平台已成为消费者获取信息和与品牌互动的重要渠道。企业可以在这些平台上建立品牌形象、发布产品信息、展示创意内容，与消费者进行实时互动和反馈。企业可以通过社交媒体，扩大品牌的影响力，提高产品的曝光度，并吸引更多的潜在客户。

最后，数据分析和优化。在数字营销和社交媒体促销过程中，企业应利用数据分析工具和指标来监测和评估活动的效果。通过分析数据，企业可以了解消费者的行为和偏好、优化促销策略和内容、提升互动和参与度。

通过建立线上存在和品牌形象、制定数字营销策略、发挥社交媒体的作用，以及进行数据分析和优化，企业可以实现产品信息的传播、促销活动的推广，并与消费者进行互动和沟通。这种促销方式具有广泛的传播范围、互动性和实时性，可以快速吸引消费者的关注和参与，推动销售增长和品牌发展。

第四节　渠道策略

渠道策略在文化创意产业中是关键的一环，它涉及如何将产品和服务有效地传递给目标消费者。通过制定合理的渠道策略，企业可以实现产品的广泛分发、提高市场渗透率、增加产品销售额。

一、确定渠道类型

文化创意产业可以选择多种渠道类型，包括直销、批发、零售、电子商务等。企业需要评估不同渠道的优势和劣势，选择适合自身产品和目标市场的渠道类型。

首先，直销是一种通过销售代表直接与消费者进行交流和销售的渠道类型。它可以提供个性化的销售体验和直接的客户互动，使消费者能够更好地了解产品和品牌。直销还可以建立紧密的客户关系，提供良好的售后服务。对于文化创意产业，直销渠道可以通过艺术展览、工作坊和演讲会等活动来推广和销售产品，吸引对艺术和文化感兴趣的消费者。

其次，批发是将产品大量销售给零售商或其他中间商的渠道类型。批发渠道可以帮助企业快速扩大市场覆盖率，通过与零售商建立合作关系，将产品引入更多的销售点。对于文化创意产业，批发渠道可以与艺术画廊、文化商店和设计店等合作，将产品展示和销售到更广泛的消费者群体中。

再次，零售是将产品直接销售给最终消费者的渠道类型。零售渠道可以包括实体店铺、购物中心、百货商店和专卖店等。通过零售渠道，企业可以提供便捷的购物环境和即时的消费体验，吸引消费者进行购买。对于文化创意产业，开设自己的零售店铺或与零售商合作，可以展示和销售产品，同时提供艺术品鉴赏和文化体验。

最后，电子商务成为文化创意产业不可忽视的渠道类型。通过互联网和在线平台，企业可以实现全球范围内的销售和推广。电子商务渠道具有 24 小时全天候开放、无地域限制和便捷的购物体验等优势，可以帮助企业覆盖更广阔的消费者群体。企业通过建立自己的电子商务网站或利用第三方电商平台，可以展示和销售产品，并通过在线推广和数字营销活动吸引消费者。

在确定渠道类型时，企业需要综合考虑以下因素：目标市场的特点和消费者行为、产品的性质和定位、企业的资源和能力以及竞争环境。通过综合评估不同渠道的优势和劣势，企业可以选择最适合自身发展的渠道类型，并将其纳入营销战略中，以最大优化市场覆盖和销售效果。

除了上述提到的直销、批发、零售和电子商务渠道外，文化创意产业还可以考虑其他渠道类型，如合作伙伴关系和分销渠道。与其他相关企业或机构建立合作伙伴关系，共同推广和销售产品，可以共享资源和客户基础，扩大市场影响力。此外，通过建立分销渠道，将产品提供给经销商或代理商，让他们在特定地区或领域销售产品，可以帮助企业快速进入新市场，并获得更广泛的销售渠道。

在确定渠道类型时，企业还需要考虑渠道管理和控制的问题。包括建立有效的分销网络，与渠道合作伙伴进行良好的沟通和合作，确保产品的适时供应和售后服务的有效提供。同时，监测和评估渠道绩效，进行销售数据分析和市场反馈收集，及时调整渠道策略和优化渠道运作，以提高市场占有率和销售业绩。

选择适合的渠道类型，并实施有效的渠道管理和控制，可以帮助企业扩大市场覆盖、提升销售效果，并与消费者建立良好的关系。

二、建立合作伙伴关系

与各类渠道合作伙伴建立稳定的关系，可以帮助企业扩大市场覆盖，提高产品的可见性。例如，与零售商、分销商、经销商等建立合作关系，共同推广和销售产品。

首先，建立合作伙伴关系的首要步骤是识别潜在的合作伙伴。企业应该寻找与其产品和目标市场相匹配的合作伙伴，这可以通过市场调研、行业分析和参与相关行业展会等方式来实现。潜在的合作伙伴可以是具有良好声誉、强大销售网络和广泛客户基础的零售商、分销商、经销商，也可以是其他相关行业的合作伙伴，如文化机构、艺术团体等。

其次，建立合作伙伴关系需要进行充分的沟通和洽谈。企业应与潜在合作伙伴进行会议、洽谈和合同讨论，明确双方的期望和责任，确定合作的具体细节和条款。这包括销售政策、定价、销售区域、市场推广支持等方面的内容。双方应确保合作关系，互利共赢，达到共同目标。

再次，建立合作伙伴关系后，企业应与合作伙伴保持密切的合作和沟通。定期召开会议、培训和产品介绍，分享市场信息和销售数据，协调市场推广和促销活动，以确保合作伙伴充分了解产品特点和优势，并能有效推广和销售产品。双方还可以共同开展市场营销活动、参加行业展会等，提升产品的可见度和市场影响力。

最后，建立合作伙伴关系后，企业需要定期评估和监测合作伙伴的绩效和合作效果。通过分析销售数据、市场反馈和合作伙伴的反馈意见，及时调整合作策略，优化合作伙伴的选择和管理。双方应保持良好的合作关系，共同解决问题并寻求持续改进，以成功实现长期合作。

建立合作伙伴关系是文化创意产业扩大市场覆盖和提高产品可见性的重要策略之一。通过寻找合适的合作伙伴、进行充分的沟通和洽谈、密切合作和监测合作绩效，企业可以与合作伙伴共同推广和销售产品，实现双方的共同利益和长期合作成功。

三、优化渠道布局

根据目标市场的特点和消费者的购买习惯，确定合理的渠道布局。这可能涉及开设实体店铺、在线商店、专卖店、展示中心等，以确保产品在不同地区和渠道中的可获得性和可接触性。

首先，进行市场调研和分析，了解目标市场的特点和消费者的购买习惯。企业可以通过市场调研、消费者调查和数据分析等方式收集信息，了解消费者在不同地区的购买行为和偏好，以及不同渠道的市场份额和竞争情况。这些信息将帮助企业确定渠道布局方向。

其次，根据市场调研和消费者分析的结果，确定合适的渠道类型和数量。企业可以考虑开设实体店铺、在线商店、专卖店、展示中心等不同类型的渠道，以满足消费者的购买需求。在确定渠道类型时，需要考虑目标市场的特点、消费者的购买习惯、竞争对手的渠道布局等因素。

再次，进行渠道位置的选择和布局。对于实体店铺来说，企业需要选择适当的位置，以便消费者能够方便地接触和购买产品。对于在线商店和展示中心等虚拟渠道，企业需要考虑用户体验和界面设计，使消费者能够方便地浏览和购买产品。

最后，进行渠道管理和优化。企业应建立健全的渠道管理体系，包括渠道合作协议、库存管理、物流配送、售后服务等方面。同时，定期评估渠道的绩效，通过销售数据分析市场反馈，了解渠道的效果和问题，并进行必要的调整和优化，以确保渠道布局的有效性和效益。

优化渠道布局是文化创意产业实施营销战略的重要环节。通过进行市场调研、确定适合的渠道类型和数量，选择合适的渠道位置和布局，并进行渠道管理和优化，企业可以确保产品在不同地区和渠道中的可获得性和可接触性，提高销售效果和市场占有率。

四、整合线上和线下渠道

随着数字化的发展，线上渠道变得越来越重要。企业可以结合线上和线下渠道，通过电子商务平台、社交媒体、移动应用等，与消费者建立互动和购买关系。这样的整合可以提高消费者的购物体验和便利性。

（一）确立一个一体化的营销战略

企业需要明确线上和线下渠道的定位和角色，确定如何协调它们的运作，以实现整体营销目标。这意味着线上渠道和线下渠道应该相互支持和补充，形成无缝的购物体验。

首先，确定线上和线下渠道的定位和角色。企业需要明确线上渠道和线下渠道各自的功能和特点，以及在整体营销中的作用。线上渠道可以用于产品展示、在线销售和互动，而线下渠道可以提供实体体验、咨询和售后服务。确立明确的定位，有助于企业在渠道整合中发挥自己的优势。

其次，协调线上和线下渠道的运作。企业需要建立良好的内部协作机制，确保线上渠道和线下渠道之间的信息流畅、订单管理和库存管理的协调一致。例如，线上渠道和线下渠道的库存信息应实时同步，以避免库存断货或过剩的情况。此外，企业还可以采用线上下单、线下取货，或线上预约、线下体验等方式，将线上和线下渠道有机地结合起来，提供更灵活和便捷的购物体验。

再次，整合线上和线下渠道的销售和推广活动。企业可以通过线上渠道推广线下活动，如线上宣传线下促销活动、在线上购买优惠券或礼品卡等方式，吸引消费者到线下实体店铺进行购物。反之，也可以通过线下渠道引导消费者到线上渠道进行购物，如线下推广线上优惠活动、提供线下购买后的在线服务等。通过整合线上和线下渠道的销售和推广活动，可以扩大产品的曝光度和销售机会。

最后，建立统一的客户管理系统和售后服务体系。无论是线上渠道还是线下渠道，企业需要建立一个统一的客户管理系统，以便对客户进行综合管理。这样可以实现客户信息的共享和一致性，为客户提供统一的购物体验和个性化的售后服务。例如，客户在线上购买后，可以到线下实体店铺进行退换货，或者在线上渠道咨询后，可以到线下渠道进行实际体验和购买。统一的客户管理系统和售后服务体系有助于提高客户满意度和忠诚度。

整合线上和线下渠道需要确立一个一体化的营销战略。通过明确渠道定位和角色、协调运作、整合销售和推广活动，以及建立统一的客户管理系统和售后服务体系，文化创意产业可以实现线上和线下渠道无缝衔接，提供一致且优质的购物体验，从而增强消费者对品牌的认知和忠诚度。

（二）建立电子商务平台和在线销售渠道

企业可以建立自己的电子商务网站或在线商店，通过互联网销售产品。这样的在线渠道可以为消费者提供方便的购物方式，提供产品信息、价格比较、在线支付和配送服务等。

1. 建立电子商务平台或在线销售渠道

设计用户友好的电子商务平台。企业应投入资源设计一个用户友好、易于导航和购物的电子商务平台。界面设计应简洁明了，产品信息应清晰明确，购物流程应简化，以提供愉快且无缝衔接的购物体验。

提供详细的产品信息和多媒体展示。在电子商务平台上，企业应提供详细的产品信息，包括产品特点、规格、图片、视频等。这样可以帮助消费者更好地了解产品，增加他们的购买决策信心。

价格透明和竞争力。企业在电子商务平台上应提供明确的价格信息，并确保其竞争力。消费者在网上购物时常常比较价格，因此，企业需要确保产品的定价具有竞争力，同时提供透明的价格政策，避免引起消费者的不满和疑虑。

提供安全的在线支付和配送服务。企业应建立安全可靠的在线支付系统，以确保消费者的支付信息和个人数据的保密性和安全性。此外，建立高效的配送服务，提供快速、准确的产品交付，可以提高消费者的满意度和购买体验。

互动和客户支持。通过电子商务平台，企业可以与消费者进行实时互动，例如，在线聊天支持、问题解答和客户评价。这样可以提供及时的客户支持，解决消费者的疑问和问题，增强消费者对企业的信任和满意度。

2. 扩大产品的可见性和销售范围

除了建立电子商务平台，企业还可以利用在线销售渠道扩大产品的可见性和销售范围。以下是进一步扩展的几个方面。

利用第三方电商平台。除了自己建立电子商务平台，企业还可以利用第三方电商平台，如淘宝、京东、天猫等，将产品展示和销售到更广泛的受众。这些平台具有巨大的用户基础和流量，可以帮助企业快速扩大市场份额。

社交媒体营销。通过社交媒体平台，企业可以建立品牌形象和推广产品。通过发布吸引人的内容、与用户互动和开展促销活动，可以吸引更多用户关注和参与，进而增加在线销售渠道的销售量。

合作伙伴和分销网络。企业可以与其他相关企业建立合作伙伴关系，共同推广和销售产品。例如，与知名电商或线下零售商合作，将产品放置在其销售渠道中，扩大产品的可见性和销售范围。

积极运用搜索引擎优化（SEO）。通过优化电子商务网站的内容和结构，使其在搜索引擎中获得更好的排名。这样可以增加网站的曝光度和流量，吸引更多的潜在客户访问和购买产品。

数据分析和市场调研。企业可以利用在线销售渠道获得大量的销售数据和消费者行为信息。通过分析这些数据，了解消费者需求和购买偏好，进一步优化产品和营销策略。

3. 有效的协调和管理

一致的品牌形象和用户体验。无论是线上还是线下渠道，企业应保持一致的品牌形象和用户体验。从产品信息、设计风格到客户服务，都应保持一致性，以营造品牌的专业性和信任感。

渠道冲突管理。当线上和线下渠道同时存在时，可能会发生渠道冲突。企业需要制定明确的渠道政策和合理的利润分配机制，以避免不必要的竞争和冲突。

整合销售数据和信息。企业应整合线上和线下销售渠道的销售数据和消费者信息，以更全面洞察和了解消费者行为。这有助于制定更精准的营销策略和决策。

运营和物流协调。对于同时运营线上和线下渠道的企业，需要有效协调运营和物流，确保及时的产品供应和交付。

整合线上和线下渠道是文化创意产业营销战略中的重要环节。通过建立电子商务平台和在线销售渠道，并与传统渠道进行合作，企业可以扩大市场覆盖范围、提升产品的可见性，并提供更好的购物体验和服务。

（三）利用社交媒体和移动应用

企业可以通过社交媒体平台（如微博、微信等）和移动应用软件与消费者建立联系，宣传产品信息、推广促销活动，甚至直接进行销售。这样的线上渠道可以帮助企业与广大用户进行互动，提高品牌知名度和用户参与度。

首先，利用社交媒体平台进行线上推广和销售是文化创意产业渠道策略中的重要组成部分。

社交媒体平台选择。企业应根据目标市场和受众特点选择适合的社交媒体平台。不同的平台具有不同的用户群体和特点，例如，微博适合宣传和互动，微信适合个人和群组交流，Instagram适合图片和视觉传播等。

建立品牌形象和内容营销。企业可以利用社交媒体平台建立品牌形象，通过发布有趣、有价值的内容吸引用户关注。可以是产品介绍、创意故事、行业资讯、用户案例等，以增加用户对品牌的认知和兴趣。

互动和用户参与。社交媒体平台提供了与用户直接互动的机会，企业可以回复用户的留言和评论，提供产品咨询和支持，增加用户参与度和忠诚度。此外，还可以组织线上互动活动，如抽奖、问答、投票等，激发用户进行参与和分享。

促销活动和限时优惠。通过社交媒体平台，企业可以推出促销活动和限时优惠，吸引用户关注和购买。例如，发布折扣码、推送特别优惠、举办线上秒杀活动等，增加用户的购买动机和决策速度。

其次，移动应用也是整合线上和线下渠道的重要工具。

开发品牌应用程序。企业可以开发自己的品牌应用程序，提供产品信息、购买渠道、优惠券、会员制度等功能。通过移动应用，用户可以随时随地浏览和购买产品，提供便利和个性化的购物体验。

移动支付和积分系统。通过移动应用，企业可以提供安全方便的移动支付功能，例如，使用支付宝、微信支付等。此外，还可以建立积分系统，鼓励用户进行消费并享受积分回馈，增加用户忠诚度和购买频率。

个性化推送和定制化服务。通过移动应用，企业可以根据用户的偏好和购买历史进行个性化推送，提供定制化的产品推荐和优惠信息。有助于提高用户的购买满意度和参与度。

整合线上和线下渠道。移动应用可以与线下实体店铺相互整合，例如，提供线上下单、线下取货或退换货服务，以提供更便捷的购物体验。此外，通过移动应用收集用户的线下购买数据，可以更好地了解用户行为和偏好，进一步优化营销策略。

最后，整合线上和线下渠道需要企业进行有效的管理和运营。

统一的品牌形象和信息。确保线上和线下渠道传达统一的品牌形象和产品信息，包括标志、宣传资料、产品描述等。这样可以增强品牌的一致性和专业性，提升用户对品牌的认知和信任。

数据整合和分析。整合线上和线下渠道的销售数据和用户行为数据，进行综合分析和洞察。企业可以通过深入了解用户的购买路径、偏好和行为，优化渠道策略和精细化营销。

有效的沟通和协调。建立良好的沟通和协调机制，确保线上和线下团队之间的合作和配合。共享信息、交流经验、解决问题，以实现整体渠道策略的协同效应。

监测和反馈机制。定期监测渠道绩效和用户反馈，及时调整和改进渠道策略。通过用户反馈和市场趋势的分析，不断优化线上和线下渠道的运营和推广。

利用社交媒体和移动应用进行线上推广和销售，以及整合线上和线下渠道，是文化创意产业营销战略中的重要策略。通过有效的社交媒体营销和移动应用开发，企业可以扩大品牌影响力、增加用户参与度，并通过整合线上和线下渠道提供更优质的购物体验和服务。同时，需要注意统一品牌形象、数据整合分析、沟通协调和监测反馈等关键要素，以确保整体渠道策略的成功实施。

（四）结合线上和线下渠道的购物体验

企业可以通过线上渠道提供产品展示、在线咨询、用户评价等功能，让消费者在线上了解产品，并做出购买决策。同时，企业也可以通过线下渠道提供实体店铺、展示中心等场所，让消费者亲身体验产品，提供个性化服务和专业咨询。

首先，线上渠道可以通过网站、电子商务平台和移动应用等方式提供产品展示和介绍。消费者可以通过浏览网页或使用移动应用，了解产品的详细信息、规格、特点和价格。企业可以通过高质量的产品图片、视频演示和详细的产品描述，吸引消费者的注意力，并激发他们的购买兴趣。

其次，线上渠道还可以提供在线咨询和客户服务。通过实时聊天、在线客服和社交媒体平台，消费者可以随时向企业提出问题、寻求帮助或获得建议。这种即时互动可以增强消费者的购物体验，解决他们的疑虑，提高购买的决策信心。

再次，线下渠道可以提供实体店铺和展示中心，让消费者亲身感受和体验产品。实体店铺可以提供实物展示、试用、试穿等服务，让消费者可以亲自触摸和感受产品的质地、外观与性能。展示中心则可以通过艺术展览、文化活动等形式展示文化创意产品的独特魅力和价值，吸引消费者的兴趣和好奇心。

最后，企业可以通过线上和线下渠道的有机结合，提供个性化服务和专业咨询。例如，线上渠道可以收集用户的喜好和购买记录，为他们推荐个性化的产品和优惠活动。而线下渠道可以提供专业的销售人员和顾问，为消费者提供更深入的产品咨询和购买建议。通过结合线上和线下渠道的优势，企业可以提供更完善和综合的购物体验，增强消费者对产品的信任和满意度。

结合线上和线下渠道的购物体验是文化创意产业营销战略中重要的一环。通过线上渠道提供产品展示、在线咨询和客户服务，以及线下渠道提供实体店铺和展示中心，企业可以为消费者提供全方位的产品体验和个性化的服务。这种综合的购物体验可以增强消费者的参与度和购买决策的信心，进而提升销售和品牌价值。

第八章 文化创意产业营销组合的优化

第一节 营销组合的概念

一、营销组合概念的演化

营销组合概念的演化可以追溯到20世纪50年代，美国学者尼尔·博登（Neil Borden）提出了营销组合的概念，并将其定义为一系列营销工具和策略的组合，以达到市场营销的目标。然而，随着时间的推移和市场环境的变化，营销组合的概念逐渐发展和演化，适应不断变化的市场需求和消费者行为。

在20世纪60年代和70年代，菲利普·科特勒（Philip Kotler）等学者对营销组合进行了深入研究和扩展，并提出了经典的"4P"模型，即产品（Product）、价格（Price）、销售地点（Place）和促销（Promotion）。这个模型成了当代市场营销的基石，指导了企业在产品开发、定价、渠道管理和促销活动方面的决策和策略。

然而，随着全球化、数字化和消费者行为的变化，营销环境变得更加复杂和多元化。在应对这些挑战的过程中，营销组合的概念也不断演化和扩展，以更好地适应新的市场现实。

首先，随着服务业的快速发展，服务营销的重要性日益凸显。因此，人员（People）和过程（Process）这两个要素被加入营销组合中。人员指的是服务提供者和消费者之间的互动关系，过程则强调服务交付的效率和质量。

其次，随着数字技术的广泛应用，互联网和社交媒体成了重要的营销渠道和工具。因此，数字营销和社交媒体促销逐渐成为营销组合中的重要因素，强调通过在线渠道和社交媒体平台与消费者进行互动和沟通。

最后，随着消费者对可持续发展和社会责任的关注增加，企业开始关注环境和社会因素。因此，环境和社会责任这两个要素被引入营销组合中，强调企业的可持续发展和社会价值观。

总而言之，营销组合概念的演化反映了市场环境和消费者行为的变化。它不断发展和演变，以适应新的市场趋势和消费者需求。企业需要灵活调整和优化营销组合，以确保与市场保持一致，并为消费者提供有价值的产品和服务。

二、营销组合的概念及要素

营销组合，也称为市场营销组合或营销混合（Marketing Mix），是指企业在市场中运用的一系列营销工具和策略的组合，以达到市场营销目标。营销组合的要素是指构成营销活动的各个组成部分，通常包括以下四个要素，也被称为“4P”。

（一）产品（Product）

产品是企业提供给市场的有形或无形的商品或服务。产品要素包括产品设计、品质、特性、功能、包装、品牌等方面。企业需要根据目标市场的需求和竞争环境，开发出具有独特性和竞争优势的产品。

（二）价格（Price）

价格是指产品在市场上的定价策略和价格水平。企业需要考虑成本、利润目标、市场需求和竞争状况等因素来确定合适的价格策略。价格要素还包括定价策略（如高价定位、中价定位、低价定位）、定价弹性的调整等。

（三）销售地点（Place）

销售地点，又指渠道，是产品销售和分销的渠道和方式。它涉及产品的存储、物流、分销和销售等环节。企业需要选择合适的渠道类型（如直销、批发、零售、电子商务等），以确保产品能够有效地传达给目标市场，并提供便捷的购买渠道。

（四）促销（Promotion）

促销是指通过各种营销活动和传播手段来促进产品销售和品牌推广。促销要素包括广告、销售促销、公关活动、个人销售、直邮营销、赞助活动、数字营销等。通过合理的促销策略，企业可以提高产品的知名度、吸引消费者的注意力，并推动销售增长。

除了以上的“4P”要素，近年来，还有学者提出了拓展的营销组合概念，称为“7P”或“8P”模型，增加了以下要素。

人员（People）。人员要素指的是与消费者接触的人员，包括销售人员、客户服务人员、技术支持人员等。人员的素质和服务态度对消费者的体验和满意度有重要影响。

过程（Process）。过程要素指的是与产品购买和服务交付相关的流程和程序，包括订单处理、物流管理、售后服务等。

物证（Physical Evidence）。物证要素指的是与产品或服务相关的实际物质证据，包括店铺的装潢和布局、产品的外观和质量、员工的着装等。物证可以传达出企业的专业性、信任度和品质。

这些要素共同构成了营销组合，企业可以根据市场情况和目标消费者的需求，灵活地调整和整合这些要素，以实现市场营销目标。营销组合的要素之间相互关联、相互影响，企业需要统一考虑和平衡各个要素，以提供一致和综合的市场价值。

三、营销组合在文化创意产业营销的优势

在文化创意产业营销中，营销组合具有以下几个优势。

（一）全面呈现产品或服务特点

文化创意产业的产品或服务往往具有独特的特点和价值，通过合理的营销组合，可以全面呈现产品或服务的独特性和创意性。通过产品设计、定价策略、渠道选择和促销活动的组合，可以将产品或服务的特点充分展示给目标受众，吸引他们的关注和兴趣。

在文化创意产业中，产品设计是非常重要的一环。通过营销组合中的产品设计，可以突出产品的创意性、艺术性和文化内涵。产品的外观、材质、功能，以及与文化相关的元素都可以在设计中得到体现。通过独特的设计，产品能够在市场中脱颖而出，吸引消费者的眼球。

营销组合中的定价策略可以帮助准确定位产品的价值，展示产品的独特性和高品质。在文化创意产业中，产品往往具有独特的文化、艺术或创意价值，因此，定价策略应该能够体现这种价值，让消费者愿意为其支付合理的价格。合适的定价策略可以提升产品的品牌形象和市场认可度。

通过合理选择渠道，文化创意产业可以将产品或服务传达给目标受众。不同的渠道适用于不同的产品和目标市场。线上渠道，如电子商务平台和社交媒体可以扩大产品的覆盖范围，吸引更多潜在消费者的关注。而线下渠道，如展览会、文化节等则提供了直接的互动和体验机会，能够更好地展示产品的特点和独特性。

最后，营销组合还可以帮助文化创意产业建立品牌形象和品牌价值。通过精心设计的营销组合，可以塑造产品或服务的独特品牌形象，让消费者对品牌产生认同感和情感

连接。良好的品牌形象可以建立品牌的信任和忠诚度，提升品牌在市场中的竞争力。

此外，营销组合还可以帮助文化创意产业实现市场多元化和拓展。通过不同渠道的组合和多样化的促销活动，可以吸引不同类型的消费者，包括文化爱好者、艺术家、设计师，以及对独特体验感兴趣的消费者群体。多元化的市场定位和渠道选择可以使企业在不同市场细分中占据优势，并扩大市场份额。

营销组合还可以提供市场反馈和数据分析的机会。通过分析不同营销工具和策略的效果，企业可以了解消费者对产品或服务的反应和偏好。这些数据可以为企业调整和优化营销策略提供依据，进一步提高市场竞争力和产品的受欢迎程度。

综上所述，营销组合在文化创意产业营销中具有多重优势。它能全面呈现产品或服务的特点，建立品牌形象和品牌价值，实现市场多元化和拓展，并提供市场反馈和数据分析的机会。通过科学综合的营销组合，文化创意产业可以更好地满足消费者的需求，增强竞争力，促进业务的可持续发展。

（二）提供一致的品牌体验

文化创意产业注重品牌建设和品牌价值传递，营销组合可以帮助企业在各营销要素中保持一致的品牌形象和品牌价值。通过统一的产品设计、价格定位、渠道选择和促销活动，可以提供一致的品牌体验，增强消费者对品牌的认知和忠诚度。

第一，营销组合在文化创意产业营销中的优势之一是提供一致的品牌体验。品牌体验是指消费者在接触、购买和使用产品或服务过程中所感受到的整体感受和印象。通过营销组合的一致性，企业能够确保消费者在不同渠道和接触点上都能获得相似的品牌体验，增强品牌的连贯性和认知度。

第二，一致的品牌体验有助于建立品牌认同和忠诚度。当消费者在不同的环境中都能够感受到品牌的一致性和价值，就更容易与品牌建立情感连接并形成忠诚度。这种品牌认同和忠诚度可以促使消费者进行重复购买、口碑传播和品牌推荐，进一步增加品牌的市场份额和影响力。

第三，一致的品牌体验也有助于塑造品牌的独特性和差异化。在竞争激烈的文化创意产业中，企业需要通过与众不同的品牌形象和体验来吸引消费者的注意。通过营销组合的一致性，企业可以突出自身的特点，使品牌在市场中具有与众不同的竞争优势。

第四，一致的品牌体验还有助于建立品牌信任和口碑。当消费者在不同的接触点都能够感受到品牌的一致性和品质时，更容易对品牌产生信任和好评。积极的口碑传播有助于扩大品牌的影响力，吸引更多的消费者和合作伙伴。

第五，一致的品牌体验也能够提高企业的运营效率和成本控制。通过统一的营销策略和活动，企业能够减少资源的浪费和重复投入，提高市场反应速度和资源利用效率。

第六，一致的品牌体验有助于建立品牌认同和忠诚度，塑造独特的品牌形象，增加品牌信任和口碑，提高运营效率和成本控制。通过精心设计和管理营销组合，文化创意产业可以巩固自己的品牌地位、提升竞争力，并与消费者建立长期的关系。

（三）多样化的渠道选择

文化创意产业的消费者群体广泛且多元化，通过合理的渠道选择，可以覆盖更广泛的目标受众。营销组合可以将线上和线下渠道相结合，利用传统媒体和数字媒体，以及实体店铺和在线平台，让产品或服务更广泛地接触消费者，提高销售机会和品牌知名度。

第一，营销组合在文化创意产业营销中的优势之一是提供多样化的渠道选择。文化创意产业的消费者群体广泛且多元化，具有不同的购买偏好和消费行为。通过合理的渠道选择，企业可以覆盖更广泛的目标受众，满足不同消费者群体的需求。

第二，多样化的渠道选择可以增加产品或服务的可获得性和可接触性。通过将线上和线下渠道相结合，企业可以使产品或服务更加便捷地被消费者获取。线上渠道，如电子商务平台、社交媒体和移动应用提供了全天候、全球范围的购物体验，而线下渠道如实体店铺、展示中心和艺术展览则提供了亲身感受和交流的机会。

第三，多样化的渠道选择可以增加品牌的曝光度和知名度。通过利用不同的媒体平台和渠道，企业可以将产品或服务的信息传递给更多的潜在消费者，扩大品牌的影响力。传统媒体，如电视、广播和报纸可以吸引更广泛的观众，而数字媒体，如社交媒体、搜索引擎和在线广告则能够精准地定位和吸引特定受众。

第四，多样化的渠道选择可以提供不同的购买和互动体验。不同的消费者可能更倾向于在不同的渠道进行购买和互动。一些消费者喜欢在线购物的便利性和多样性，而另一些消费者则更喜欢亲身到实体店铺体验和选择产品。通过提供多样化的渠道选择，企业可以满足不同消费者的需求，并创造更丰富、更有个性化的购物体验。

第五，多样化的渠道选择可以覆盖更广泛的目标受众，增加产品或服务的可获得性和可接触性，提高品牌的曝光度和知名度，提供不同的购买和互动体验。通过灵活运用不同的渠道，企业可以更好地满足消费者的需求，实现市场营销的目标。

（四）强化产品的艺术性和文化内涵

文化创意产业的产品或服务往往具有艺术性和文化内涵，营销组合可以通过设计精美的产品包装、策划文化活动、展示艺术品等方式，强调产品的艺术性和文化内涵，使消费者更好地理解和欣赏产品的独特之处，增加产品的吸引力和价值感。

艺术性和文化内涵往往是文化创意产品的核心特点。通过设计精美的产品包装，突出产品的艺术性和独特性，吸引消费者的注意力并传达产品的文化价值。包装设计可以运用各种艺术元素、图案和色彩，以符合产品的主题和风格，营造独特的视觉效果，增加产品的吸引力。

文化创意产业的产品常常与艺术、文化、历史等紧密相关。通过策划与产品相关的文化活动，如艺术展览、文化节庆、演出等，可以进一步强调产品的艺术性和文化内涵。这些活动可以为消费者提供与产品互动的机会，让他们更深入地了解产品的创意来源和背后的故事，加深对产品的认知和理解。

文化创意产业常常涉及艺术品的创作和销售。通过在展览馆、画廊、艺术展览等场所展示艺术品，可以让消费者亲身感受艺术品的魅力和独特之处。展示艺术品不仅可以提升产品的艺术性，还可以创造出与产品相关的艺术氛围，吸引潜在消费者的兴趣，增加销售机会。

文化创意产业往往融合了艺术和科技的元素。营销组合可以利用先进的科技手段，如虚拟现实（VR）、增强现实（AR）等，将艺术性和文化内涵融入数字化的体验中。通过与艺术和科技的结合，可以创造出独特的消费者体验，增加产品的吸引力和差异化。

通过设计精美的产品包装、策划文化活动、展示艺术品，以及整合艺术与科技等方式，营销组合可以将产品的艺术性和文化内涵完整地呈现给消费者，从而增加产品的吸引力和价值感。

（五）强化品牌故事和情感连接

文化创意产业的产品或服务往往背后有着独特的品牌故事和情感连接，营销组合可以通过宣传故事讲述、品牌形象建设和社交媒体互动等方式，加强品牌与消费者之间的情感连接，使消费者更加愿意与品牌进行互动和购买。

首先，营销组合可以通过宣传品牌故事，将品牌与消费者的情感连接起来。品牌故事是品牌独特的，它可以讲述品牌的起源、理念、价值观等，通过情感共鸣与消费者建立联系。通过品牌故事的传播，使消费者可以更好地理解品牌的背景和价值，与品牌产生共鸣和情感联系。

其次，品牌形象建设是营销组合中的重要环节，通过塑造独特的品牌形象和标识，可以让消费者对品牌有更深刻的印象和记忆。品牌形象可以通过品牌名称、标志、标语等元素来表达，它可以传达品牌的特点、个性和价值观，引起消费者的兴趣和好奇心。通过一致性的品牌形象建设，增强消费者对品牌的认知和忠诚度。

再次，社交媒体互动是一种强大的工具，可以促进品牌与消费者之间的情感连接。

品牌可以通过社交媒体平台，与消费者进行直接的互动和交流，回应消费者的问题和反馈，分享品牌故事和产品信息，以及提供独特的用户体验。这种互动可以建立起品牌与消费者之间的关系，增加消费者对品牌的认知和忠诚度，同时也为品牌获取口碑和推广机会。

最后，营销组合可以通过体验营销的方式，让消费者亲身体验品牌的独特魅力。例如，举办品牌活动、参与社区文化活动、提供个性化的服务等，都可以让消费者与品牌进行互动和体验，加强情感连接。这样的体验可以增加消费者对品牌的喜爱和信任，使他们更愿意与品牌建立长期的关系。

通过宣传品牌故事、品牌形象建设、社交媒体互动和体验营销等方式，可以让消费者更加了解和理解品牌的独特之处，与品牌建立情感连接。这种情感连接可以增加消费者对品牌的认知和忠诚度，促使他们与品牌进行互动，购买产品，从而推动文化创意产业的发展。

总之，营销组合在文化创意产业营销中具有诸多优势，可以帮助企业有效推广产品或服务，建立品牌形象，满足消费者需求，并在竞争中取得优势。通过综合考虑产品、价格、渠道、促销等要素的组合，企业能够更好地适应市场变化、提升市场竞争力、实现长期可持续发展。

第二节　营销组合的优化方法

一、文化创意产业营销组合的应用现状

尽管文化创意产业的营销组合在实践中具有许多优势，但也存在一些问题需要解决。以下是一些常见的问题。

（一）目标受众的多样性

文化创意产业的目标受众广泛且多元化，包括不同年龄、文化背景和兴趣爱好的消费者。因此，如何针对不同的受众制定有效的营销组合策略，仍然是一个挑战。

首先，目标受众的多样性使得文化创意产业在制定营销组合策略时需要考虑不同受众的特点和需求。不同年龄段的消费者对文化创意产品和服务的兴趣和喜好可能存在差异，他们的文化背景、教育水平、消费习惯等因素也会影响他们对产品的认知和购买决

策。因此，企业需要进行目标受众细分和调研，了解不同受众群体的特点和需求，从而有针对性地制定营销策略。

其次，多样化的目标受众也给企业带来了定位和传播的挑战。由于不同受众的需求和喜好不同，企业需要确定自身的品牌定位，并寻找与目标受众匹配的定位。这涉及产品定位、品牌形象的建立，以及传播渠道的选择等方面。同时，企业还需要通过多样化的传播方式和内容，吸引不同受众的关注和参与，提高品牌的认知度和影响力。

再次，目标受众的多样性也对企业的渠道选择和分销策略提出了挑战。不同受众可能对购物渠道和消费体验有不同的偏好。一些消费者更喜欢线上购物和在线体验，而另一些消费者则更喜欢线下实体店的购物体验。因此，企业需要结合目标受众的喜好和购物习惯，合理选择线上和线下渠道，并在不同渠道上提供个性化的服务和体验。

最后，多样性的目标受众还给企业的定价和产品策略带来了挑战。不同受众对产品的价值和价格敏感度可能存在差异，因此，企业需要根据不同受众的需求和购买能力，灵活制定定价策略。此外，企业还需要不断创新和提升产品的差异化优势，以满足不同受众的需求，提高产品的竞争力和吸引力。

为了应对这一挑战，企业需要进行目标受众细分和调研，确定品牌定位和传播策略，并合理选择渠道和定价策略。此外，不断创新和提高产品差异化和个性化定制等方面，以满足不同受众的需求。

（二）资源限制

对于一些中小规模的文化创意企业来说，资源是一个限制因素。营销活动需要投入资金、人力和时间，而这些资源对于一些企业可能是有限的。因此，如何在有限的资源下设计和执行有效的营销组合策略，需要进行合理的资源规划和分配。

首先，中小规模的文化创意企业在资源有限的情况下，需要进行有效的资源规划和分配。这包括对资金、人力和时间等资源进行合理的分配和管理，确保资源的最大化利用。企业可以制定明确的预算和时间计划，优先考虑投入产出比较高的营销活动，并根据实际情况进行灵活调整。

其次，中小规模的企业可以寻求合作与资源共享。与其他企业、创意团队、社群组织或行业协会等进行合作，共同开展营销活动、分享资源和分担成本。这种合作可以帮助企业共同承担营销活动的费用和工作量，实现资源的互补和优势互助。此外，企业还可以寻求政府或非营利组织的支持，获得资金、培训和其他资源的支持。

再次，创新的营销方法和渠道选择可以在有限的资源下实现更好的效果。企业可以尝试运用数字化营销和社交媒体等低成本的营销方式，通过精准的定位和有效的内容创作，吸引目标受众的关注。此外，与传统媒体和线下活动结合，通过线上线下渠道的协同作用，实现营销效果的最大化。

最后，中小规模的企业可以通过持续学习和提升内部能力来优化资源利用。培养内部团队的营销技能和知识，使其能够更好地规划和执行营销活动。此外，与外部专业机构或顾问合作，获取专业的营销支持和建议，提升营销策略的有效性。

中小规模的文化创意企业在资源有限的情况下，需要进行合理的资源规划和分配。通过寻求合作与共享资源、创新营销方法和渠道选择、持续学习和提升内部能力等方法，企业可以在有限的资源下实现有效的营销组合策略。这将帮助企业在竞争激烈的市场中取得更好的营销效果。

（三）市场竞争和差异化

文化创意产业市场竞争激烈，许多企业都在追求创新和独特性。在这样的市场环境下，如何在营销组合中突出企业的差异化和独特卖点，以吸引消费者的注意力和忠诚度，是一个关键问题。

首先，市场竞争和差异化问题是文化创意产业营销组合应用中的一个重要挑战。由于市场上存在众多的文化创意企业和产品，消费者的选择面广泛，因此企业需要通过差异化的营销组合来突出自身的独特卖点，与竞争对手区分开来。

其次，企业可以通过产品创新和设计来实现差异化。文化创意产业的核心是创造性和创新性，因此，企业应注重产品的独特性和创意性。通过对产品设计、功能、材料选择等方面的创新，打造与众不同的产品，吸引消费者的兴趣和关注。

再次，品牌建设是差异化营销的关键。企业应注重塑造独特的品牌形象和品牌故事，以赋予产品或服务更多的情感价值和文化内涵。企业通过品牌定位、品牌传播和品牌体验等方面的努力，可以在市场上建立起独特而有吸引力的品牌，从而与竞争对手区别开来。

此外，定位于特定受众群体也是差异化营销的一种策略。文化创意产业的消费者群体多样化，企业可以选择特定的目标受众，了解其需求和偏好，并通过针对性的营销组合满足其需求。通过精准定位和个性化营销，企业可以与目标受众建立更紧密的连接，提供符合其期待的产品和服务。

最后，与差异化营销密切相关的是市场调研和消费者洞察。企业需要深入了解目标市场和消费者的需求、喜好、行为等方面的信息，以便更好地制定差异化的营销策略和组合。通过市场调研、消费者洞察和数据分析等手段，企业可以获取有价值的市场信息，为差异化营销提供更有针对性的支持。

通过产品创新和设计、品牌建设、定位于特定受众群体，以及市场调研和消费者洞察，企业可以在竞争激烈的市场中突出差异化，赢得消费者的注意力和忠诚度。

（四）数字化转型和技术应用

随着数字化的发展，文化创意产业也面临着数字化转型的挑战。如何有效地应用数字技术和在线平台，结合线上线下渠道，实现更精准的营销和消费者互动，需要企业具备相关的技术和数字化能力。

首先，数字化转型对文化创意产业的营销组合应用提出了新的要求和挑战。随着互联网和移动技术的普及，消费者的购物行为和消费习惯发生了变化，他们更加依赖数字渠道和在线平台进行产品搜索、购买和交流。因此，文化创意企业需要适应这一趋势，利用数字化技术和在线平台来拓展市场，与消费者进行互动。

其次，技术应用对于文化创意产业营销组合的优化和创新具有重要意义。例如，人工智能技术可以帮助企业分析消费者行为和偏好，提供个性化推荐和定制化服务；虚拟现实和增强现实技术可以为消费者提供沉浸式的产品体验；大数据分析可以帮助企业了解市场趋势、预测需求，从而优化营销策略和组合。通过有效的技术应用，文化创意企业可以提升市场竞争力和消费者体验。

再次，数字化转型和技术应用也带来了新的管理和运营挑战。企业需要具备相应的技术能力和数字化人才，进行数字化营销的规划和实施。此外，企业还需要解决数据隐私和安全等问题，确保消费者的信息和交易安全。因此，文化创意企业需要不断学习和适应新技术的发展，建立数字化营销团队和体系，为数字化转型提供支持。

最后，数字化转型和技术应用也带来了与传统渠道整合的挑战。企业需要考虑如何在线上和线下渠道之间进行无缝衔接和协同，实现整合营销的目标。例如，将线上平台的用户引流，与线下实体店的体验相结合，提供多元化的购物体验；或者通过线上渠道进行品牌传播和社交互动，引导消费者到线下实体店进行购买。这需要企业制定整合营销策略，并加强线上线下渠道之间的协作和互动。

企业需要适应数字化趋势，利用数字技术和在线平台进行营销和消费者互动；同时，也需要具备相应的技术能力和资源，进行技术的引入和应用，并应对管理和运营上的挑战，确保数据安全和合规性。

二、文化创意产业营销组合的优化方法

（一）定义目标受众

在设计营销组合策略时，对不同的目标受众进行细分和分析，了解他们的需求、兴趣和行为特点。根据不同目标受众的特点，定制个性化的营销策略和组合，以提高针对性和吸引力。

首先，定义目标受众是优化文化创意产业营销组合的重要步骤。目标受众可以根据不同的因素进行细分，包括年龄、性别、地理位置、文化背景、兴趣爱好等。通过深入了解目标受众的特点和需求，企业可以更准确地找到自己的市场定位，并针对性地制定营销策略。

其次，目标受众细分可以帮助企业了解消费者的行为和偏好。企业可以通过市场调研、消费者洞察和数据分析等手段，获取有关消费者的关键信息，如购买习惯、购买动机、消费偏好等。这些信息可以指导企业在产品设计、定价、渠道选择和促销活动等方面进行优化和调整。

再次，目标受众细分有助于定制个性化的营销策略和组合。不同的目标受众具有不同的需求和喜好，因此，企业需要根据目标受众的特点，量身定制个性化的营销策略和组合。例如，对于年轻的消费者，可以采用社交媒体和移动应用进行营销，注重个性化推荐和社交互动；对于高端消费者，可以通过精致的产品包装和高品质的服务来吸引他们的关注和购买。

最后，目标受众细分有助于提高针对性和吸引力。通过深入了解目标受众的需求和行为，企业可以针对性地设计产品、制定定价策略、选择适合的渠道和开展促销活动。这样可以更好地满足消费者的需求，提高产品的吸引力和市场竞争力。

通过定义目标受众并进行细分，企业可以更好地了解消费者的需求和行为，定制个性化的营销策略和组合，提高针对性和吸引力。帮助文化创意产业企业优化营销组合，实现市场增长和品牌发展的目标。

（二）突出差异化优势

在竞争激烈的市场中，文化创意企业需要确定自身的差异化优势，并在营销组合中突出展示。这可以通过产品创新、独特的设计风格、独特的文化内涵等方式来实现。差异化优势将有助于吸引目标受众的关注和忠诚度。

首先，文化创意企业可以通过产品创新来突出差异化优势。创新是文化创意产业的

核心竞争力，企业可以不断推出独特的产品和服务，满足消费者对新颖、独特和创意的需求。这可以包括产品设计的创新、材料的创新、功能的创新等，以使产品与众不同，从而吸引目标受众的关注。

其次，独特的设计风格也是突出差异化优势的一种方式。文化创意产业注重艺术性和创意性，企业可以通过独特的设计风格来塑造品牌形象和个性化。这可以体现在产品包装、宣传资料、网站设计等方面，使消费者能够与品牌产生情感连接，从而增强品牌的认知度和忠诚度。

再次，文化创意产业可以突出产品的文化内涵。文化创意产业的产品往往融合了丰富的文化元素和故事，通过讲述产品背后的文化内涵，让消费者更好地理解和欣赏产品的独特之处。这可以通过品牌故事的宣传、文化活动的策划、艺术展览的举办等方式来实现，增加产品的吸引力和文化价值。

最后，企业可以通过品牌定位和市场定位的差异化来突出自身优势。在竞争激烈的市场中，企业需要找到独特的定位点，明确自己的目标受众和市场定位，并在营销组合中突出展示。这可以通过目标受众的定位、品牌定位的准确定义、独特的品牌声音和视觉形象等方式来实现，使企业在目标受众心中建立起差异化和独特性的认知。

无论是通过产品创新、独特的设计风格、文化内涵，还是品牌定位的差异化，企业都可以吸引目标受众的关注，增加竞争优势，实现业务增长和品牌发展的目标。

（三）利用数字化技术和在线平台

文化创意产业应积极利用数字化技术和在线平台，与消费者建立互动和联系。通过建立官方网站、社交媒体账号、电子商务平台等，推广产品和品牌，提供在线购物、在线咨询和互动体验等服务。这将扩大企业的市场覆盖和影响力。

首先，建立官方网站是文化创意企业利用数字化技术和在线平台的重要方式之一。官方网站是企业展示产品、品牌和文化内涵的重要平台，通过网站可以提供产品介绍、品牌故事、公司信息等内容，让消费者更好地了解企业的特点和价值。同时，网站还可以提供在线购物功能，方便消费者进行选购和购买，增加销售机会。

其次，社交媒体平台的利用是文化创意企业数字化营销的重要途径之一。通过创建和管理社交媒体账号，如微博、微信等，企业可以与消费者建立直接的互动和联系。通过发布有趣的内容、分享创意和故事，与粉丝进行互动和评论，企业可以增加品牌的曝光度和影响力，建立良好的品牌形象和品牌认知度。此外，社交媒体平台还可以用于推广促销活动、举办线上活动和互动游戏等，吸引消费者的参与和关注。

再次，建立电子商务平台是文化创意企业利用数字化技术和在线平台的重要方式之一。电子商务平台可以为消费者提供在线购物和支付功能，方便消费者浏览和购买产品。企业可以通过建立自己的电子商务网站或在知名电商平台上开设店铺，扩大销售渠道，吸引更多的消费者，并提供个性化的购物体验。此外，电子商务平台还可以与社交媒体和线下实体店铺进行整合，实现线上线下的无缝衔接，提供多元化的购物体验。

最后，利用数字化技术和在线平台还可以通过数据分析和个性化推荐等方式，实现精准营销和消费者互动。通过收集和分析消费者数据，企业可以了解消费者的需求和偏好，推出更符合消费者期待的产品和服务。同时，利用个性化推荐算法，企业可以向消费者推荐他们可能感兴趣的产品和内容，提高购买转化率和消费者满意度。

文化创意企业应积极利用数字化技术和在线平台，包括建立官方网站、利用社交媒体平台、建立电子商务平台，以及通过数据分析和个性化推荐等方式，与消费者建立互动和联系。这将扩大企业的市场覆盖和影响力，增强品牌知名度和用户参与度。

（四）数据分析和迭代优化

通过数据分析和监测营销活动的效果，了解消费者的反馈和行为数据。根据数据的反馈，及时调整和优化营销组合策略，以提高效果和效率。

首先，建立有效的数据分析体系是优化文化创意产业营销组合的关键。通过收集和分析消费者数据、市场趋势、竞争对手信息等，可以获得有价值的洞察和指导决策的数据。企业可以利用数据分析工具和技术，深入了解消费者行为和偏好，评估营销活动的效果，发现潜在的机会和问题。

其次，基于数据分析的迭代优化是优化营销组合的重要方法。通过监测营销活动的效果和消费者反馈数据，及时调整和优化策略。这可能包括调整广告投放渠道和内容、优化网站和电商平台的用户体验、改进产品设计和定价策略等。通过不断优化和改进，企业可以提高营销组合的效果和效率，实现更好的市场表现。

再次，利用 A/B 测试和实验设计进行精细化优化。通过 A/B 测试和实验设计，可以比较不同的营销策略和组合的效果，找出最佳方案。例如，可以测试不同的广告文案、图片和呈现方式，比较其对消费者购买行为的影响；或者尝试不同的促销活动和奖励机制，评估其对消费者参与度和忠诚度的影响。通过实验和测试，企业可以获取更具体的数据和洞察，优化营销组合的效果。

最后，持续学习和创新是优化营销组合的基础。文化创意产业的市场环境不断变化，消费者行为和趋势也在不断演变，因此，企业需要保持学习和创新的态度。关注行业动态和最新的市场趋势，研究和借鉴成功的案例，探索新的营销方式和渠道。通过持续学习和创新，企业可以不断优化营销组合，适应市场变化，并保持竞争优势。

通过建立有效的数据分析体系，利用数据分析和监测反馈进行迭代优化，使用A/B测试和实验设计进行精细化优化，以及持续学习和创新，文化创意产业可以优化营销组合，提高营销效果和效率，实现更好的市场表现。

（五）品牌联合推广

与其他相关品牌进行联合推广，通过互相宣传和资源共享，实现互利共赢。

首先，建立品牌联合推广的合作关系是优化文化创意产业营销组合的重要方法之一。通过与其他相关品牌进行合作，可以实现互相宣传和资源共享，达到互利共赢的效果。例如，文化创意企业可以与艺术家、设计师、知名品牌等合作，共同举办活动、展览或推出联名产品，通过双方的影响力和资源，扩大品牌知名度和市场影响力。

其次，品牌联合推广可以实现目标受众的精准定位、扩大覆盖面。通过选择与自身品牌价值和定位相符的合作伙伴，可以更好地吸引目标受众的注意力和兴趣。合作伙伴可以共享各自的受众群体，从而扩大品牌的曝光度和市场覆盖范围。例如，一家文化创意企业可以与知名艺术杂志合作，在杂志上发布品牌故事或合作活动的报道，以吸引对艺术和文化感兴趣的受众。

再次，品牌联合推广可以实现资源共享和成本节约。合作伙伴之间可以共享营销资源，如广告渠道、媒体关系、客户数据库等。通过共同利用资源，可以降低营销成本，提高效率。此外，品牌联合推广还可以实现资源互补和优势互补。合作伙伴可能拥有不同的专业知识、技能和资源，通过合作可以相互补充和提升，实现优势互补的效果。例如，一个文化创意企业可以与专业的市场营销机构合作，借助其专业的市场调研和策略制定能力，实现更精准的品牌推广和营销效果。

最后，品牌联合推广可以实现品牌形象的丰富和多元化。通过与其他品牌合作，可以借用合作伙伴的品牌形象和特点，使自身品牌形象更加丰富和多样化。例如，文化创意企业可以与时尚品牌合作，借助时尚品牌的潮流元素和时尚影响力，使自身品牌形象更具时尚感和前卫性。

通过与其他品牌进行合作，实现共同宣传、资源共享和目标受众的精准定位，文化创意企业可以实现品牌知名度的提升、市场覆盖面的扩大和成本的节约等优势。

第九章　文化创意产业营销效果的评估

第一节　营销效果的评估指标

评估文化创意产业营销效果的指标可以根据具体的营销目标和战略来确定。以下是一些常用的评估指标。

一、销售额和收入

销售额和收入是评估文化创意产业营销效果的重要指标之一。衡量营销活动对企业收入的影响，包括产品销售额、营业收入等。

首先，销售额是衡量营销活动直接影响的关键指标之一。通过跟踪产品的销售量和销售额，可以了解营销活动对销售业绩的直接影响。销售额的增长表明营销策略的有效性，能够吸引更多消费者购买产品或服务。

其次，收入是衡量营销活动对企业整体财务状况的指标。除了销售额，收入还包括其他收入来源，如特许经营费用、特许品牌使用费、授权费等。营销活动的目标是增加企业的总收入，通过各种渠道和营销策略提高收入水平。

再次，销售额和收入的增长与市场份额和竞争力密切相关。当企业的销售额和收入增长超过市场平均水平时，说明企业在市场中取得了竞争优势，并有可能增加自己的市场份额。这对于文化创意产业来说尤为重要，因为其竞争激烈且市场占有率可能相对较小。

最后，销售额和收入的评估需要结合其他指标进行综合分析。尽管销售额和收入是重要的量化指标，但还需要考虑其他因素，如市场需求、竞争状况、价格策略、品牌知名度等。同时，还应与预设的目标进行对比，以判断营销活动是否达到预期的商业效果。

销售额和收入是文化创意产业营销效果评估的重要指标，可以帮助企业了解营销活动对企业收入的直接影响，并与市场竞争状况进行比较。然而，在评估中仍需综合考虑其他因素，以获得更全面的营销效果评估。

二、品牌知名度和认知度

品牌知名度和认知度是评估文化创意产业营销效果的重要指标之一。通过调查、市场研究或社交媒体分析等方式，评估品牌在目标受众中知名度和认知度的提升程度。

首先，品牌知名度是指品牌在目标受众中被认知和知晓的程度。通过调查、市场研究或社交媒体分析等方式，可以评估品牌在目标受众中的知名度水平。这可以通过测量品牌知晓率、品牌识别度和品牌关联度等指标来实现。品牌知名度的提升意味着品牌在目标受众中的曝光度和认知程度增加，有助于吸引更多的关注和兴趣。

其次，品牌认知度是指目标受众对品牌的了解和认知程度。通过调查和市场研究等方式，可以评估目标受众对品牌的认知水平，包括对品牌的理解、对品牌形象的认知和对品牌价值的认知等。品牌认知度的提升意味着目标受众对品牌的认可和信任度增加，有助于建立品牌形象和品牌价值。

再次，通过定期的调查和研究，可以追踪品牌知名度和认知度的变化趋势，评估营销活动对品牌知名度和认知度的影响。这可以帮助企业了解品牌在市场中的竞争地位和影响力，并根据评估结果进行必要的调整和优化。

最后，除了定性调查和市场研究，还可以利用社交媒体分析工具来评估品牌知名度和认知度的提升情况。通过监测社交媒体上对于品牌的提及和讨论，可以了解品牌在社交媒体平台上的曝光度和用户参与度，进一步评估品牌在目标受众中的知名度和认知度。

品牌知名度和认知度是评估文化创意产业营销效果的重要指标，可以通过调查、市场研究或社交媒体分析等方式进行评估。企业通过提升品牌知名度和认知度，能够增强品牌在目标受众中的影响力和竞争优势，从而实现更好的市场表现。

三、市场份额和竞争地位

市场份额和竞争地位是评估文化创意产业营销效果的重要指标之一。衡量企业在目标市场中的份额和地位，包括市场份额的增长、竞争对手的排名等。

首先，市场份额是指企业在目标市场中所占的销售额或销售数量的比例。通过市场调查、销售数据和竞争对手分析等方式，可以计算出企业的市场份额。市场份额的增长代表企业在市场中的竞争优势和市场占有率的提升，反映了企业产品或服务的市场接受程度和消费者偏好。

其次，竞争地位是指企业在目标市场中与竞争对手相比的相对地位。通过竞争对手分析、市场调查和品牌比较等方式，评估企业在市场中的竞争地位。竞争地位的提升意味着企业在市场中相对于竞争对手更具有竞争力和影响力，能够吸引更多的目标受众和市场份额。

再次，通过定期的市场份额和竞争地位的监测和比较，可以追踪企业在市场中的表现和变化趋势，评估营销活动对其市场份额和竞争地位的影响。这可以帮助企业了解自身在市场中的竞争优势和弱势，并根据评估结果制定相应的市场策略、调整营销组合。

最后，除了定量的市场份额和竞争地位数据，还可以考虑消费者调查和市场研究等定性的评估方法。通过消费者反馈和市场洞察，了解消费者对企业产品或服务的偏好、品牌认知度和竞争对手的比较，进一步评估企业在市场中的竞争地位和市场份额。

市场份额和竞争地位是评估文化创意产业营销效果的重要指标，可以通过市场调查、销售数据和竞争对手分析等方式进行评估。企业通过提升市场份额和竞争地位，能够扩大市场占有率、增加销售额，并在市场中获得更有竞争力的地位。

四、客户满意度和忠诚度

通过调查、客户反馈等方式，评估消费者对产品或服务的满意度和忠诚度，包括重复购买率、口碑传播等指标。

首先，客户满意度是指消费者对产品或服务的感受和评价程度。通过定期进行客户调查、反馈收集和评估，可以了解消费者对产品或服务的满意度。客户满意度的评估可以通过量表调查、定性访谈和在线反馈等方式进行，以获取客观和主观的反馈信息。客户满意度高代表消费者对产品或服务的质量、性能、价格、售后服务等方面都较为满意。

其次，忠诚度是指消费者对品牌或企业的忠诚程度和再购买意愿。通过对其购买记录、会员数据和忠诚度进行调查等，可以评估消费者对品牌的忠诚度。常用的指标包括重复购买率、客户保留率和推荐意愿等。忠诚度高意味着消费者对品牌的信任和认同，愿意长期与品牌进行交易和合作，同时也能成为品牌的品牌传播者。

再次，客户满意度和忠诚度的评估对于企业的长期发展和品牌建设至关重要。满意的客户更容易成为忠诚客户，持续购买并推荐给其他人。这对于提高销售额、增加市场份额和品牌口碑都具有积极的影响。企业通过定期跟踪、评估客户满意度和忠诚度，可以了解客户需求和期望的变化，及时做出调整和改进，以提升客户体验和建立长期的客户关系。

最后，除了量化指标，还可以通过定性研究方法，如深度访谈、焦点小组讨论等，了解消费者对产品或服务的感受和评价。这些定性研究可以提供更具体和细致的客户反馈和洞察，帮助企业更好地了解客户需求和期望，并根据反馈进行优化和改进。

客户满意度和忠诚度是评估文化创意产业营销效果的重要指标，可以通过客户调查、反馈收集和评估等方式进行评估。通过提高客户满意度和忠诚度，企业能够增加客户的黏性和忠诚度。

五、线上和线下渠道效果

线上和线下渠道的评估是文化创意产业营销效果评估中重要的一部分。通过对线上渠道和线下渠道的表现进行评估，企业可以了解各渠道的效果，并据此调整和优化营销策略。

第一，线上销售额是评估线上渠道效果的重要指标之一。通过跟踪和分析线上销售额的数据，企业可以了解线上渠道对销售业绩的贡献。可以通过电子商务平台的销售数据来统计线上销售额，并与之前的数据进行比较，以评估线上渠道的增长和表现。此外，还可以通过分析不同类别产品的销售情况，了解不同产品在线上渠道的受欢迎程度，为产品策划和库存管理提供参考。

第二，线下门店访问量是评估线下渠道效果的重要指标。对于拥有实体门店的文化创意企业来说，评估线下渠道的表现可以通过分析门店的访问量来进行。通过计算每日、每周或每月的门店访问量，了解潜在顾客对实体店铺的兴趣和吸引力。此外，还可以通过访客记录系统、观察和问卷调查等方式了解访客的特征和偏好，为进一步提升门店的吸引力和服务质量提供依据。

第三，线上线下转化率是评估线上和线下渠道协同效应的重要指标。对于同时拥有线上和线下渠道的文化创意企业来说，了解线上线下渠道的转化率是关键的。可以通过追踪顾客在线上浏览产品后是否到实体店铺购买，或者通过线下购买后是否转向线上进行再购买等方式来评估转化率。通过分析线上线下渠道的交叉影响，可以了解渠道协同的效果和潜力，并在营销策略中加强线上线下的整合。

第四，还可以评估线上和线下渠道的效果，通过分析用户行为和互动方式、分析用户在线上和线下渠道的行为，可以了解他们的购买习惯、兴趣偏好。可以利用网站分析工具、社交媒体分析和用户调研等方法来获取相关数据，进一步了解用户行为，从而优化营销策略和渠道选择。可以分析线上渠道中，用户的浏览量、点击率、转化率等指标，了解用户对产品或服务的兴趣和购买意向。同时，可以通过社交媒体的互动数据，如点赞、评论、分享等，评估用户对品牌的参与度和影响力。

第五，还可以通过线下渠道的用户行为分析来了解用户的购物习惯和体验。可以观察顾客在门店内的停留时间、购买路径、购买决策因素等，从中获取关于用户行为的洞察。通过客户满意度调查和反馈收集，了解顾客对门店环境、服务质量、产品质量等方面的评价，评估线下渠道的表现。

第六，还可以综合考虑其他因素来评估线上和线下渠道的效果。例如，品牌知名度的提升、口碑传播的扩大、顾客关系的建立和维护等。这些因素都可以通过定量和定性的方法来进行评估，例如，市场调研、品牌调查、用户调查等。

第七，评估文化创意产业营销效果时，对线上和线下渠道的表现进行评估是至关重要的。通过评估线上销售额、线下门店访问量、线上线下转化率、用户行为和互动方式等指标，可以全面了解不同渠道的效果，并根据评估结果进行调整和优化，以提升整体营销效果和业务增长。

六、社交媒体和网络影响力

在评估文化创意产业营销效果时，社交媒体和网络影响力是一个重要的指标。随着社交媒体和网络平台的普及和发展，企业在这些平台上的表现对品牌的知名度和影响力具有重要的影响。

首先，粉丝数量是衡量社交媒体和网络影响力的一个关键指标。通过跟踪企业在各社交媒体平台上的粉丝数量，可以了解企业在社交媒体上的受欢迎程度和关注度。粉丝数量的增长可以展现企业在社交媒体平台上的影响力和吸引力。此外，还可以通过比较不同平台上的粉丝数量，了解其在不同平台上的影响力分布情况，从而调整和优化社交媒体的战略。

其次，社交媒体互动指标是评估社交媒体和网络影响力的重要指标之一。这包括点赞数、评论数、转发数等。通过这些指标，可以了解用户对企业在社交媒体上发布的内容的反应和参与度。例如，高评论和高分享率表示用户对内容的兴趣和参与度高，反映出企业在社交媒体平台上的互动活跃程度。可以通过分析互动指标的变化趋势，了解企业在社交媒体上的表现和用户对内容的反应。

再次，分享率是衡量社交媒体和网络影响力的另一个重要指标。分享率反映了用户对企业内容的认同和推荐程度。通过追踪和分析企业在社交媒体上的内容分享情况，可以了解企业在网络中的扩散效果和影响力。高分享率表示用户认可和喜爱企业的内容，并愿意将其分享给其他人。可以通过创建有吸引力的内容、提供分享按钮和奖励机制等方式，鼓励用户分享企业的内容，从而提高企业的社交媒体和网络影响力。

最后，还可以综合考虑其他因素来评估社交媒体和网络影响力。例如，社交媒体平台上的品牌提及数量、用户生成内容的数量和质量、网络上的报道和评价等。这些因素可以通过社交媒体网络分析和舆情监测等方式来获取相关数据，并进行综合评估。

七、市场反应和反馈

在评估文化创意产业的营销效果时，市场反应和反馈是一个重要的评估指标。通过消费者的反馈、评论、评级等方式，可以了解市场对产品或服务的接受程度、满意度和口碑影响。

首先，消费者反馈是评估营销效果的重要指标之一。直接与消费者进行交流、收集消费者的意见和建议，可以了解他们对产品或服务的体验和满意度。可以通过电话调查、在线调查、焦点小组讨论等方式获取消费者反馈，并定期分析和总结这些反馈，以了解产品或服务的优势和改进的方向。

其次，消费者评论和评级是评估营销效果的另一个重要指标。通过在线购物平台、社交媒体、专业评测网站等渠道，消费者可以对产品或服务进行评价和评论。这些评论和评级可以是文字描述、星级评分、图像和视频等形式，反映了消费者对产品或服务的体验和评价。可以跟踪和分析这些评论和评级的内容和趋势，以了解市场对产品或服务的反应和口碑。

再次，口碑影响力是评估营销效果的重要衡量指标。口碑是消费者之间口头传播的信息和意见，对品牌的形象和销售具有重要影响。可以通过社交媒体分析、舆情监测和关键词搜索等方式，了解市场中的口碑信息和品牌形象的塑造情况。关注口碑的好坏、传播的范围和速度，可以评估产品或服务在市场中的影响力和认可度。

最后，市场调研和定性分析是评估营销效果的重要手段。通过定期进行市场调研，可了解目标市场的需求、偏好和竞争情况，从而评估产品或服务在市场中的定位和竞争力。可以使用定性分析方法，如访谈、观察和焦点小组讨论等，深入了解消费者对产品或服务的态度、行为和感知，从而获得对市场反应更全面和深入的理解。

通过消费者反馈、评论、评级、口碑影响力和市场调研等方式，可以全面了解市场对产品或服务的反应和反馈情况。这些指标提供了有价值的信息，可帮助企业评估营销效果、优化营销策略和改进产品或服务。

八、营销成本和回报率

在评估文化创意产业的营销效果时，考虑营销成本和回报率是至关重要的。通过评估营销活动的成本效益，企业可以了解其投资回报率、广告成本占比以及营销策略的效果。

首先，投资回报率（ROI）是评估营销效果的关键指标之一。投资回报率表示企业在营销活动上的投入与获得的收益之间的关系。通过计算销售额、利润或其他关键业绩指标与投资金额之间的比例，可以得出投资回报率。较高的投资回报率表示企业获得了较大的营销效果，并将有助于评估投资决策的成效。此外，可以将投资回报率与行业标准或竞争对手进行比较，以了解企业在市场中的竞争力和效益。

其次，广告成本占比是评估营销效果的另一个重要指标。广告成本占比表示企业在总营销预算中用于广告的比例。将广告支出与总营销预算进行比较，可以了解企业在营销活动中广告投入的比重。较低的广告成本占比可能意味着企业能够以更高的效率利用有限的资源进行广告投放，并获得更好的成果。可以通过分析不同广告渠道和广告形式的成本占比，以及与竞争对手的对比，进一步优化广告投放策略和成本效益。

再次，成本效益分析是评估营销效果的重要方法之一。通过将营销活动的成本与其带来的效益进行比较，可以评估活动的效果和成本效益。综合考虑不同营销活动的成本，包括广告费用、促销费用、人力成本等，并与相关的业绩指标（如销售额、利润等）进行对比。较高的成本效益比表示活动所带来的效益相对较高，而较低的成本效益比表示可能需要重新评估和优化相关的营销策略。

最后，还可以考虑其他成本和回报的因素来评估营销效果。例如，可以考虑品牌知名度的提升、市场份额的增长、新客户获取成本、客户维系成本等指标。通过综合考虑成本和回报的多个方面，可以全面地评估营销活动的效果和成本效益。

九、创意和创新度

在评估文化创意产业的营销效果时，考虑营销活动的创意和创新度是非常重要的。创意和创新是推动品牌与众不同、吸引目标受众的关键要素。

首先，创新奖项是评估营销活动创新度的重要指标之一。通过参与和获得创新奖项，可以证明企业在营销领域具有出色的创新能力和创意水平。可以关注行业内的各类创新奖项，如广告创新奖、设计奖、数字营销奖等，并参与评选和申请。获得奖项不仅能够提升企业的知名度和声誉，还能够吸引更多目标受众的关注和认可。

其次，创意评价是评估营销活动创意水平的重要方法之一。通过对营销活动的创意进行评估和评价，可以了解其独特性、创造力和创意价值。可以组织专业的评审团队或相关专家进行创意评估，根据创意的创新性、表达方式、与品牌的契合度等指标进行评分和评价。通过定期进行创意评价，提高营销活动的创意水平，并引导企业在创意方面持续创新。

再次，消费者反馈和互动是评估创意和创新度的重要依据。通过监测和分析消费者对创意营销活动的反馈、互动和参与程度，可以了解创意活动对目标受众的影响和吸引力。可以关注消费者在社交媒体上的评论、分享、点赞等互动行为，以及活动相关的话题和标签的使用情况。通过分析消费者的反馈和互动，可以评估创意活动的创新度和受欢迎程度，并根据反馈进行改进和优化。

最后，可以考虑其他创意和创新度的因素来评估营销效果。例如，可以关注产品或服务的创新程度、营销活动的独特性和前瞻性，以及营销战略中的创新元素。可以通过市场调研、竞争对比和行业分析等方式，了解企业在创意和创新方面的优势和不足，以及潜在的机会和挑战。

十、文化影响力和社会价值

在评估文化创意产业的营销效果时，考虑文化影响力和社会价值是至关重要的。企业在文化创意领域中的影响力和社会责任履行程度直接关系到企业的声誉和可持续发展。

首先，文化活动参与度是评估企业文化影响力的重要指标。通过企业参与和举办文化活动的数量和质量，可以了解企业在文化领域中的影响力和受欢迎程度。可以关注企业与艺术家、文化机构、社区组织等的合作关系，以及参与大型文化活动、展览、演出等的程度。企业通过文化活动的支持和举办，可以提高自身的知名度和形象，同时对文化领域产生积极的影响。

其次，社会贡献是评估企业社会价值的关键指标之一。社会贡献包括企业在社会责任、公益事业、文化教育、环境保护等方面的投入和影响。通过关注企业的社会责任报告、社会项目的投资和推进情况，可以了解企业在社会价值创造方面的表现。社会贡献的提升可以增强企业在社会中的声誉和认可度，并对企业长期发展产生积极的影响。

再次，合作伙伴关系和影响力网络是评估企业文化影响力的重要参考。通过观察企业与文化领域的合作伙伴关系和影响力网络，可以了解企业在文化创意产业中的地位和影响力。可以关注企业与艺术家、文化机构、媒体等的合作关系，以及在社交媒体和网络平台上的关注度和互动指标。通过建立广泛的合作伙伴关系和影响力网络，企业可以拓展自身的影响力范围，提高品牌在文化创意领域的影响力。

最后，公众认可度和声誉是评估文化影响力和社会价值的重要指标。通过关注公众对企业的认可度和声誉，可以了解企业在社会中的形象和可信度。可以通过舆情监测、调查问卷、口碑分析等方式获取相关数据，并根据反馈进行改进和调整。公众认可度和声誉的提升可以增加企业的影响力和竞争优势。

通过综合考虑以上指标，并根据具体的营销目标和战略，可以综合评估文化创意产业营销的效果和成果，帮助企业优化营销策略和提升市场竞争力。

第二节　营销效果的评估方法

评估文化创意产业的营销效果是为了了解营销活动的成效和效果，并根据评估结果进行优化和调整。

一、数据分析

利用数据分析工具和技术，收集和分析与营销活动相关的数据。可以通过网站分析工具、社交媒体分析、电子商务平台数据等了解用户行为、访问量、转化率等指标。数据分析可以提供客观的数据支持，帮助企业评估营销活动的效果和效率。

（一）网站分析工具

通过使用网站分析工具，企业可以了解其官方网站的访问量、访问来源、页面浏览量、访客行为等。这些数据可以帮助企业了解用户的兴趣、偏好和行为习惯，评估网站的流量和转化率，以及分析不同营销活动对网站流量和用户行为的影响。

（二）社交媒体分析

社交媒体平台提供了丰富的数据和指标，用于评估营销活动在社交媒体上的表现。通过社交媒体分析工具，可以了解粉丝数量、互动率、分享率、讨论趋势等。这些数据可以帮助企业了解社交媒体的影响力、受众参与度和用户反馈，从而评估营销活动在社交媒体上的效果。

（三）电子商务平台数据分析

对于有在线销售渠道的文化创意企业来说，电子商务平台的数据分析是评估营销效果的重要手段之一。通过分析电子商务平台的销售数据，可以了解产品的销售额、订单量、购买者的偏好和购买路径等。这些数据可以帮助企业了解在线销售的表现和趋势，评估不同营销策略对销售业绩的影响，并进一步优化和调整。

（四）数据挖掘和预测分析

利用数据挖掘和预测分析技术，企业可以挖掘数据中的隐藏模式和趋势，预测未来的销售趋势和用户行为。通过建立预测模型，企业可以更准确地预测市场需求、产品销售量和用户行为的变化。这可以帮助企业做出更明智的营销决策，并优化营销策略以实现更好的效果。

（五）A/B 测试

A/B 测试是一种常用的数据分析方法，用于比较不同变量或策略对营销效果的影响。随机将用户分成不同分组，并给予不同的变量或策略，企业可以比较不同组之间的表现差异。例如，在网站设计中，可以测试不同的页面布局、颜色方案或按钮位置，然后通过数据分析来确定哪个版本具有更好的用户转化率或点击率。A/B 测试可以帮助企业了解不同变量对营销效果的影响，并做出相应的调整和优化。

（六）数据可视化

数据可视化是将数据以图表、图形或仪表板的形式呈现，以便更直观地理解和分析数据。通过使用数据可视化工具，如图表生成软件或数据可视化平台，企业可以将收集到的数据转化为易于理解和分析的可视化形式。这有助于发现数据中的模式、趋势和关联，从而更好地评估营销活动的效果和效率。

（七）定性数据分析

除了定量数据分析外，对定性数据进行分析也是评估营销效果的重要方法之一。定性数据包括用户反馈、评论、调研结果等，这些数据提供了关于用户体验、满意度和感受的深入理解。通过对定性数据进行分析，企业可以发现用户的痛点、需求和偏好，从而优化产品设计、服务体验和营销策略。

通过利用各种数据分析方法和技术，企业可以获得客观的数据支持，了解用户行为、访问量、转化率等指标，从而评估营销活动的效果和效率，并基于数据结果做出相应的调整和优化。

二、市场调研

进行市场调研，收集消费者的意见、偏好和反馈。可以通过问卷调查、深入访谈、焦点小组讨论等方式获取消费者的观点和意见，了解他们对产品、品牌和营销活动的看法。市场调研可以帮助企业了解目标受众的需求和反应，为营销策略的优化提供依据。

首先，问卷调查是市场调研中常用的方法之一。通过设计问卷并向目标受众分发，可以收集大量的定量数据和统计信息。问卷可以包括关于产品特点、品牌形象、购买意愿、客户满意度等方面的问题。通过分析问卷调查结果，企业可以了解目标受众的偏好、需求和购买意向，从而针对性地调整和优化营销策略。

其次，深入访谈是一种获取消费者深层次见解和观点的方法。通过与目标受众进行个别的面对面访谈，可以深入了解他们的想法、感受和反馈。深入访谈可以提供更具体、细致的信息，帮助企业理解消费者的心理需求、决策过程和购买动机。通过分析访谈数据，企业可以获取更深入的市场洞察，并据此制定更精准的营销策略。

再次，焦点小组讨论是一种集体讨论的方法，通过组织一小组目标受众进行集体讨论，了解他们的观点、意见和互动。焦点小组讨论可以帮助企业发现潜在的市场趋势、意见领袖和消费者洞察。在讨论中，参与者可以互相启发和交流，提供丰富的市场信息和反馈。通过观察和记录焦点小组讨论的内容，企业可以了解消费者对产品和品牌的感知、认知和态度，从而优化营销策略。

最后，市场调研还可以结合其他方法，如观察研究、竞争对手分析和文献研究等。通过观察消费者在实际购买环境中的行为和互动，可以获取直接的市场反馈。进行竞争对手分析可以帮助企业了解竞争对手的营销策略和市场表现，从而与之比较和优化自身的营销策略。文献研究可以借鉴相关领域的研究资料和经验，了解行业趋势和市场情况。

市场调研是评估文化创意产业营销效果的重要方法之一。通过问卷调查、深入访谈、焦点小组讨论以及结合其他方法如观察研究、竞争对手分析和文献研究等，企业可以全面了解消费者的观点、偏好和反馈，掌握市场需求和趋势。市场调研的结果可以为企业提供决策和优化营销策略的依据，帮助其更好地满足目标受众的需求，提升营销效果。此外，市场调研还可以帮助企业发现新的市场机会、了解竞争对手的优势和劣势，并在市场中建立竞争优势。因此，通过市场调研的方法，企业能够更加准确地评估和优化文化创意产业的营销效果，为企业的发展和竞争提供重要支持。

三、客户满意度调查

通过定期进行客户满意度调查，评估客户对产品或服务的满意程度。可以利用问卷调查、在线反馈等方式，了解客户对产品质量、售后服务、购物体验等方面的评价。客户满意度调查可以帮助企业了解客户需求、发现问题，并采取相应的措施进行改进。

首先，客户满意度调查可以帮助企业了解客户需求和期望。通过设计合适的问卷调查或在线反馈表，企业可以了解客户对产品质量、服务水平、购物体验等方面的评价和意见。调查结果可以揭示客户的关注点、偏好和不满意的领域，帮助企业更好地了解市场需求并满足客户期望。

其次，客户满意度调查可以发现问题和改进的机会。通过收集客户的反馈意见和建议，企业可以及时发现存在的问题和不足之处，并采取相应的改进措施。这有助于提高产品质量、优化服务流程、加强售后支持等，从而增强客户满意度和忠诚度。客户满意度调查还可以帮助企业确定改进的优先级和关键领域，为提升整体营销效果提供指导。

再次，客户满意度调查可以衡量企业在市场中的竞争优势。通过与竞争对手进行比较，可以了解客户对不同品牌的满意度和偏好。这有助于企业评估自身的竞争地位和品牌影响力，并根据调查结果制定差异化的营销策略。客户满意度调查还可以帮助企业评估其在客户心目中的形象和声誉，为品牌建设和市场定位提供重要参考。

最后，客户满意度调查可以建立长期的客户关系和提升客户忠诚度。通过关注客户的反馈和需求，并积极采取措施进行改进，企业可以建立良好的客户关系和口碑。满意的客户更有可能成为忠实的重复购买者，同时还可能推荐企业的产品或服务给其他人。这将有助于企业扩大市场份额、增加销售量，并提升整体营销效果。

通过了解客户需求、发现问题、衡量竞争优势和建立客户关系，客户满意度调查对于评估文化创意产业的营销效果具有重要意义。

四、品牌评估

进行品牌评估、衡量品牌知名度、认知度和形象，可以通过市场调研、品牌调查、品牌价值评估等方式，评估品牌在目标受众中的认可度和影响力。品牌评估可以帮助企业了解品牌的竞争力和市场地位，为品牌建设和营销策略提供参考。

首先，品牌知名度是评估品牌效果的重要指标之一。品牌知名度指的是消费者对品牌的认知程度和品牌在市场中的知名程度。可以通过市场调研和调查来了解消费者对品牌的认知程度和熟悉程度。调研可以包括对品牌名称、标识、产品特点等方面的了解程度进行统计，从而得出品牌知名度指标。较高的品牌知名度意味着品牌在市场中具有较高的曝光度和认知度，有助于吸引潜在顾客和提升品牌的市场地位。

其次，品牌认知度是评估品牌效果的关键指标之一。品牌认知度指的是消费者对品牌所关联的产品、服务、价值观等方面的认知程度。可以通过市场调研、品牌调查和消费者访谈等方式了解消费者对品牌的认知情况。调研可以包括对品牌的品质、信誉、特色等方面的认知进行测量，从而得出品牌认知度指标。较高的品牌认知度意味着品牌在消费者心目中具有较高的形象和价值认可度，有助于增强品牌忠诚度和市场竞争力。

再次，品牌形象是评估品牌效果的重要维度之一。品牌形象指的是品牌在消费者心目中所形成的总体印象和感知。可以通过市场调研、品牌调查和消费者反馈等方式了解消费者对品牌的整体印象和感受。调研可以包括对品牌的个性、价值观、故事等方面的评价进行测量，从而得出品牌形象指标。较好的品牌形象意味着品牌在消费者心目中具有积极的形象和情感连接，有助于建立品牌忠诚度和增强消费者购买意愿。

最后，品牌评估可以通过品牌价值评估品牌的价值。品牌价值是评估品牌效果的关键指标之一，它涵盖了品牌对企业的贡献和影响力。通过品牌价值评估模型和方法，如品牌评分、财务评估、市场研究等，可以量化品牌的经济和市场价值。

五、竞争分析

对竞争对手进行分析，了解其营销策略和表现。通过对竞争对手的市场份额、品牌声誉、产品特点等进行比较和评估，可以了解企业自身在市场中的竞争优势和劣势。竞争分析可以帮助企业了解市场趋势、制定差异化的营销策略，并提高市场竞争力。

首先，了解竞争对手的市场份额和表现是竞争分析的关键步骤。可以通过市场研究和行业报告等途径，收集竞争对手的市场份额和增长趋势等数据。了解竞争对手在市场中的表现，包括销售额、市场份额、增长率等指标，有助于评估其市场竞争力和市场占有率。

其次，比较竞争对手的品牌声誉和形象是竞争分析的重要内容。通过对竞争对手的品牌定位、品牌形象和品牌声誉进行评估，可以了解其在消费者心目中的影响力和认可度。通过市场调研和品牌调查等方法，了解竞争对手的品牌知名度、品牌认知度和品牌形象，从而比较企业自身与竞争对手在品牌建设方面的差距。

再次，分析竞争对手的产品特点和差异化策略有助于评估市场竞争优势。通过了解竞争对手的产品组合、定价策略、产品特点和创新性，可以评估企业自身产品的竞争力和差异化优势。此外，还可以比较产品的质量、功能、设计等方面的差异，了解市场上的竞争格局和消费者的偏好。

最后，竞争分析还可以通过监测竞争对手的营销活动和渠道策略来评估市场竞争力。可以关注竞争对手的广告宣传、促销活动、社交媒体营销等，了解其在市场推广和品牌推广方面的策略和效果。此外，还可以研究竞争对手的渠道布局和分销策略，了解其市场覆盖和渠道合作情况。

通过对竞争对手的市场份额、品牌声誉、产品特点和营销策略进行比较和分析，可以帮助企业了解市场趋势、制定差异化的营销策略，并提高市场竞争力。

六、口碑和社交媒体分析

关注消费者在社交媒体平台上的讨论和评价，可以通过监测社交媒体平台上的关键词、品牌提及、用户评论等，了解消费者对产品、品牌和营销活动的口碑和反馈。社交媒体分析工具可以帮助企业追踪和分析社交媒体上的关键指标，如社交媒体互动指标、分享率、转发量等，进一步评估营销效果和社交媒体的影响力。

首先，监测关键词和品牌提及是口碑和社交媒体分析的关键步骤。企业可以使用社交媒体监测工具或关键词搜索来追踪与其产品、品牌和营销活动相关的讨论和提及。关键词可以包括品牌名称、产品特点、广告口号等。通过监测社交媒体平台上的关键词和品牌搜索率，企业可以了解消费者对其产品和品牌的讨论和印象。

其次，分析用户评论和反馈是口碑和社交媒体分析的重要内容。通过收集和分析社交媒体上的用户评论、评分和反馈，企业可以了解消费者对产品和品牌的看法、体验和满意度。通过关注消费者的意见、建议和问题，可以从中发现产品改进的机会和解决方案。此外，对于负面评论和投诉，企业应及时采取措施进行回应和解决，以保护品牌声誉和维护消费者关系。

再次，利用社交媒体分析工具进行数据追踪和指标分析是口碑和社交媒体分析的重要手段。企业可以使用社交媒体分析工具，追踪和分析社交媒体平台上的关键指标。这些指标可以包括社交媒体互动指标（如点赞、评论、分享）、转发量、关注者增长率、品牌提及量等。通过对这些指标的分析，企业可以评估营销活动的影响力和社交媒体的效果，从中获取洞察和改进营销策略。

最后，社交媒体分析可以帮助企业了解消费者需求和趋势。通过观察社交媒体上的讨论和话题，企业可以了解消费者的兴趣、偏好和趋势，从而调整和优化产品和营销策略。此外，还可以关注竞争对手在社交媒体上的表现和反馈，以获取市场竞争的信息和洞察。

七、投资回报率（ROI）分析

ROI 分析可以帮助企业了解营销活动的效益和成本效益比，判断投资是否获得了足够的回报。可以将投资回报率与预先设定的目标进行对比，以进一步优化和调整营销策略。

首先，明确投资回报率的计算方法和指标。ROI 是投资回报率的缩写，计算公式为（收益—成本）/ 成本 ×100%。其中，收益可以是营销活动带来的销售额增长、利润增加等；成本可以是广告费用、推广费用、人力成本等。通过计算投资回报率，可以直观地了解投资获得的回报相对于投入的情况。

其次，收集和整理与营销活动相关的数据。为了进行 ROI 分析，企业需要收集和整理与营销活动相关的数据，包括投资金额、销售额、利润、转化率等。这些数据可以通过内部系统、财务报表、销售数据等渠道获得。确保数据的准确性和完整性对于准确计算 ROI 至关重要。

再次，计算 ROI 并解读结果。根据收集的数据，计算营销活动的 ROI。将 ROI 与预先设定的目标进行对比，进一步评估投资的效果和成本效益比。如果 ROI 高于预期目标，则说明投资获得了良好的回报；如果低于预期目标，则需要进一步分析原因，并考虑调整营销策略。

最后，优化和调整营销策略。基于 ROI 分析的结果，企业可以识别哪些营销活动和渠道带来了较高的 ROI，哪些需要改进或调整，从而帮助企业优化资源配置，重点投资高回报率的营销活动，并减少投资在低效活动上的浪费。同时，通过不断监测和分析 ROI，企业可以对营销策略进行迭代和优化，提高 ROI 和市场竞争力。

总之，通过计算 ROI，企业可以评估投资的回报情况，并基于分析结果优化和调整营销策略，从而提高 ROI 和市场竞争力。

八、奖项和荣誉评价

参与和获得行业内的创意奖项、创新奖项或文化活动奖项，评估企业的创意和创新程度。可以参加行业的评选活动，向专业机构或评委提交申请，通过专业的评审过程获得奖项和荣誉。获得奖项和荣誉可以提高企业的声誉和知名度，进一步增强文化创意产业的营销效果。

首先，参与行业内的创意奖项、创新奖项或文化活动奖项。企业可以积极参与行业内举办的创意奖项、创新奖项或文化活动奖项评选。这些奖项通常由专业的机构、组织或评委会主办，旨在评估和表彰在文化创意领域中具有卓越创意和创新的企业。通过参与奖项评选，企业有机会展示自身的创意和创新能力，与其他优秀企业进行比较，并吸引更多关注。

其次，向专业机构或评委提交申请并接受评审过程。企业可以向相关的专业机构或评委会提交申请，以参与奖项评选。这通常需要准备相应的申请材料，包括企业简介、项目介绍、案例展示等，以展示企业在文化创意领域的创意和创新成果。接受评审过程后，评委会将对申请进行评估和筛选，并最终决定是否授予奖项和荣誉。

再次，获得奖项和荣誉对企业的营销效果具有积极影响。获得奖项和荣誉可以为企业带来多方面的好处。其一，它可以提升企业的声誉和知名度。获得奖项和荣誉可以使企业在行业内获得认可和尊重，增加品牌的影响力和吸引力。其二，它可以增加企业的竞争优势。奖项和荣誉的获得可以作为企业市场营销的有力工具，用于在广告、宣传材料、产品包装等中展示企业的荣誉，并在市场中与竞争对手区分开来。其三，它还可以增强企业的自信心和士气，激励企业不断追求创意和创新。

最后，参与奖项评选需要注意以下几点。其一，了解奖项的评选标准和要求，确保企业满足申请条件。其二，准备充分的申请材料，以清晰、有力地展示企业的创意和创新。其三，建立良好的与评委、专业机构和行业内人士的关系网络，可以增加获得奖项和荣誉的机会。与评委、专业机构以及行业内其他企业建立良好的合作和合作伙伴关系，可以获得更多的信息和机会，增加参与奖项评选的可能性。其四，及时跟踪行业内的奖项评选活动和相关的消息，提前准备并参与其中，可以提高企业获得奖项和荣誉的机会。

通过参与行业内的创意奖项、创新奖项或文化活动奖项评选，并获得奖项和荣誉，企业可以展示自身的创意和创新能力，提升声誉和知名度，增加竞争优势，从而进一步提升文化创意产业的营销效果。为了参与奖项评选，企业应了解奖项的评选标准和要求，准备充分的申请材料，并与评委、专业机构和行业内的其他企业建立良好的合作关系。及时跟踪行业内的奖项评选活动，提前准备并参与其中，也能提高获得奖项和荣誉的机会。

九、定性评估和案例分析

通过分析成功的营销案例和经验，总结出有效的策略和方法，并与企业的实际情况进行比较和借鉴。定性评估可以帮助企业深入理解消费者的需求和市场趋势，为营销策略的制定和优化提供新的视角和创意。

（一）深入理解消费者需求

定性评估和案例分析可以帮助企业更全面地了解消费者的需求。通过深入研究消费者的观点、态度和行为，企业可以发现消费者的真实诉求和痛点，从而提供更加符合市场需求的产品和服务。

1. 评估和案例分析对于深入理解消费者需求的作用

在文化创意产业中，深入理解消费者的需求是实现营销成功的关键。定性评估和案例分析是两种有效的方法，可以帮助企业更全面地了解消费者的需求，从而提供符合市场需求的产品和服务。

首先，定性评估通过深入研究消费者的观点、态度和行为，能够揭示消费者的真实诉求和痛点。定性评估方法包括深入访谈、观察研究、焦点小组讨论等。通过与消费者面对面的深入访谈，研究人员提出开放性问题，探索消费者对产品、品牌和营销活动的看法、期望和体验。这种方法能够让消费者自由表达自己的想法和感受，从而帮助企业更准确地了解消费者的需求和心理。

其次，案例分析通过研究和分析成功的营销案例，能够为企业提供宝贵的经验教训和创意灵感。对与企业业务相关的成功案例进行深入研究，企业可以了解其成功的原因、策略和执行方式。通过分析成功案例，企业可以学习行业内的最佳实践，了解不同营销策略的效果，并从中汲取创意和灵感。通过案例分析，企业可以发现成功案例中的共同特点和成功因素，如产品创新、品牌传播、市场定位等，从而应用到自身的营销策略中。

2. 进行定性评估和案例分析的过程中企业可以获得的深入理解

在进行定性评估和案例分析的过程中，企业可以获得以下几个方面的深入理解：

（1）消费者的情感需求

定性评估和案例分析可以揭示消费者的情感需求。通过深入研究消费者的观点和态度，企业可以了解消费者对文化创意产品或服务的情感连接和情感体验的需求。这包括消费者对产品的情感反应、品牌的情感认同以及与文化创意活动相关的情感体验。通过了解消费者的情感需求，企业可以设计更具吸引力和共鸣的营销策略，从而提升市场竞争力。

（2）消费者的行为动机

定性评估和案例分析可以揭示消费者的行为动机。通过观察和深入访谈，企业可以了解消费者购买文化创意产品或参与文化创意活动的驱动力和动机。这可能涉及消费者对个人成长、社交认同、文化价值认同等方面的需求。通过了解消费者的行为动机，企业可以精准定位目标受众，设计针对性的营销活动，并提供符合消费者期望的产品和服务。

（3）消费者的体验和反馈

定性评估和案例分析还可以帮助企业了解消费者对产品或服务的体验和反馈。通过与消费者的深入访谈和案例研究，企业可以了解消费者对产品或服务的感受和满意程度。这种理解可以帮助企业发现产品或服务的优点和改进点，并针对性地进行优化和创新。

通过定性评估和案例分析，企业可以深入了解消费者的需求、心理和行为，从而更准确地把握市场趋势，优化产品和服务，设计更具吸引力的营销策略，并提升文化创意产业的竞争力。这些方法与定量数据分析和其他评估方法互为补充，共同构建全面的营销效果评估体系。

（二）发现市场趋势和机会

通过分析定性数据和成功案例，企业可以揭示市场的趋势和机会。定性评估可以帮助企业发现新兴的市场需求和消费趋势，为企业的产品创新和市场定位提供指导。

首先，定性评估通过深入了解消费者的观点和态度，帮助企业发现新兴的市场需求。通过深度访谈、观察研究、焦点小组讨论等定性研究方法，企业可以获取消费者对文化创意产品和服务的看法、期望和体验。对这些观点和态度进行分析，可以揭示消费者的新需求和未满足的市场空白。例如，通过定性评估可以了解到消费者对于特定主题、文化体验或创意产品的兴趣和需求，从而发现潜在的市场机会。

其次，案例分析通过研究成功的营销案例，帮助企业发现市场中的机会。通过选择与企业业务相关的成功案例进行深入研究，企业可以了解这些成功案例的背后所反映的市场趋势和机会。例如，通过分析成功的文化活动案例，企业可以了解消费者对于创新的活动形式、互动性和参与感的需求，从而发现创新的活动策划和营销机会。案例分析还可以揭示出市场中的成功模式和策略，为企业的市场定位和营销战略提供借鉴和启示。

定性评估和案例分析对于发现市场趋势和机会具有以下几个方面的重要作用：

发现新兴的市场需求和消费趋势。通过定性评估，企业可以更深入地了解消费者的观点和态度，从而发现新兴的市场需求和消费趋势。例如，通过深入研究消费者对文化创意产品的期望和体验，企业可以发现消费者对于个性化、情感共鸣、社交互动等方面的新需求。这些新兴需求可以为企业的产品创新和市场定位提供重要参考。

把握市场的变化和趋势。通过案例分析，企业可以了解市场中的变化和趋势。通过研究成功的营销案例，企业可以了解市场中的成功模式、策略和创新思路，从中获取洞察力和灵感。这有助于企业把握市场的变化和趋势，及时调整和优化自身的产品和营销策略，以适应市场需求的变化。

优化产品创新和市场定位。定性评估和案例分析可以为企业的产品创新和市场定位提供重要的指导。通过了解消费者的观点和态度，企业可以发现产品设计、功能改进、体验提升等方面的机会，为产品创新提供有力支持。同时，通过案例分析成功的营销案例，企业可以了解市场中的成功模式和策略，为自身的市场定位和品牌建设提供启示和借鉴。这些信息能够帮助企业在竞争激烈的文化创意产业中找到差异化和突破口，从而提高产品的竞争力和市场影响力。

创造独特的消费者体验。定性评估和案例分析还能帮助企业创造独特的消费者体验。通过深入了解消费者的观点和态度，企业可以发现消费者对于个性化、情感共鸣、互动体验等方面的追求。借鉴成功案例的经验，企业可以创造出独特的营销活动、活动场景和品牌体验，从而在消费者心目中留下深刻的印象，提升品牌认知度和忠诚度。

通过深入研究消费者的观点、态度和行为，以及分析成功的营销案例，企业能够深入理解消费者的需求、把握市场趋势和机会，并优化产品创新和市场定位。这些方法为企业提供了宝贵的指导，帮助企业在竞争激烈的文化创意产业中取得营销成功。

（三）创造独特的营销策略

案例分析可以帮助企业学习行业内的最佳实践，并从中汲取创意和灵感。通过对成功案例的分析，企业可以发现创新的营销策略和差异化的品牌传播方式，为自身的营销活动注入新的思路和创意。

发现创新的营销思路和策略。案例分析可以帮助企业发现创新的营销思路和策略。通过研究分析成功案例，企业可以了解其他企业在市场推广、品牌传播、产品创新等方面采取的创新策略。这些策略可以激发企业的创造力和创新意识，帮助企业在竞争激烈的市场中脱颖而出。例如，可以学习其他企业在社交媒体营销、内容营销、体验营销等方面的成功经验，以及如何利用新兴技术和媒体进行创新的品牌宣传和营销活动。

借鉴成功的品牌传播方式。案例分析可以帮助企业借鉴成功的品牌传播方式。通过研究分析成功品牌的案例，企业可以了解他们在品牌建设和传播方面采取的有效策略和方法。可以观察他们在品牌定位、品牌故事、品牌形象等方面的成功实践，并从中汲取灵感和创意。例如，可以学习其他企业如何通过品牌故事的讲述和情感共鸣来建立品牌认同、如何运用创意的广告宣传和影响力营销来扩大品牌影响力。

探索差异化的市场定位。案例分析可以帮助企业探索差异化的市场定位。通过研究分析成功案例，企业可以了解其他企业在目标受众选择、产品定位和市场策略方面的差异化实践。可以观察他们是如何找到独特的市场定位点，满足特定目标受众的需求，并在市场中建立起独特的竞争优势。

创造独特的消费者体验。案例分析可以帮助企业创造独特的消费者体验。通过研究分析成功案例，企业可以了解其他企业如何通过创新的营销活动和活动设计来打造与众不同的消费者体验。可以观察他们是如何通过互动式的展览、个性化的产品定制、跨界合作等方式吸引消费者的注意和参与，并创造出令消费者难忘的体验。通过借鉴这些案例，企业可以设计和实施独特的营销活动，从而提升消费者对品牌的认知和好感度。

指导品牌建设和营销策略。案例分析可以为企业的品牌建设和营销策略提供指导。通过研究分析成功案例，企业可以了解其他企业在品牌建设和营销策略方面的成功实践。可以观察他们是如何通过有效的品牌定位、精准的目标受众选择、创新的市场推广方式等来建立强大的品牌影响力。通过借鉴这些案例，企业可以对自身的品牌建设和营销策略进行评估和优化，从而提升市场竞争力。

总之，案例分析是一种重要的方法，可以帮助企业学习行业内的最佳实践，从中汲取创意和灵感，并为企业创造独特的营销策略提供指导。通过深入研究分析成功案例，企业可以发现创新的营销思路和策略、借鉴成功的品牌传播方式、探索差异化的市场定位、创造独特的消费者体验，并指导品牌建设和营销策略的优化和实施。

通过深入研究消费者的需求和行为、学习成功案例的经验和教训，企业可以更好地理解市场和消费者，并优化营销策略以提升市场竞争力。

第十章　结论与建议

第一节　研究结论

本文针对文化创意产业的营销策略进行了深入研究，主要从文化创意产业的概况、客户需求、竞争对手、市场环境、营销目标、营销战略、营销组合和营销效果评估等方面进行了分析。经过研究，得出以下结论：

一、文化创意产业的特点

文化创意产业具有创新性、知识密集性和创意驱动性等特点，其产品和服务的核心是文化资产的创造、开发和商业化。了解和把握文化创意产业的特点对于制定有效的营销策略至关重要。

首先，文化创意产业具有创新性。创新是文化创意产业的生命线，是推动行业发展和增强竞争力的重要因素。文化创意产业通过创新的产品和服务，满足消费者对独特、新颖和有趣体验的需求。企业应注重创新，不断推陈出新，以保持市场竞争力。

其次，文化创意产业具有知识密集性。在文化创意产业中，知识是核心资源，包括专业知识、艺术技能和创意思维等。文化创意产业的从业者需要具备高度的专业知识和技能，才能创造出具有独特价值的文化产品和服务。企业应加强人才培养和知识管理，提升自身的知识密集度，从而提高产品和服务的竞争力。

再次，文化创意产业具有创意驱动性。创意是文化创意产业的核心要素，是创造和提供独特文化体验的关键。文化创意产业通过挖掘和发展创意，创造出具有艺术性、个性化和文化内涵的产品和服务。企业应注重创意的培育和创造，不断激发创意思维和创新能力，打造出具有差异化竞争优势的产品和品牌。

最后，文化创意产业具有社会价值和文化影响力。文化创意产业不仅仅是商业活动，还承担着传承和传播文化的重要使命。它能够促进文化多样性、增强文化认同感，推动社会和谐发展。企业应在追求经济效益的同时，还要注重社会责任，积极传播和弘扬文化价值观，提升文化创意产业的社会影响力。

二、客户需求分析

不同的客户群体对于文化创意产品和服务有不同的需求和偏好。通过对客户群体的划分和需求分析，企业可以更好地定位目标客户，提供符合其需求的产品和服务，增强客户满意度和忠诚度。

首先，客户群体的划分和分析是理解客户需求的关键。不同的客户群体在文化创意产业中具有不同的需求和偏好。通过对客户进行细分，可以更好地了解不同群体的特点和需求。例如，可以根据年龄、性别、地域、教育背景等因素划分客户群体，并分析其对文化创意产品和服务的需求。

其次，客户需求的分析有助于企业定位目标客户。通过深入了解不同客户群体的需求和偏好，企业可以明确目标客户，并针对性地开发和推出相应的产品和服务，从而更有效地满足目标客户的需求，提升产品的市场竞争力。

再次，客户需求的分析有助于企业提高客户满意度和忠诚度。通过了解客户的需求并提供符合其需求的产品和服务，可以增强客户的满意度。满意的客户更有可能成为忠实的顾客，并推荐企业的产品和服务给他人。因此，通过客户需求分析，企业可以建立良好的客户关系、提升客户忠诚度，实现持续的业务增长。

最后，客户需求分析需要进行定期的调研和反馈机制。客户需求是动态变化的，随着时间的推移和市场环境的变化，客户的需求也会发生变化。因此，企业应建立定期的调研机制，与客户保持良好的沟通和互动。通过收集客户的反馈和意见，企业及时调整产品和服务，以更好地满足客户的需求。

三、竞争对手分析

了解竞争对手的市场地位、竞争优势和营销策略对于企业制定差异化的营销策略至关重要。通过竞争对手分析，企业可以抓住市场机会、应对竞争挑战，提升自身的市场竞争力。

首先，竞争对手分析有助于企业了解市场地位和竞争优势。通过对竞争对手的市场份额、品牌声誉、产品特点等进行比较和评估，企业可以了解竞争对手在市场中的地位和优势。这样可以帮助企业了解自身在市场中的竞争优势和劣势，为制定差异化的营销策略提供依据。

其次，竞争对手分析有助于了解竞争对手的营销策略。通过对竞争对手的广告、促销、渠道等营销活动进行观察和分析，企业可以了解竞争对手的营销策略和执行方式。这样可以帮助企业了解竞争对手的市场定位、目标客户、品牌形象等，从而更好地应对竞争，制定差异化的营销策略。

再次，竞争对手分析有助于企业抓住市场机会。通过观察竞争对手的市场行为和战略调整，企业可以发现市场中的机会和趋势。这样可以帮助企业抓住机会，制定相应的市场策略，从而拓展市场份额、增加竞争优势。

最后，竞争对手分析需要持续进行。竞争对手的策略和市场行为是动态变化的，需要企业持续关注和分析。因此，竞争对手分析应该是一个持续的过程，企业应定期进行竞争对手的监测和分析，以及时调整自身的营销策略。

四、市场环境分析

宏观环境和微观环境对于文化创意产业的营销策略有着重要影响。政策环境、经济环境、社会文化环境和市场竞争环境等因素需要进行深入分析，以把握市场趋势和机会，为企业的营销决策提供依据。

五、营销目标的制定

明确的营销目标对于营销策略的制定和实施至关重要。市场份额、销售增长、品牌认知度等方面的目标应与企业的整体战略目标相一致，并要考虑到市场需求和竞争情况。

首先，明确的营销目标对于营销策略的制定和实施至关重要。营销目标应该是明确、具体、可衡量的，能够指导企业的营销活动。例如，市场份额增长、销售量增长、品牌认知度提升等都可以作为营销目标。企业制定营销目标时，需要考虑企业整体战略目标、市场需求和竞争情况，确保营销目标与企业战略的一致性。

其次，营销目标的制定应该考虑市场需求和竞争情况。企业需要了解目标市场的需求特点和趋势，以确定适应市场需求的营销目标。同时，企业还需要分析竞争对手的市场地位和竞争策略，制定相应的营销目标，以提升竞争力。

再次，营销目标应该具有可衡量性和可实现性。营销目标需要具备明确的量化指标和时间框架，以便企业能够进行有效的衡量和评估。同时，营销目标还应该是可实现的，考虑到企业的资源和能力，确保目标的可行性和可达性。

最后，营销目标的制定是一个动态的过程。市场环境和竞争态势都在不断变化，因此企业的营销目标也需要进行动态调整和修正。企业应该定期评估和审视营销目标的实现情况，根据市场变化做出相应的调整，以确保营销目标与市场的匹配度和可持续性。

六、营销策略的制定

制定合适的营销策略需要综合考虑产品策略、价格策略、促销策略和渠道策略等要素。不同的策略应相互协调、相互支持，以实现市场传播和销售效果的最大化。

第一，制定合适的营销策略需要综合考虑多个要素，其中包括产品策略、价格策略、促销策略和渠道策略等。这些要素相互关联、相互影响，需要在整体营销策略框架下相互协调和支持，以实现市场传播和销售效果的最大化。

第二，产品策略是制定营销策略的核心要素之一。企业需要明确产品定位、核心竞争优势以及产品特点和创新点，以满足目标市场的需求。产品策略还涉及产品开发、设计、品质控制等方面，需要与目标市场的需求相匹配，并在市场竞争中具备差异化优势。

第三，价格策略是营销策略中重要的一环。企业需要根据产品定位、目标市场的价格敏感性和竞争情况，制定合理的价格策略。价格策略包括定价策略、定价模型、折扣政策等，以满足消费者需求、实现利润最大化和市场份额的增长。

第四，促销策略也是制定营销策略的关键要素之一。促销策略可以通过广告、销售促销、公关活动等手段，以提高产品的知名度和认可度，刺激消费者的购买欲望。企业需要根据目标市场的特点和竞争情况，选择适当的促销方式和渠道，以实现营销目标。

第五，渠道策略是将产品和服务传递给最终消费者的重要环节。企业需要选择适合目标市场的销售渠道，建立和维护与渠道合作伙伴的关系，并优化渠道布局和管理，以确保产品能够有效到达目标市场，并满足消费者的需求。

七、营销组合的优化

通过对营销组合的优化，可以确保各个营销要素的协调和一致性。产品、价格、促销和渠道等方面的整合，有助于提高营销效果和市场竞争力。

第一，营销组合的优化是确保各个营销要素之间协调和一致性的重要步骤。营销组合包括产品、价格、促销和渠道等方面的要素，这些要素相互关联、相互影响，需要在整体营销策略下进行优化，以实现市场传播和销售效果的最大化。

第二，产品在营销组合中起着关键的作用。优化产品策略包括产品的定位、特点、设计和创新等方面。产品应与目标市场的需求相匹配，具备差异化的竞争优势，以吸引消费者并满足其需求。同时，产品的品质和性能也是优化的重点，企业应关注产品的质量控制和持续创新，以提升产品的价值和市场竞争力。

第三，价格优化是营销组合中的重要环节。优化价格策略包括定价策略、定价模型等方面。企业需要根据目标市场的价格敏感性、竞争情况和品牌定位，制定合理的价格策略。价格优化既要考虑到产品的成本和利润，也要关注消费者的支付意愿和市场竞争力，以实现市场份额的增长和销售效果的最大化。

第四，促销策略的优化也是营销组合中的重要任务。优化促销策略包括广告、销售促销、公关活动等方面。企业需要根据目标市场的特点和竞争情况，选择合适的促销方式和渠道，以提高产品的知名度和认可度，刺激消费者的购买欲望。促销策略的优化要与产品策略、价格策略相互配合，确保整个营销组合的一致性和效果的最大化。

第五，渠道策略的优化也是营销组合中的关键环节。优化渠道策略包括选择适合目标市场的销售渠道、建立和维护与渠道合作伙伴的关系、优化渠道布局和管理。企业需要根据目标市场的特点和消费者的购买习惯，确定最有效的渠道组合，以确保产品能够高效地到达目标市场，并满足消费者的需求。

八、营销效果的评估

营销效果的评估是对营销策略有效性的检验和反馈。通过选择合适的评估指标和方法，可以评估营销活动对企业绩效、市场份额和品牌认知度等方面的影响，为进一步优化营销策略提供依据。

第一，营销效果的评估需要明确目标和指标。确定清晰的营销目标，如销售增长、市场份额提升、品牌认知度提高等，针对不同的目标选择相应的评估指标。例如，可以利用销售额、销售增长率、市场份额、品牌知名度、品牌忠诚度、客户满意度等指标来衡量营销效果。

第二，营销效果的评估需要综合考虑定量和定性数据。定量数据可以通过市场调研、销售数据、客户满意度调查等获取，用于量化评估营销活动的影响。定性数据可以通过深入访谈、焦点小组讨论等方法获得，用于了解消费者的态度、观点和体验，从而对营销策略进行更深入的理解和改进。

第三，营销效果的评估需要比较和对比。将营销活动的效果与预先设定的目标、竞争对手或行业标准进行对比，可以评估营销活动的相对表现，并发现改进的空间。

第四，对竞争对手的营销活动进行分析，了解其策略和效果，有助于确定自身的优势和不足，并制定相应的应对措施。

第五，营销效果的评估需要持续进行。营销活动的效果不是一次性的，需要定期进行评估和监测。通过跟踪和分析数据，可以及时发现问题和机会，并及时调整和优化营销策略。持续地评估和改进能够帮助企业适应市场变化、提升竞争力，实现长期的营销成功。

第二节　研究建议

基于以上结论，本研究提出了以下建议：

一、加强市场调研和客户需求分析

企业应加强市场调研，深入了解目标客户的需求和偏好，掌握市场趋势和竞争对手情况。定期进行客户满意度调查和市场调研，及时了解客户需求的变化，以便灵活调整营销策略。

首先，加强市场调研，深入了解目标客户的需求和偏好。市场调研可以通过各种方法和途径进行，如问卷调查、访谈、观察等。企业可以使用定量和定性研究方法获取客观数据和主观观点，了解目标客户的购买行为、态度、偏好以及未满足的需求。通过深入了解客户，企业可以更好地定位目标市场，优化产品设计和服务体验，从而满足客户的需求。

其次，定期进行客户满意度调查。客户满意度调查是评估企业营销活动效果的重要手段。通过客户满意度调查，企业可以了解客户对产品、服务、品牌等方面的满意度和不满意度，识别客户的痛点和改进的空间。调查结果可以作为改进营销策略和产品创新的参考依据，提高客户满意度，增强客户忠诚度。

再次，关注市场趋势和竞争对手情况。市场是不断变化的，了解市场趋势对于企业的营销决策至关重要。企业应密切关注市场的动态，包括新兴趋势、消费行为的变化、竞争对手的动向等。通过分析竞争对手的市场策略和表现，企业可以识别市场机会和挑战，并相应调整自身的营销策略，以保持竞争优势。

最后，建立持续的市场调研机制。市场调研不是一次性的工作，而是持续进行的过程。企业应建立定期的市场调研机制，确保对市场的了解和掌握是及时的和全面的。通过持续的市场调研，企业可以及时捕捉市场变化和客户需求的变化，并做出及时的调整和优化，提高营销策略的针对性和灵活性。

二、强化竞争对手分析

企业应密切关注竞争对手的动态，分析其市场策略和行动，发现差距和机遇。通过不断的竞争对手分析，加强自身的差异化定位和竞争优势，从而提升市场竞争力。

首先，密切关注竞争对手的动态。竞争对手是企业在市场中的直接竞争者，了解他们的行动和策略对于企业的竞争优势至关重要。通过订阅竞争对手的新闻稿、报告、市场调研等，企业可以及时获取竞争对手的最新动态，包括产品发布、市场扩张、价格调整、促销活动等。这样可以使企业保持对市场的敏感度，及时做出相应的调整和应对措施。

其次，分析竞争对手的市场策略和行动。企业应深入研究竞争对手的市场策略、品牌定位、产品特点、目标客户等方面。通过收集和分析竞争对手的营销材料、广告宣传、产品说明、网站内容等，企业可以了解竞争对手的市场定位和差异化策略，发现其竞争优势和不足之处。这样可以帮助企业确定自身的差异化定位和竞争策略，寻找市场上的空白点和机遇。

再次，比较竞争对手的表现和成果。将企业与竞争对手进行对比分析，有助于评估企业的市场竞争力和优劣势。通过比较销售数据、市场份额、品牌认知度、客户满意度等方面的指标，企业可以评估自身在市场中的表现，并了解与竞争对手之间的差距，从而帮助企业发现改进的空间和机会，并采取相应的行动，提升自身的市场竞争力。

最后，建立持续的竞争对手监测机制。竞争对手分析不是一次性的工作，而是需要持续进行。企业应建立定期的竞争对手监测机制，及时跟踪和更新竞争对手的信息和动态。这可以通过订阅竞争对手的新闻资讯、参加行业展会和研讨会以及监测竞争对手的网站和社交媒体等渠道来实现。定期更新竞争对手的信息和分析，可以帮助企业及时把握竞争态势，了解竞争对手的变化和调整及其新兴战略和创新举措。通过持续的竞争对手监测，企业可以及时调整自身的营销策略，强化竞争优势，应对市场挑战，从而提升市场竞争力。

三、注重创新和品牌建设

文化创意产业需要不断创新，提供具有差异化和独特性的产品和服务。企业应注重品牌建设，通过塑造独特的品牌形象和文化内涵，提升品牌认知度和客户忠诚度。

首先，注重创新是文化创意产业保持竞争优势和推动市场发展的重要方面。企业应不断挖掘创新的机会，开发具有独特性和创新性的产品和服务。这可以通过与艺术家、设计师和创意人才的合作，引入新的技术和材料，以及关注市场趋势和消费者需求的研究来实现。创新不仅可以为企业带来市场差异化和竞争优势，还可以吸引消费者的关注和兴趣，提升产品和服务的价值。

其次，品牌建设是文化创意产业提升市场影响力和竞争力的重要手段。企业应注重塑造独特的品牌形象和文化内涵，以区别于竞争对手并树立品牌的独特性。通过建立品牌标识、传达品牌故事和价值观，以及提供与品牌形象一致的产品和服务，企业可以增强品牌认知度和客户忠诚度。此外，积极参与社交媒体和线下活动，与消费者建立互动和情感连接，也是品牌建设的重要方式。通过品牌建设，企业可以树立良好的企业形象，建立消费者对品牌的信任和认同，从而赢得市场份额和长期竞争优势。

再次，企业应注重文化创意产业的生态系统建设。文化创意产业的生态系统包括艺术家、设计师、创意人才、供应商、渠道合作伙伴等多个参与者。企业应积极与这些参与者建立合作关系，共同推动文化创意产业的发展。例如，与艺术家、设计师合作，可以共同提供独特的产品和服务；与供应商建立稳定的合作关系，确保产品和服务的质量和供应链的可靠性；与渠道合作伙伴合作，扩大产品的分销渠道和市场覆盖范围。通过建立良好的生态系统，企业可以获得更多的资源和支持，提升市场竞争力和创新能力。

最后，企业应加大市场营销和推广的力度。无论产品有多好，如果没有得到市场的认可和推广，其潜在价值将无法实现。企业应制定全面的市场营销策略，包括线下推广、数字营销、品牌推广、公关活动等多种手段的综合运用。企业可以通过市场调研和目标客户分析确定最适合的营销渠道和传播方式，以确保信息能够准确地传达给目标客户群体。此外，与媒体、行业协会和社区等合作伙伴进行合作，参与行业展览、艺术节和文化活动，提升企业的曝光度和知名度。同时，积极利用数字媒体平台，如社交媒体和在线广告，与消费者进行互动和建立关系，增强品牌的在线存在感。市场营销的目标是将产品和服务推向市场并吸引潜在客户的注意，通过巧妙的营销手段和活动，引发客户的兴趣和需求，从而提高销售和市场份额。

四、整合营销策略

企业应将产品策略、价格策略、促销策略和渠道策略等营销要素进行整合，确保它们相互协调和支持。制定整合的营销策略，提高营销效果和资源利用效率。

首先，整合产品策略。企业应确保产品的创新性和差异化，在产品设计和开发阶段考虑市场需求和竞争对手的情况。通过产品定位、品牌定位和产品组合的整合，提供符合目标客户需求的产品。

其次，整合价格策略。企业应综合考虑成本、市场需求、竞争对手的定价和消费者的支付能力等因素，制定合理的价格策略。通过整合价格策略和促销策略，如折扣、优惠券、套餐等，提供有竞争力的价格，以吸引消费者并增加销售量。

再次，整合促销策略。企业可以通过整合线上和线下促销活动，如广告、宣传、促销活动等，提高品牌知名度和产品曝光度。同时，整合不同的营销渠道，如电子商务平台、社交媒体、线下门店等，扩大产品的覆盖范围和销售渠道。

最后，整合渠道策略。企业应考虑不同渠道的特点和优势，选择合适的渠道组合，如直销、分销、代理等，以满足不同消费者的购买习惯和需求。通过整合渠道策略，企业可以提高产品的销售和分销效率，同时增强与渠道合作伙伴的协同作用。

整合营销策略的目的是确保各个营销要素相互协调和支持，以实现整体营销效果的最大化。通过整合营销策略，企业可以提高资源利用效率、减少重复投入，同时提供一致的品牌形象和消费者体验。

为了实现整合营销策略，企业需要注意以下几点。其一，建立跨部门的沟通和协作机制，确保各个部门之间的协调和合作。其二，加强对市场和消费者的监测和分析，及时调整和优化策略。其三，进行定期的绩效评估和反馈，了解营销策略的效果，并进行必要的调整和改进。其四，加强人员培训和团队建设，提高员工的营销能力和专业素养。

五、结合数字化技术和新媒体平台

随着数字化时代的到来，企业应积极利用新媒体平台和数字化技术，开展线上营销和社交媒体营销。通过建立在线社区、开展精准推广和个性化营销，扩大品牌影响力和用户参与度。

首先，企业应积极利用数字化技术和新媒体平台，开展线上营销。建立专业的网站和电子商务平台，提供便捷的在线购物和服务体验。通过搜索引擎优化（SEO）、搜索引擎营销（SEM）等技术手段，提高企业在搜索引擎结果中的排名，增加网站流量和曝光度。同时，通过电子邮件营销、社交媒体营销等方式，与消费者建立起联系和互动，提升品牌知名度和用户参与度。

其次，企业应开展社交媒体营销，利用微博、微信、抖音等社交媒体平台与消费者进行互动和传播。通过发布有趣、有价值的内容，吸引消费者关注和分享，扩大品牌影响力。企业可以借助社交媒体平台的精准投放和推广功能，将营销信息精确地传递给目标受众，以提高广告投放的效果和回报率。此外，企业还可以通过社交媒体平台开展线上活动、用户评价和互动游戏等，提高用户参与度和忠诚度。

再次，企业应利用大数据分析和人工智能技术，深入了解消费者需求和行为，并进行精准个性化营销。通过分析消费者的购买记录、浏览行为、社交媒体互动等数据，企业可以了解消费者的兴趣、偏好和需求，精确地定位目标受众，提供个性化的产品推荐和营销信息。此外，通过数据分析还可以发现市场趋势和机会，指导企业的市场定位和产品创新。

最后，企业应加强对数字化技术和新媒体平台的研究和掌握，培养专业的数字营销团队。随着技术的不断发展和变化，企业需要不断学习和更新知识，掌握最新的数字营销技术和趋势。同时，建立与新媒体平台的合作关系，与平台方共同探索创新的营销方式和模式。

六、不断评估和优化营销效果

企业应建立有效的营销效果评估体系，定期评估和分析营销活动的效果。基于评估结果，及时调整和优化营销策略，以适应市场变化和提高营销效果。

首先，企业应建立一个全面的营销效果评估体系。这包括明确的评估指标、数据收集和分析方法，以及评估结果的解读和应用。企业可以根据自身的情况和目标制定合适的指标，如销售额、市场份额、品牌认知度、客户满意度等。同时，选择合适的数据收集方法，如问卷调查、销售数据分析、市场调研等，以获取准确和可靠的数据。评估结果的解读和应用需要由专业的团队进行，以确保评估结果的准确性和可操作性。

其次，企业应定期进行营销效果评估。根据营销活动的周期和频率，选择合适的时间点进行评估。例如，可以在活动结束后立即进行评估，以了解活动的实际效果。同时，也可以选择固定的时间点进行定期评估，以了解长期营销策略的效果。无论是单次评估还是定期评估，都需要确保数据的及时性和准确性。

再次，评估结果的分析和解读是关键。企业应针对评估结果进行深入分析，了解营销活动的优势和不足之处。通过比较评估结果和预期目标，可以确定是否达到预期目标，以及可能存在的改进空间。同时，企业也需要分析影响评估结果的原因，如市场变化、竞争压力、消费者需求变化等，以深入了解营销效果的驱动因素。

最后，企业应基于评估结果及时地调整和优化。根据评估结果的分析，企业可以针对不同的问题制定具体的调整和优化措施。例如，如果评估结果显示品牌认知度较低，企业可以加大品牌推广和宣传力度；如果评估结果显示市场份额下降，企业可以考虑调整价格策略或产品组合。调整和优化的目标是提高营销效果和市场竞争力，同时与市场需求和消费者的反馈保持一致。

总之，本研究的研究结论表明，文化创意产业营销策略的制定和实施对企业的竞争力和可持续发展至关重要。针对文化创意产业的特点和市场环境，企业应加强市场调研、客户需求分析和竞争对手分析，以全面了解市场需求和竞争状况。在制定营销策略时，应注重创新和品牌建设，整合营销要素，结合数字化技术和新媒体平台进行营销活动。同时，企业应建立有效的营销效果评估体系，不断评估和优化营销策略。

参考文献

[1] 张捷,郭洪豹. 文化产业创新视角下非遗文化创意产业人才的培养路径 [J]. 山西财经大学学报,2022,44(S2):4-6.

[2] 秦洪亮. 齐鲁文化创意产业发展的困境与山东高校人才培养模式的突围 [J]. 山东艺术,2022(5):33-40.

[3] 刘燕. 文化产业创新视角下安徽省非遗文化创意产业人才培养路径 [J]. 蚌埠学院学报,2021,10(3):110-114.

[4] 陈佳艺,吕志伟. 文化创意产业视域下的高校人才培养模式研究 [J]. 产业与科技论坛,2020,19(5):156-157.

[5] 李红强,杨琨. 河北省文化创意产业人员素质存在的问题与对策 [J]. 邢台职业技术学院学报,2016,33(6):85-87,91.

[6] 王健,李晓微. 高校文化创意产业孵化模式研究 [J]. 边疆经济与文化,2017(3):54-55.

[7] 王清,郑博宇,杨璨,等. 从国际视野到文化自信:文化创意产业人才实践能力培养研究 [J]. 海峡科技与产业,2023,36(2):53-55.

[8] 王安然. 地方高校创新创业教育融入区域文化创意产业发展研究——以烟台部分高校为例 [J]. 福建广播电视大学学报,2021(3):37-40.

[9] 张耀. 高校文化创意产业人才培养模式研究 [J]. 科技创新导报,2020,17(13):237,239.

[10] 郭曼博. 我国影视文化创意产业发展研究——评《中国影视产业发展与应用型人才培养创新机制研究》[J]. 广东财经大学学报,2022,37(2):117-118.

[11] 马香. 吉林省文化创意产业发展视野下的高职创意人才培养研究 [J]. 内蒙古煤炭经济,2020(22):98-99.

[12] 谢丽. 武汉文化创意产业发展与职业人才培养研究 [J]. 绿色科技,2021,23(21):274-276.

[13] 李欣宇. 基于熵值法的中国文化创意产业国际竞争力研究 [D]. 保定:河北大学,2021.

[14] 王国洪,姚倩倩. 河北省文化创意产业发展现状及对策研究 [J]. 文化学刊,2022(4):128-131.

[15] 王琳. 高校文化创意产业与人才培养 [J]. 美术文献,2019(6):68-69.

[16] 周雨城，姚伟钧．我国文化创意产业人才培养的问题与优化——基于国外经验的考察[J]. 理论月刊，2021(11)：81–89.

[17] 李雅丽．我国文化创意产业人才培养模式探析 [J]. 郑州航空工业管理学院学报(社会科学版)，2019，38(1)：139–144.

[18] 王雷雷．面向粤港澳大湾区文化创意产业的创意人才培养——以创意写作为途径 [J]. 山东青年政治学院学报，2020，36(3)：1–6.

[19] 李珊姗．无锡梅村二胡文化创意产业发展与人才培养研究 [J]. 文化创新比较研究，2022，6(16)：117–120.

[20] 沈晓平，蒋金洁，谢如雪，等．文化创意产业助推国民经济转型升级 [C]// 中国软科学研究会．第十四届中国软科学学术年会论文集．北京：中国软科学研究会，2018：115–119.

[21] 郭洪豹．创新全球化背景下中国文化创意产业的三大建设重点 [J]. 创新实践，2020(3)：18–19.

[22] 琶洲西区城市设计及控规优化联合设计团队．广州市琶洲西区城市设计及控规优化[R]. 广州：广州市政府，2016.

[23] 菲利普·科特勒，凯文·莱恩·凯勒，亚历山大·切尔内夫．营销管理 [M]. 陆雄文，蒋青云，赵伟韬，等译．北京：人民大学出版社，2018.

[24] 何芳．大数据时代企业营销策略研究 [J]. 中国市场，2021(7)：135.

[25] 李玲玉 .ZX 产业园营销问题与对策研究 [D]. 河南：河南财经政法大学，2019.

[26] 杨彩霞．产业园区招商引资存在的问题及对策研究 [J]. 产业与科技论坛，2019(18)：234.

[27] 林煜．产业园区规划建设中的问题及解决方式探讨 [J]. 规划设计，2021(6)：107.

[28] 吴克菊．浅议创意产业园区产业生态链构建途径 [J]. 中国新技术新产品，2019(15)：103–104.

[29] 黄楚新．漫威模式对中国文化创意产业发展的启示 [J]. 人民论坛，2020(2)：130–132.

[30] 徐临心．基于旧建筑再利用的创意文化产业园发展模式研究 [D]. 合肥：合肥工业大学，2019.

[31] 靳元青．文化创意产业园区的发展模式研究 [J]. 知识经济，2019(10)：6–7.

[32] 林太志，徐耀宽 .CBD 地区工业遗产保护利用规划策略——以广州琶洲西区珠江啤酒厂改造规划为例 [J]. 规划师，2018，34(S2)：27–31.

[33] 顾江，陈鑫，等．“十四五”时期健全现代文化产业体系的逻辑框架与战略路径 [J]. 管理世界，2021，37(3):3–5.

[34] 于进．扩大和升级城乡居民文化消费的路径研究 [J]. 宏观经济管理，2019(6)：72–76.

[35] 毛中根．中国文化消费提升研究 [M]. 北京：科学出版社，2018.

[36] 江宁文．基于“互联网 +”的博物馆文创产品的营销创新策略探索 [J]. 收藏界，2019(4)：74–76.

[37] 李丁丁 . 南北故宫文化创意产品发展的比较与借鉴 [J]. 文化艺术研究，2016(2)：23–28.

[38] 温京博 . 数字媒体介入下的博物馆情境设计——以美国新闻博物馆为例 [J]. 艺术设计研究，2019(2)：86–90.

[39] 刘国豪 . 基于艺术设计的审美营销模式研究 [J]. 包装工程，2010(6)：118–121.

[40] 王榆慧，吴美珍 ."互联网 +" 背景下博物馆文创产品营销研究——以故宫博物院为例 [J]. 现代经济信息，2019(18)：129–130.

[41] 张寒凝，黄紫隆 . 共享经济下体验营销的设计策略研究 [J]. 包装工程，2018(22)：128–131.

[42] 赵澄 . 公益文创奏响"双品牌"——台湾历史博物馆文化创意产业行销策略 [J]. 南京艺术学院学报（美术与设计），2019(1)：180–184.

[43] 呙智强，牛路遥 . 基于感知体验的文创产品设计 [J]. 包装工程，2018，39(10)：96–100.

[44] 刘倩 ."互联网 +" 背景下的博物馆文创品牌创新发展模式研究——以北京故宫博物院为例 [J]. 营销界，2020(35):13–14.

[45] 余贝宁，玄家琦 . 基于 PEST 理论的博物馆文创产品设计研究——以故宫博物院为例 [J]. 大众文艺，2020(7):137–138.

[46] 林秋圆 . 文化 IP 生态圈及工业设计视角下我国博物馆文创的发展之道——以北京故宫博物院为例 [J]. 普洱学院学报，2020，36(1):100–102.

[47] 李晓瑜 . 从文化美学角度剖析故宫博物院文创产品 [J]. 文学艺术周刊，2022(4):81–84.

[48] 周利楠 . 六百年的城九十五岁的博物院纪念紫禁城建成六百周年、故宫博物院成立九十五周年 [J]. 紫禁城，2020(10):12–19.

[49] 章宏伟 . 从皇宫到博物院故宫博物院的前世今生 [J]. 紫禁城，2020(10):80–101.